# MODES D'EMPLOI

# GRAMMAIRE
# UTILE
# DU
# FRANÇAIS

Évelyne BÉRARD - Christian LAVENNE
Centre de Linguistique Appliquée de Besançon

# MODES D'EMPLOI

# GRAMMAIRE UTILE DU FRANÇAIS

hatier

ISBN 2-218-**01594-3**

# PRÉFACE

Cet ouvrage s'adresse à des apprenants de français langue étrangère intermédiaires ou avancés ainsi qu'à leurs enseignants. Les francophones et tous ceux pour qui le français a un statut de seconde langue d'enseignement y trouveront des informations qui n'apparaissent pas dans les grammaires traditionnelles (notamment au niveau de la communication et du sens des mots) ainsi que des données complètes sur certains problèmes morphologiques ou syntaxiques.

Cet ouvrage est conçu comme :

■ une grammaire de référence (l'ensemble des phénomènes morphologiques et syntaxiques y sont traités)

■ une grammaire d'apprentissage (l'apprenant peut y trouver, tout au long de son apprentissage, des informations regroupées de façon synthétique autour de grands thèmes)

■ une grammaire de la communication (les faits de langues sont abordés en fonction de leur importance dans telle ou telle situation de communication)

■ une grammaire qui prend en compte le sens, la nature des interrelations, les registres de la langue.

■ une grammaire organisée, chaque fois que cela nous semble nécessaire comme une base de données (conjugaisons, morphologie des adjectifs, place des adjectifs, verbes se rapportant au discours, etc.).

L'ouvrage est divisé en deux parties : la première partie correspond aux principaux objectifs de communication traités dans la plupart des méthodes de français utilisées actuellement. Elle peut être consultée graduellement tout au long de l'apprentissage.

Le chapitre « Boîte à outils » fournit des informations sur les points morphologiques et syntaxiques de base qui ne sont pas liés à une situation de communication particulière et qui sont indispensables tout au long de l'apprentissage.

La deuxième partie est organisée autour de notions comme le temps, l'espace, la quantification.

Le dernier chapitre traite des conjugaisons et fournit des données complètes sur la totalité des verbes et des conjugaisons du français.

Enfin un index facilite la recherche des informations.

Nous avons voulu présenter les points traités d'une manière simple, sans terminologie compliquée, de façon à permettre aux apprenants d'accéder le plus rapidement possible aux informations qui leur sont nécessaires.

# SOMMAIRE

1

# BOÎTE À OUTILS

Dans ce chapitre, vous trouverez des
explications sur le fonctionnement d'un
certain nombre d'outils linguistiques
indispensables, quelle que soit la
situation de communication dans
laquelle vous vous trouvez. Dans les
chapitres suivants des explications
complémentaires vous seront données
sur ces mêmes outils linguistiques.
Ces explications porteront plutôt sur le
sens, les emplois particuliers, les
différentes façons de dire quelque chose
en utilisant certaines catégories
grammaticales.

# LES PRONOMS PERSONNELS

## 1 *À quoi ça sert ?*

On distingue deux cas :

■ Premier cas

Les pronoms « personnels » représentent des personnes (celle qui parle, celle ou celles à qui l'on parle).

C'est le cas de *je, tu, nous, vous* qui correspondent presque toujours à une ou plusieurs personnes.

■ Deuxième cas

Les pronoms « personnels » représentent soit une ou plusieurs personnes soit une ou plusieurs choses.

C'est le cas de *il, elle, ils, elles*.

Quand vous parlez, il est impossible de remplacer *je, tu, nous, vous* par un autre mot. C'est par contre possible avec *il, elle, ils, elles*.

Vous pouvez dire :

> **Il** arrive.

mais aussi :

> **Pierre** arrive.
> **Le train** arrive.

## 2 *Il / Ils    Elle / Elles*

*Il, elle, ils, elles* sont des pronoms très « économiques », car ils permettent d'éviter de répéter chaque fois le nom de la chose ou de la personne dont on parle.

*Il* peut représenter :

> **L'homme** qui est venu ce matin demander un renseignement.
> **Le livre** que je t'ai prêté la semaine dernière.

Il est bien entendu nécessaire, chaque fois que vous utilisez *il* ou *elle* que votre interlocuteur sache auparavant de qui ou de quoi vous parlez.

Généralement les choses se déroulent de la façon suivante :

**1.** Vous définissez la personne ou la chose dont vous parlez :

> Le voisin du dessus.
> Le facteur.
> La fille qu'on a rencontrée hier en sortant du cinéma.

**2.** Ensuite, à condition qu'il n'y ait pas de confusion possible pour votre interlocuteur, vous utilisez *il* ou *elle* quand vous continuez à parler de cette personne ou de cette chose :

> Ce matin le voisin du dessus est passé. **Il** nous invite à manger. **Il** va faire un couscous.

REMARQUE : Quelquefois, *je*, *tu*, *nous* ne correspondent pas à une personne. Cela arrive souvent dans la publicité : un objet parle et dit *je* :

> **Je** suis la nouvelle Renault 5.

Si vous avez un problème avec votre voiture, vous pouvez quelquefois vous écrier :

> Alors, **tu** vas démarrer !

Mais ces emplois de *je* et *tu* restent relativement rares.

## **3** *Pronoms et personnes*

*JE* et *J'* sont utilisés par la personne qui parle.

REMARQUE : *Je* est le seul pronom qui fonctionne avec l'apostrophe *(J')*.

*TU* et *VOUS* servent à désigner la personne à qui l'on parle, *vous* peut désigner une ou plusieurs personnes à qui l'on parle. (Voir l'utilisation de *tu* et *vous* p. 44.)

*NOUS* permet de parler d'un groupe minimum de 2 personnes. Celui qui parle fait partie de ce groupe.

*ON* est très souvent utilisé par les Français, de préférence à *nous*. Quand *on* signifie *nous*, celui qui parle fait partie du groupe représenté par *on* :

> Qu'est-ce qu'**on** fait    = Qu'est-ce que **nous** faisons ?
> Où est-ce qu'**on** va ?   = Où est-ce que **nous** allons ?

*On* peut représenter un groupe dont celui qui parle ne fait pas partie :

> Au Brésil, on **parle portugais**.

Si celui qui parle est Brésilien, *on* = *nous*.
Si celui qui parle n'est pas Brésilien, *on* = les Brésiliens, les gens, les habitants du Brésil, etc.

*IL, ELLE, ILS, ELLES*, permettent de parler de quelqu'un ou de quelque chose. Selon que l'on parle d'un homme ou d'une femme, de quelque chose qui est masculin ou féminin il faudra utiliser *il* ou *ils* (masculin) ou *elle* ou *elles* (féminin).

Dans le langage familier, *ils* peut représenter une ou plusieurs personnes dont on ne précise pas l'identité :

> À la radio, **ils** ont dit qu'il allait faire froid.

ATTENTION : L'égalité des sexes n'existe pas dans la grammaire française, au pluriel le masculin l'emporte. Si vous parlez de trois femmes et d'un homme, il faudra dire *ils* ou bien préciser la composition homme/femme du groupe. Il en va de même si l'on parle d'objets : le masculin l'emporte, même s'il est minoritaire.

Il existe également un *IL* qui ne correspond à personne :

> **Il** pleut.
> **Il** paraît qu'il va faire beau.
> **Il** faut partir.

Pour chacun de ces exemples, ne cherchez pas qui est *il*. Ce *il* qui fonctionne avec des verbes dits « impersonnels » est fixe. On ne peut pas le mettre au féminin, on ne peut pas le remplacer par *je, tu, elle, nous*, etc.

*Je, tu, nous* etc. peuvent être redoublés avec un autre pronom personnel : *moi je, toi tu, lui il, elle elle, nous on, nous nous, vous vous, eux ils, elles elles*.

# 2 LE VERBE ÊTRE

## 1 Les formes

C'est un verbe un peu compliqué, par rapport à l'ensemble des verbes français. Au présent, il se conjugue avec six formes écrites différentes :

je suis
tu es
il est
nous sommes
vous êtes
ils sont

À l'oral : il n'y a que 5 prononciations différentes puisque *es* et *est* se prononcent de la même façon sauf en cas de liaison (lorsque le verbe est suivi d'une voyelle, *es* peut se prononcer « *èz* » et *est* « *èt* ». En français parlé, il est très fréquent que la liaison ne soit pas effectuée).

## 2 À quoi ça sert ?

| Le verbe *être* sert à : | exemples |
|---|---|
| donner des informations sur soi-même | Je suis français.       nationalité<br>Je suis étudiante.       profession<br>Je suis marié.       situation de famille<br>              etc. |
| donner des informations sur une personne | Il est allemand.<br>Elle est secrétaire.<br>Il est célibataire. |
| dire où on se trouve | Je suis à Paris.<br>Ils sont ici.<br>Elle est chez elle. |
| dire d'où l'on vient, d'où l'on est originaire | Il est de Lyon.<br>Il n'est pas d'ici. |
| dire dans quelle situation on se trouve | Je suis en vacances. |
| dire dans quel état physique, psychologique on se trouve : | Je suis malade.<br>Je suis fatigué.<br>Elle est en colère. |
| former le passé composé de certains verbes | Je suis arrivé ce matin<br>Je me suis dépêché |
| et le passif | Je suis gêné par le bruit. |

## 3 *Le verbe être dans la langue familière*

*Je suis* peut être prononcé « *ch'suis* » ou même « *ch'uis* »
*Tu es* peut être prononcé « *t'es* »
*On* est plus fréquemment employé que *nous* :
> **On** est content (nous sommes contents).

*Vous êtes* peut être prononcé « *v'z'êtes* » ou même « *z'êtes* ».
*Ils sont* peut être prononcé « *i sont* ».

## 4 *Réponses à des questions formulées avec le verbe être*

Il est rare qu'à une question formulée avec le verbe *être*, l'on réponde systématiquement avec le verbe *être* :

> — Vous **êtes** ingénieur ?
> — Oui, je **suis** ingénieur .

Dans la réalité, et c'est beaucoup plus économique, la réponse est la plus courte possible :

> — Vous **êtes** ingénieur ?
> — Oui.

> — Tu **es** content ?
> — Non, pas très.

> — Vous **êtes** Français ?
> — Non, Suisse.

> — Tu **es** d'où ?
> — De Marseille.

À l'oral, la plupart du temps, on ne répète pas le verbe *être* dans une réponse s'il a déjà été utilisé dans la question.

Le verbe *être* n'est jamais utilisé seul, sauf dans quelques phrases célèbres :

> Je pense, donc je **suis**. (Descartes)
> To be or not to be that is the question (Shakespeare) qui se traduit par
> **Être** ou ne pas **être**, voilà la question.

# 3 LES ADJECTIFS

## 1 *Qu'est-ce que c'est ?*

C'est une catégorie de mots que l'on utilise :

■ Avec le verbe être :
> Elle est **sympathique**.

■ Avec un nom :
> C'est un **gentil** garçon.

Un des problèmes, lorsqu'on apprend le français est de savoir où placer les adjectifs, avant ou après le nom ?

> J'ai un **petit** problème.
> J'ai un ami **espagnol**.

Pour avoir plus d'informations sur le problème de la place des adjectifs, voir page 83.

## 2 *À quoi ça sert ?*

Ça sert essentiellement à donner des informations sur quelqu'un ou quelque chose

— ça sert à décrire, identifier :

>  Il est **gros, grand** etc.
>  C'est **jaune** et **blanc** etc.

— ça sert à quantifier :

>  J'ai une famille **nombreuse**.
>  J'habite une **grande** maison.

— ça sert à juger, à exprimer son opinion sur quelqu'un ou quelque chose :

>  Il est **sympathique**.
>  Elle est **mignonne**.
>  Ils sont **fous**.

## 3 *Suite d'adjectifs*

Est-ce que vous pouvez grouper plusieurs adjectifs pour donner plusieurs informations ?

**1.** Avec *je suis*, *tu es*, *il est* etc. l'information donnée avec un adjectif est limitée à un seul adjectif :

>  Il est **sympa**.
>  Je suis **vénézuelienne**.
>  Pierre est **fou**.

Vous ne pouvez pas dire : « Je suis **petit** français »

**2.** Avec *c'est un*, *c'est une*, vous pouvez donner plusieurs informations sur quelqu'un ou quelque chose :

>  **C'est un** gentil petit garçon français.

Dans la plupart des usages courants, 3 adjectifs utilisés avec un nom représentent la limite maximum du nombre d'adjectifs que l'on peut utiliser avec un nom. Si vous dites : « C'est un **joli gentil petit** garçon français » cela paraîtra bizarre.

**3.** Pour utiliser plusieurs adjectifs, afin de donner plusieurs informations sur quelqu'un ou quelque chose, le Français dispose d'autres outils linguistiques.

• En utilisant *et*, vous pouvez utiliser plusieurs adjectifs dans des phrases construites avec le verbe *être* :

> Il est **grand** et **fort**.
> Elle est **belle** et **intelligente**.

• Vous pouvez également vous servir du rythme et de l'intonation dans le cas, par exemple d'une énumération :

> Vous êtes **anglais**... **étudiant**... **marié**...

À l'écrit on utilisera une virgule (,) :

> Il est **jeune**, **drôle**, **sympathique**.

• Vous pouvez également utiliser d'autres outils linguistiques que les adjectifs, car les adjectifs à eux seuls ne sont pas suffisants pour donner toutes les informations que l'on peut être amené à donner sur quelqu'un ou quelque chose :

> J'ai un ami **qui travaille aux États-Unis**.
> C'est quelqu'un **que j'ai connu à Mexico**.
> Tu connais la fille **à la chemise rouge** ?

## 4 *Comment ça marche ?*

Utilisés avec un nom ou le verbe *être*, les adjectifs peuvent subir des modifications (à l'oral et/ou à l'écrit). Ils servent à donner des informations sur quelqu'un ou quelque chose. Si la chose ou la personne sur laquelle on donne des informations est masculin ou féminin, singulier ou pluriel, l'adjectif doit être utilisé sous sa forme masculin, féminin, singulier ou pluriel. Pour plus de précisions, voir les chapitres suivants.

# 4 MASCULIN / FÉMININ

## 1 *À quoi ça sert ?*

À faire la distinction homme/femme :

> **Il** est suédois.
> **Elle** est suédoise.
> C'est **un** homme.
> C'est **une** femme.
> C'est **un** étudiant.
> C'est **une** étudiante.

Mais l'égalité des sexes n'existe pas dans la langue française, certains adjectifs, certains noms, n'ont pas de féminin :

> Il est **docteur**/Elle est **docteur**.
> Il est **professeur**/Elle est **professeur**.

ATTENTION : Si vous dites *elle* en parlant d'un homme, cela peut être mal interprété.

| ♂ LUI | ♀ ELLE |
|---|---|
| Au niveau des noms, l'opposition masculin/féminin n'existe que pour les noms désignant des personnes ou des êtres animés : | |
| Un agriculteur | une agricultrice |
| Un conducteur | une conductrice |
| Un infirmier | une infirmière |
| Certains mots, servant à désigner des personnes, sont totalement différents selon qu'ils servent à désigner un homme ou une femme : | |
| Un garçon | une fille |
| Le père | la mère |
| Le frère | la sœur |

## 2 *Comment ça marche avec les animaux ?*

Pour les animaux familiers, il y a plusieurs solutions :

### Modification du nom au féminin

| | |
|---|---|
| un chat | une chatte |
| un chien | une chienne |

### Un mot spécifique pour désigner le mâle ou la femelle

| | |
|---|---|
| une vache | un bœuf |
| une truie | un cochon |

Pour les animaux moins familiers ou pour ceux dont on ne peut pas deviner le sexe :

on ne précise pas le sexe

un crocodile

une girafe

une mouche

un moustique

on précise le sexe à l'aide des mots mâle ou femelle
un crocodile **femelle**.
un moustique **mâle**.

## 3 *Comment choisir ?*

En dehors des mots qui servent à désigner des personnes ou certains animaux, l'opposition masculin/féminin est totalement arbitraire et ne peut en aucun cas s'expliquer par des critères mâle/femelle.

Des critères portant sur le final des mots (du type voyelle/consonne) ne vous seront d'aucune utilité pour savoir si un mot est masculin ou féminin. *Table* est féminin, *meuble* est masculin.

Si l'on prend un groupe de mots désignant le même type d'objet, la conclusion est la même : masculin et féminin sont utilisés pour des objets d'une même famille d'objets et il est impossible de donner une règle ou une explication permettant de déterminer pourquoi tel mot est masculin ou féminin :

> Une chaise (féminin)
> Un tabouret (masculin)
> Un fauteuil (masculin)

REMARQUE : Il est tout à fait inutile, et c'est vrai quelle que soit votre langue maternelle, de chercher une quelconque correspondance entre un mot masculin ou féminin dans votre langue et un mot masculin ou féminin en français. Si l'on prend l'exemple de l'allemand, « table » (Tisch) est masculin alors qu'il est féminin en français.
En espagnol « la leche » est féminin alors que son équivalent français « le lait » est masculin.
Certaines langues comme l'anglais ne font pas la différence masculin/féminin « the King » (le roi), « the Queen » (la reine). Pourquoi ? Pas de réponse. En dehors des mots désignant des hommes ou des femmes, les choses n'ont pas de sexe. Il est cependant possible en français de regrouper des familles de noms qui sont soit masculins, soit féminins.
Ainsi : les noms d'arbres sont tous masculins
les noms en *tie* ou *té* sont tous féminins :
la démocratie
la fierté

## 4 *Comment ça marche avec certaines catégories de mots ?*

**1.** Avec les pronoms personnels   l'opposition masculin/féminin fonctionne uniquement avec *il/elle* et *ils/elles*.

**2.** Avec les pronoms personnels redoublés   *moi, je / toi, tu / lui, il,* l'opposition masculin/féminin fonctionne uniquement avec le redoublement de *il* et *elle* :
**Lui, il** est content.
**Elle, elle** est française.
au pluriel :
**Eux, ils** parlent anglais.
**Elles, elles** sont sympathiques.

**3.** Avec les pronoms de substitution   *le, la, les, lui, leur, y, en* l'opposition masculin/féminin fonctionne uniquement avec *le* et *la* :
Pierre, je **le** connais très bien.
Marie, je **la** connais très bien.

Avec les autres pronoms de substitution, l'opposition masculin/féminin ne fonctionne pas :

> Si tu vois Pierre, tu **lui** dis de me téléphoner.
> Si tu vois Marie, tu **lui** dis de me téléphoner.

**4. Avec les possessifs** *mon*, *ma*, *ton*, *ta*, *son*, *sa*, *notre*, *nos*, *votre*, *vos*, *leur*, *leurs*, le choix du masculin (*mon*, *ton*, *son*) ou du féminin (*ma*, *ta*, *sa*) dépend du nom qui suit mais pas de l'identité (homme ou femme) de celui qui possède la chose on on parle :

C'est un homme qui parle :
> C'est **ma** voiture.

C'est une femme qui parle :
> C'est **ma** voiture.

*Le possessif* est au féminin parce que « voiture » est un nom féminin.

Pour les possessifs, l'opposition masculin/féminin n'existe que pour *mon (ma)*, *ton (ta)*, *son (sa)*. *Notre*, *votre*, *leur* ne font pas la différence masculin/féminin ainsi que les formes plurielles de tous les possessifs (*mes*, *tes*, *ses*, *nos*, *vos*, *leurs*).

Si le nom qui suit *mon*, *ton* ou *son* commence par une voyelle on utilisera *mon*, *ton*, *son* que ce nom soit féminin ou masculin :

> **Mon** ami (ami est masculin).
> **Mon** amie (amie est féminin).

Les possessifs utilisés comme pronom (*le mien*, *la mienne*, *le tien*, *la tienne*, *le sien*, *la sienne*) font également la différence masculin/féminin :

> — Il est à qui ce briquet ?
> — C'est **le mien** (briquet est masculin).
> — Elle est à qui cette valise ?
> — C'est **la mienne** (valise est féminin).

**5. Avec les démonstratifs** *(ce, cet, cette, ces)*, on dispose de deux démonstratifs pour le masculin :

> **Ce** travail
> **Cet** ami

On utilisera *ce* si le nom est masculin et commence par une consonne et *cet* si le nom commence par une voyelle (cet ami).
Au féminin dans tous les cas on utilisera *cette* :

> **Cette** semaine
> **Cette** année

Au pluriel, la distinction masculin/féminin n'existe pas :

> **Ces** étudiants (masculin)
> **Ces** étudiantes (féminin)

Les démonstratifs utilisés comme pronom (*celui*, *celle*) font la différence masculin/féminin.

Au singulier :

      Je veux **celui-ci** (pour parler d'une chose au masculin : un livre, un crayon, etc.).

      Je veux **celle-ci** (pour parler d'une chose au féminin : une robe, une cravate, etc.).

Au pluriel :

      Je veux **ceux-ci** (masculin pluriel).

      Je veux **celles-ci** (féminin pluriel).

**6. Pour les adjectifs** deux scénarios sont possibles :

■ Avec le verbe *être* le choix de la forme (masculin/féminin) de l'adjectif dépend du pronom personnel. De façon plus générale, pour choisir entre la forme masculin/féminin de l'adjectif utilisé, il faut se rappeler qu'un adjectif sert à donner des informations sur quelqu'un ou quelque chose. Si ce quelqu'un ou ce quelque chose est masculin ou féminin, l'adjectif sera masculin ou féminin :

      Il est **content**.

      Elle est **contente**.

      Le ciel est **bleu**.

Si *je* ou *tu* représentent un homme : masculin

      Je suis **fatigué** (c'est un homme qui parle).

      Tu es **gentil** (c'est à un homme que l'on parle).

Si *je* ou *tu* représentent une femme : féminin

      Je suis **fatiguée** (c'est une femme qui parle).

      Tu es **gentille** (c'est à une femme que l'on parle).

Avec *il* ou *ils* vous utiliserez le masculin (masculin pluriel pour ils). Avec *elle* ou *elles*, vous utiliserez le féminin (féminin pluriel pour elles) :

      Il est **beau**.

      Ils sont **italiens**.

      Elles sont **grandes**.

Si *nous* représente un groupe d'hommes ou d'hommes et de femmes on utilisera le masculin pluriel, si *nous* représente un groupe de femmes on utilisera le féminin pluriel :

      Nous sommes **satisfaits** (masculin).

      Nous sommes **surprises** (féminin).

Avec *vous*, c'est un petit peu plus complexe, car *vous* peut servir à parler à une seule personne (forme de politesse. Voir Tu/Vous, p. 44) ou à plusieurs personnes.

Si *vous* représente une seule personne, on utilisera le masculin s'il s'agit d'un homme et le féminin s'il s'agit d'une femme :

      Vous êtes **jolie** (féminin).

      Vous êtes **étranger** (masculin).

Si *vous* représente plusieurs personnes, on utilisera le féminin pluriel si l'on s'adresse à un groupe de femmes et le masculin pluriel si le groupe est composé d'hommes ou d'hommes et de femmes :

      Vous êtes **françaises** ? (féminin)

      Vous êtes **étrangers** ? (masculin)

Pour le pronom *on* qui représente un groupe ou bien est utilisé à la place de *nous* (dans la langue parlée).

Si *on* représente un groupe, on utilise le masculin (singulier) :

En France, on est **satisfait** du résultat des négociations.
À Madrid, on est **surpris** des déclarations du premier ministre français.

Si *on* est employé de préférence à *nous*, on pourra utiliser le féminin pluriel lorsque *on* se rapporte à un groupe de femmes :

On est **contentes**

**ATTENTION !** Si vous écrivez, il est préférable d'utiliser *nous*, sauf si vous désirez reproduire à l'écrit une des manières de s'exprimer à l'oral.

■ Avec un nom c'est très simple, l'adjectif se met au masculin si le nom est masculin, au féminin si le nom est féminin :

Il habite une **petite** ville.
Il a un **grand** appartement.

Question : que se passe-t-il lorsqu'un adjectif se rapporte à plusieurs noms ?

Réponse : premièrement, l'adjectif devra être au pluriel,
deuxièmement, il faudra choisir entre masculin et féminin.

Si les deux noms sont féminins, l'adjectif sera au féminin pluriel :

Marie et Sophie sont **jolies**.
Les rues et les avenues **parisiennes**.
Les coutumes et les habitudes **françaises**.

Si les deux noms sont masculins, ou si l'un des deux noms est masculin, l'adjectif sera au masculin pluriel :

Les villes (féminin) et les villages (masculin) **français**.
Pierre et Alain sont très **gentils**.

### 7. Les noms au masculin et au féminin :

Il existe deux catégories de noms. Ceux qui ont un masculin et un féminin et ceux qui n'ont qu'une seule forme soit masculin, soit féminin.

■ Les noms qui ont un masculin et un féminin
Ces noms renvoient à des êtres humains et à quelques animaux (chat/chatte, chien/chienne) :

un agriculteur/une agricultrice
un voisin/une voisine
mon copain/ma copine (familier)

La plupart d'entre eux peuvent être utilisés comme des adjectifs :

le village **voisin**/la maison **voisine**
il est **agriculteur**/elle est **agricultrice**

**21**

■ Les noms qui n'ont qu'une seule forme, masculin ou féminin
Vous savez déjà qu'il est pratiquement impossible, à priori, de déterminer si un nom est masculin ou féminin, par rapport à votre langue maternelle. Il vous faudra donc mémoriser pour chaque nom nouveau, le genre de ce nom en vous méfiant des erreurs provoquées par votre langue maternelle.

## 5 Tableau récapitulatif des oppositions masculin / féminin

| SINGULIER | | PLURIEL | |
|---|---|---|---|
| masculin | féminin | masculin | féminin |
| il | elle | ils | elles |
| lui | elle | eux | elles |
| le + consonne<br>l' + voyelle | la + consonne<br>l' + voyelle | les | les |
| mon | ma + consonne<br>mon + voyelle | mes | mes |
| ton | ta + consonne<br>ton + voyelle | tes | tes |
| son | sa + consonne<br>son + voyelle | ses | ses |
| le mien | la mienne | les miens | les miennes |
| ce + consonne<br>cet + voyelle | cette | ces | ces |
| celui | celle | ceux | celles |
| quel | quelle | quels | quelles |
| lequel | laquelle | lesquels | lesquelles |
| auquel | à laquelle | auxquels | auxquelles |
| du + consonne | de la + consonne | des | des |
| de l' + voyelle | de l' + voyelle | des | des |
| au + consonne | à la + consonne<br>à l' + voyelle | aux | aux |

## 6 Les formes masculin/féminin des adjectifs

**1.** Pas de différence masculin/féminin :

    C'est une chose **utile**/C'est un travail **utile**
    Il est **agréable**/Elle est **agréable**

**2.** Masculin et féminin sont dérivés l'un de l'autre :

Masculin et féminin ont une prononciation différente, ainsi qu'une écriture différente. Pour ce groupe, lorsque l'on connaît l'une des deux formes de l'adjectif, le féminin par exemple, il est possible de déterminer l'autre forme.
Exemple : Vous connaissez *grande* (féminin), vous supprimez le *e* final et vous obtenez le masculin *grand*. À l'inverse, si vous connaissez le masculin *petit*, vous ajoutez un *e* et vous obtenez le féminin *petite*. Bien entendu la prononciation sera différente au masculin et au féminin. Le *d* de *grand* ne se prononce pas au masculin alors qu'il se prononce au féminin. Même chose pour le *t* de *petit* qui ne se prononce qu'au féminin *(petite)*.

Question : Est-ce qu'il est possible de dire :
Si un adjectif se termine par une consonne non suivie d'un *e*, cette consonne
ne se prononce pas ?

Réponse : Hélas, non. Le *r* de *fier* se prononce, alors qu'il ne se prononce pas dans *étran-ger*, un *l* final se prononce presque toujours (*animal*, *vital*, etc.), mais il ne se
prononce pas dans *gentil*.
Dans ce groupe d'adjectifs, il arrive que la consonne finale soit redoublée :
italien/italienne
gros/grosse
gentil/gentille

**3.** Adjectifs ayant une écriture différente et une prononciation identique :

Les adjectifs qui ont une écriture différente au masculin et au féminin (formation du fémi-nin = masculin + *e*, comme dans le groupe précédent), mais qui se prononcent de la même
manière au masculin et au féminin :

joli / jolie
marié / mariée
déçu / déçue
fier / fière

(*e* devient *è* à l'écrit, mais la prononciation ne varie pas à l'oral)
spécial/spéciale

REMARQUE : Une grande partie de ces adjectifs se termine par une voyelle *i, u* et plus fréquemment *é*.

**4.** Les adjectifs qui ont une forme différente au masculin et au féminin :

conducteur / conductrice
beau / belle
serveur / serveuse
vif / vive

Question : Est-ce qu'il est possible, à partir de la terminaison d'un adjectif au masculin,
de déterminer sa terminaison au féminin ?

Réponse : Oui et non, en tous cas pas de façon systématique.
Exemple : Terminaison *eur*

1. professeur : pas de féminin
2. directeur :   directrice
3. serveur :    serveuse

Il est donc impossible de dire : « tous les adjectifs dont la terminaison est *eur* au masculin
se terminent au féminin par... ». La seule chose que l'on peut dire, en ce qui concerne les
adjectifs en *eur*, c'est qu'ils se répartissent en trois groupes :

CATÉGORIE 1 : Ceux qui n'ont pas de différence féminin/masculin
docteur... professeur...

REMARQUE : Le français évolue, comme toutes les langues. L'évolution de la société, de la culture française fait apparaître des mots nouveaux ou oppose des concepts nouveaux aux limitations de la langue. Certains adjectifs, certains noms (par exemple des adjectifs ou des noms faisant référence à des professions) n'ont pas de féminin. Cela signifie, dans le cas des professions, que certains mots, se référant à des professions, n'ont pas de féminin car ces professions n'étaient pas exercées par des femmes. À partir du moment où la société, la culture, évoluent le problème du vocabulaire se pose. Si une profession devient accessible aux femmes, quel mot féminin va-t-on employer si ce mot ne possède pas de féminin ?
Une femme est *docteur*. Comment va-t-on la désigner ? *Une doctrice, une docteuse, une docteur* ?
Les Français ont inventé *doctoresse*, mais ce mot n'a pas eu beaucoup de succès auprès des Français. Il est possible de dire *une femme-docteur*. Pour le mot *médecin* les Français diront donc, lorsqu'ils veulent préciser le sexe : *une femme-médecin*. Professeur n'ayant pas de féminin, les élèves des lycées et collèges français disent : *mon prof, le prof* ou *ma prof, la prof* pour parler de leur professeur, homme ou femme.

## CATÉGORIE 2 : Ceux qui font leur féminin en *trice* (masculin en *teur*)

directeur / directrice
instituteur / institutrice

ATTENTION : Pour ces catégories 1 et 2, il s'agit de noms qui peuvent avoir un statut d'adjectif :
Il est directeur          Un fil directeur
Elle est directrice          Une idée directrice

## CATÉGORIE 3 : Ceux qui font leur féminin en *euse* (masculin en *eur*)

serveur / serveuse
voleur / voleuse
menteur / menteuse

ATTENTION : Les adjectifs, lorsqu'ils sont utilisés avec d'autres verbes que le verbe *être*, ne varient plus. Dans ce cas leur forme est celle du masculin, ce ne sont plus des adjectifs mais des adverbes, l'information qu'ils donnent porte sur le verbe :
il parle **français** / elle parle **français**
il parle **fort** / elle parle **fort**

À partir de là, il est possible de donner des listes d'adjectifs pour chacune de ces trois catégories.

## 7 Tableaux récapitulatifs des différentes formes masculin / féminin des adjectifs

**1.** Les adjectifs qui se terminent (à l'écrit) par une voyelle (e, i, u, é)

Adjectifs en *e*, pas d'opposition masculin/féminin

athlétique       atroce       calme       rectangulaire

Adjectifs en *i, u, é*, à l'écrit on ajoute *e* au féminin, mais à l'oral il n'y a pas de différence de prononciation entre le masculin et le féminin

joli / jolie ardu / ardue       raffiné / raffinée

**2.** Les principaux adjectifs qui se terminent (à l'écrit) par une consonne non prononcée au masculin

Adjectifs en *ant* (prononcer « an ») / *ante* (au féminin) : aber**rant** / aber**rante**

| Adjectifs | Verbes correspondants | Adjectifs | Verbes correspondants |
|---|---|---|---|
| aberrant | aberrer | croissant | croître |
| abondant | abonder | croyant | croire |
| abrutissant | abrutir | décourageant | décourager |
| accommodant | accommoder | dégoûtant | dégoûter |
| alarmant | alarmer | dépendant | dépendre |
| amusant | amuser | déplaisant | déplaire |
| angoissant | angoisser | désolant | désoler |
| assommant | assommer | * distant | |
| attachant | attacher | | |
| atterrant | atterrer | éclatant | éclater |
| attrayant | attirer | effarant | effarer |
| | | effrayant | effrayer |
| bienveillant | veiller | * élégant | |
| bouillant | bouillir | émouvant | émouvoir |
| bouleversant | bouleverser | empoisonnant | empoisonner |
| brillant | briller | encombrant | encombrer |
| brûlant | brûler | encourageant | encourager |
| bruyant | bruire | engageant | engager |
| | | entreprenant | entreprendre |
| captivant | captiver | épatant | épater |
| charmant | charmer | étonnant | étonner |
| choquant | choquer | exigeant | exiger |
| clairvoyant | voir | * exorbitant | |
| collant | coller | * extravagant | |
| commerçant | commercer | | |
| conciliant | concilier | fainéant | fainéanter |
| consistant | consister | fatigant | fatiguer |
| * constant | | * flagrant | |
| contrariant | contrarier | gênant | gêner |
| courant | courir | | |

| Adjectifs | Verbes correspondants | | Adjectifs | Verbes correspondants |
|---|---|---|---|---|
| horrifiant | horrifier | | odorant | odorer |
| horripilant | horripiler | | palpitant | palpiter |
| important | importer | | passionnant | passionner |
| impressionnant | impressionner | | performant | former |
| imprévoyant | prévoir | | persévérant | persévérer |
| impuissant | pouvoir (que je puisse) | | plaisant | plaire |
| | | | pesant | peser |
| incessant | cesser | | prévoyant | prévoir |
| incommodant | incommoder | | protestant | protester |
| indépendant | dépendre | | puant | puer |
| inexistant | exister | | puissant | pouvoir (que je puisse) |
| inintéressant | intéresser | | | |
| inquiétant | inquiéter | | rassurant | rassurer |
| insignifiant | signifier | | ravissant | ravir |
| insouciant | se soucier | | réconfortant | réconforter |
| insuffisant | suffire | | reconnaissant | reconnaître |
| insultant | insulter | | répugnant | répugner |
| intéressant | intéresser | | résistant | résister |
| intimidant | intimider | | | |
| intrigant | intriguer | | saisissant | saisir |
| irritant | irriter | | sanglant | ensanglanter |
| | | | satisfaisant | satisfaire |
| marrant | se marrer | | savant | savoir |
| * méchant | | | séduisant | séduire |
| méfiant | se méfier | | | |
| méritant | mériter | | vivant | vivre |
| navrant | navrer | | volant | voler |

* Adjectif non issu d'un verbe.

REMARQUE : La plupart des adjectifs en *ant* sont issus d'une forme verbale.
Les adjectifs en *ant* issus d'un verbe ont la plupart du temps une signification proche de ce verbe :
        une idée **séduisante** (une idée qui séduit).
        des paroles **rassurantes** (des paroles qui rassurent).
        une histoire **amusante** (une histoire qui amuse).
Lorsqu'ils sont issus d'un verbe, ces adjectifs, sont formés sur la première personne du pluriel (nous) :
verbe plaire :    nous plais   **ons** = plais   **ant**
verbe séduire :   nous séduis  **ons** = séduis  **ant**
verbe savoir :    nous sav    **ons** = sav    **ant**
Les adjectifs issus du verbe *pouvoir* (puissant, impuissant) sont formés sur la forme du subjectif (que je puisse).
Il est possible (avec de nombreux verbes, mais pas tous) de construire un adjectif en *ant* :
        Une poupée qui **parle** = une poupée **parlante**.
        Une voiture avec un toit qui s'**ouvre** = une voiture avec un toit **ouvrant**.

## Adjectifs en *ent* (prononcer « *an* ») / *ente* au féminin : abs**ent** / abs**ente**

| Adjectifs | Noms correspondants | | Adjectifs | Noms correspondants |
|---|---|---|---|---|
| absent | l'absence | | corpulent | la corpulence |
| apparent | l'apparence | | déficient | la déficience |
| cohérent | la cohérence | | différent | la différence |
| compétent | la compétence | | équivalent | l'équivalence |
| conscient | la conscience | | évident | l'évidence |
| content | * le contentement | | excellent | l'excellence |

| Adjectifs | Noms correspondants | Adjectifs | Noms correspondants |
|---|---|---|---|
| fréquent | la fréquence | lent | * la lenteur |
| impatient | l'impatience | négligent | la négligence |
| impertinent | l'impertinence | patient | la patience |
| imprudent | l'imprudence | permanent | la permanence |
| incohérent | l'incohérence | précédent | |
| incompétent | l'incompétence | présent | la présence |
| inconscient | l'inconscience | prudent | la prudence |
| indifférent | l'indifférence | récent | la récence |
| indulgent | l'indulgence | réticent | la réticence |
| influent | l'influence | transparent | la transparence |
| inintelligent | l'inintelligence | turbulent | la turbulence |
| innocent | l'innocence | urgent | l'urgence |
| insolent | l'insolence | violent | la violence |
| intelligent | l'intelligence | | |

REMARQUE : La plupart des adjectifs de ce groupe peuvent être transformés en nom en *ence* (voir 2ᵉ colonne) (sauf *lenteur * contentement).

ATTENTION : Il existe quelques adjectifs (se terminant au masculin par le son « *en* ») qui présentent une opposition masculin/féminin particulière :

blanc / blanche    allemand / allemande    musulman / musulmane
franc / franche    marchand / marchande    ottoman / ottomane
normand / normande    partisan / partisane
gourmand / gourmande    plan / plane
grand / grande

## Adjectifs en *s*

**as/asse : bas / basse**

bas    gras    las

À ce groupe l'on peut ajouter :
gros / grosse
épais / épaisse

**us/use : confus / confuse**

confus    inclus
diffus    reclus

**ais/aise : anglais / anglaise**

anglais    japonais
camerounais    libanais
finlandais    mauvais
français    néerlandais
hollandais    polonais
irlandais    portugais

**ois/oise : chinois / chinoise**

chinois    narquois
courtois    sournois
danois    suédois
hongrois

**is/ise : gris / grise**

gris    précis
indécis    remis
imprécis    requis
permis    retransmis

27

## Adjectifs en *t*

### *t*/*te* : délic**at** / délica**te**

| | |
|---|---|
| délicat | interdit |
| haut | petit |
| idiot | plat |
| indélicat | réduit |
| ingrat | subit |
| gratuit | |

### *oit*/*oite* : adr**oit** / adr**oite**

| | |
|---|---|
| adroit | étroit |
| droit | maladroit |

### *ait*/*aite* : distr**ait** / distr**aite**

| | |
|---|---|
| distrait | parfait |
| imparfait | stupéfait |
| insatisfait | |

### *et*/*ète* : compl**et** / compl**ète**

| | |
|---|---|
| complet | indiscret |
| concret | inquiet |
| discret | prêt |
| incomplet | secret |

### *et*/*ette* : cad**et** / cad**ette**

| | |
|---|---|
| cadet | muet |
| coquet | violet |

### et :
sot/sotte

Les seuls adjectifs se terminant par le son *ai* sans différence de prononciation masculin/féminin, sont :
gai / gaie
vrai / vraie

**3.** Les principaux adjectifs qui se terminent (à l'écrit) par une consonne prononcée au masculin

## Adjectifs en *t* : corre**ct** / corre**cte**

### *t*/*te* : corre**ct** / corre**cte**

| | | | |
|---|---|---|---|
| correct | exact | indistinct | intact |
| direct | incorrect | inexact | strict |
| distinct | indirect | infect | suspect |

### et :
net / nette

REMARQUE : pour ces adjectifs, pas de différence de prononciation masculin/féminin.

## Adjectifs en *r*

### *rt*/*rte* : cou**rt** / cou**rte**

| | |
|---|---|
| court | offert |
| couvert | ouvert |
| fort | vert |
| mort | |

### *rs*/*rse* :
divers / diverse

### *r*/*rde* : bava**rd** / bava**rde**

| | | |
|---|---|---|
| bavard | lourd | sourd |

adjectifs en *r/re* sans différence de prononciation masculin/féminin :

| | |
|---|---|
| clair | pur |
| dur | sûr |
| futur | noir |
| impair | obscur |
| impur | pair |
| mûr | |

ainsi que :

cher/chère
fier/fière
amer/amère

*er/ère* (prononcer « é » au masculin) : dern**ier** / dern**ière**

| | |
|---|---|
| dernier | meurtrier |
| entier | particulier |
| étranger | passager |
| familier | policier |
| grossier | premier |
| hospitalier | printanier |
| irrégulier | régulier |
| léger | singulier |
| mensonger | |

## Adjectifs en *eur*

*teur/trice* : ama**teur** / ama**trice**

| | |
|---|---|
| amateur | calculateur |
| émetteur | conservateur |

*eur/eure* : antér**ieur** / antér**ieure**

| | |
|---|---|
| antérieur | meilleur |
| inférieur | postérieur |
| intérieur | supérieur |
| majeur | |

*eur/euse* : boud**eur** / boud**euse**

| | |
|---|---|
| boudeur | rieur |
| menteur | travailleur |
| prometteur | trompeur |
| rageur | voleur |

## Adjectifs qui se terminent par le son *in* au masculin (écrit *ain, ein, in, un*)

*ain/aine* : afric**ain** / afric**aine**

| | |
|---|---|
| africain | mexicain |
| américain | prochain |
| certain | républicain |
| contemporain | romain |
| humain | roumain |
| incertain | sain |
| inhumain | souterrain |
| lointain | urbain |
| malsain | vain |
| marocain | vilain |

*ien/ienne* : aér**ien** / aér**ienne**

| | |
|---|---|
| aérien | européen |
| algérien | italien |
| ancien | malien |
| autrichien | mauritanien |
| bolivien | microbien |
| brésilien | moyen |
| canadien | norvégien |
| chilien | péruvien |
| chrétien | quotidien |
| colombien | terrien |

et :

plein / pleine

*in/ine* : argent**in** / argent**ine**

| | |
|---|---|
| argentin | masculin |
| clandestin | mesquin |
| féminin | sanguin |
| fin | taquin |
| marin | voisin |

*in/igne*

bénin / bénigne
malin / maligne

29

REMARQUE : Les Français ont tendance à utiliser ces 2 adjectifs sur le modèle voisin/voisine (malin/maline, bénin/bénine)

*eint*/*einte* (issus des verbes en « eindre ») :
astr**eint** / astr**einte**

| | |
|---|---|
| astreint | éteint |
| atteint | feint |
| ceint | peint |
| déteint | restreint |
| enceinte | teint |

et :

joint (du verbe joindre)
disjoint

*un*/*une* : auc**un** / auc**une**

| | |
|---|---|
| aucun | inopportun |
| brun | opportun |
| commun | |

## Adjectifs en *on*

*on*/*onne*

bon / bonne
mignon / mignonne

*ond*/*onde* : bl**ond** / bl**onde**

| | |
|---|---|
| blond | rond |
| profond | second |

*ong*/*ongue* :

long / longue
oblong / oblongue

## Adjectifs en *c*

*c*/*que*

chic / chique
public / publique
turc / turque

mais :

grec / grecque

et :

sec / sèche

REMARQUE : Le c est prononcé au masculin. Il n'est pas
prononcé pour :
blanc / blanche
franc / franche

Il existe un autre adjectif qui fait son féminin en che :
frais / fraîche

## Adjectifs en *x*

*eux*/*euse* : affr**eux** / affr**euse**

| | | | |
|---|---|---|---|
| affreux | contagieux | ennuyeux | injurieux |
| amoureux | copieux | envieux | irrespectueux |
| anxieux | courageux | fâcheux | joyeux |
| astucieux | coûteux | fameux | judicieux |
| audacieux | crasseux | fastidieux | lumineux |
| avantageux | creux | frauduleux | luxueux |
| aventureux | curieux | frileux | malchanceux |
| boiteux | dangereux | fructueux | malencontreux |
| capricieux | défectueux | furieux | malheureux |
| chaleureux | délicieux | généreux | merveilleux |
| coléreux | désastreux | hasardeux | minutieux |
| consciencieux | douloureux | heureux | miraculeux |
| | | honteux | monstrueux |
| | | ingénieux | mystérieux |

| | | | |
|---|---|---|---|
| neigeux | poudreux | soupçonneux | tendancieux |
| nerveux | poussiéreux | sourcilleux | tortueux |
| nombreux | précieux | spacieux | vigoureux |
| nuageux | prétentieux | studieux | volumineux |
| odieux | prodigieux | talentueux | |
| officieux | religieux | | |
| orageux | rigoureux | | |

### oux/ouse

jaloux / jalouse

### attention à :

doux / douce
roux / rousse
faux / fausse

| | |
|---|---|
| orgueilleux | ruineux |
| paresseux | savonneux |
| peureux | scandaleux |
| plantureux | scrupuleux |
| pluvieux | sérieux |
| pointilleux | silencieux |
| poissonneux | soigneux |

attention à :
vieux / vieille / vieil + nom masculin commençant par une voyelle : un vieil homme)

## Adjectifs en f

### f/ve : affirmatif / affirmative

| | | | |
|---|---|---|---|
| affirmatif | définitif | informatif | pensif |
| agressif | émotif | innofensif | positif |
| approximatif | excessif | instructif | possessif |
| attentif | exclusif | interrogatif | primitif |
| bref | exhaustif | inventif | productif |
| collectif | expansif | juif | progressif |
| combatif | expressif | massif | relatif |
| communicatif | facultatif | naïf | sauf |
| compétitif | fautif | natif | significatif |
| compréhensif | hâtif | négatif | sportif |
| constructif | imaginatif | neuf | subjectif |
| créatif | inactif | objectif | tardif |
| défensif | inattentif | passif | vif |

**4.** Les principaux adjectifs sans différence de prononciation

## Adjectifs en l

### al/ale : amical / amicale

| masculin pluriel en *aux* | | masculin pluriel en *als* | |
|---|---|---|---|
| amical | grammatical | banal | idéal (idéales |
| animal | hivernal | bancal | ou idéaux) |
| anormal | horizontal | fatal | littéral |
| brutal | illégal | glacial (glaciales | natale |
| capital | impartial | ou glaciaux) | naval |
| cordial | inégal | | |
| égal | infernal | | |
| fiscal | intégral | | |
| fluvial | international | | |
| fondamental | intestinal | | |
| général | libéral | | |
| génial | local | | |
| global | loyal | | |
| gouvernemental | machinal | | |

31

## masculin pluriel en *aux*

| | |
|---|---|
| magistral | postal |
| marginal | primordial |
| matinal | principal |
| médical | provincial |
| médicinal | régional |
| mental | rival |
| méridional | rural |
| mondial | salarial |
| monumental | sentimental |
| municipal | social |
| moral | spécial |
| musical | syndical |
| national | territorial |
| normal | théâtral |
| occidental | total |
| oriental | triomphal |
| oral | végétal |
| original | vertical |
| partial | vital |
| phénoménal | vocal |

### *ol*/*ole*

espagnol / espagnole

### *il*/*ile* : puér**il** / puér**ile**

puéril
subtil
seul

## Mais attention à :

gentil / gentille
pareil / pareille

## En dehors des adjectifs cités ci-dessus, les adjectifs en *il* s'écrivent (au masculin et au féminin) :

| | |
|---|---|
| habile | débile |
| tranquille | facile... |

### *el*/*elle* : accident**el** / accident**elle**

| | |
|---|---|
| accidentel | maternel |
| actuel | mensuel |
| annuel | mutuel |
| artificiel | naturel |
| confidentiel | occasionnel |
| continuel | officiel |
| criminel | partiel |
| cruel | paternel |
| éternel | personnel |
| éventuel | ponctuel |
| exceptionnel | présidentiel |
| formel | proportionnel |
| graduel | providentiel |
| habituel | réel |
| impersonnel | semestriel |
| inactuel | sensationnel |
| individuel | sensuel |
| industriel | sexuel |
| inhabituel | solennel |
| institutionnel | spirituel |
| intellectuel | superficiel |
| intentionnel | tel |
| irréel | textuel |
| manuel | universel |
| matériel | |

## À cette liste on peut ajouter :

nul / nulle

beau / belle
jumeau / jumelle
nouveau / nouvelle

fou / folle
mou / molle

saoul ou soûl (2 orthographes possibles, prononcer « sou » au masculin)
soûl / soule
ou
saoul / saoule

REMARQUE : Beau, nouveau, fou, mou, lorsqu'ils précèdent un nom masculin qui commence par une voyelle deviennent bel, nouvel, fol, mol :

J'habite un nouvel appartement.
C'est un bel homme.
J'ai un fol espoir.
Un mol oreiller.

# 5 SINGULIER / PLURIEL

## 1 *Vocabulaire*

Singulier = je parle d'une chose ou d'une personne.
Pluriel = je parle de plusieurs choses ou de plusieurs personnes.
Marque = un son (ou plusieurs sons), une lettre (ou plusieurs lettres) qui donnent une information (masculin/féminin, singulier/pluriel, présent/passé, etc.)

Si vous voulez parler d'une seule chose ou de plusieurs choses, d'une seule personne ou de plusieurs personnes, vous disposez en français d'un système de « marques » (singulier et pluriel) qui s'appliquent à certaines catégories de mots. Vous devrez, bien entendu, si vous parlez de quelque chose ou de quelqu'un, donner, en même temps une autre information : masculin/féminin (voir chapitres précédents).

## 2 *Différentes catégories de mots pour lesquels l'on peut donner une information « singulier/pluriel »*

Les articles : *un, une, des, le, la, les*
Les possessifs : *mon, ma, mes, votre, vos,* etc.
Les démonstratifs : *ce, cet, cette, ces*
Les pronoms : *je/nous, il/ils,* etc.
Les noms
Les adjectifs
Les verbes

## 3 *Les marques du singulier et du pluriel*

Dans une même phrase, nous retrouverons plusieurs fois la marque du pluriel, sur des catégories de mots différentes :

> Pierre et Paul, il**s** ne vienn**ent** pas, il**s sont** trop fatigués... **les** amis ne sont pas importants pour **eux** !

À l'écrit, les marques du pluriel sont obligatoires (si l'on respecte l'orthographe !), elles se répètent sur tous les mots concernés (pronoms, adjectifs, noms, verbes, etc.). Le problème, à l'oral, c'est que certaines marques écrites du pluriel ne se prononcent pas.

À l'oral, s'il y a un risque d'ambiguïté, il sera donc nécessaire de préciser de qui ou de quoi l'on parle, si l'on veut se faire comprendre clairement.

Si vous écrivez :

> Ils **ne** parl**ent** pas français.

pas de problème, l'on sait que vous parlez de plusieurs personnes.
Mais si vous dites (sans préciser auparavant de qui vous parlez) :

> Ils ne parlent pas français ou bien : il ne parle pas français.

votre interlocuteur ne pourra pas savoir si vous parlez d'une ou de plusieurs personnes, car la prononciation de ces deux phrases (ils ne parlent pas français, il ne parle pas français) est exactement la même !

## 4 *Les articles*

Pour les articles, la différence masculin/féminin qui existe au singulier, n'existe plus au pluriel
*un, une* deviennent *des* (des filles, des garçons)
*le , la* deviennent *les* (les filles, les garçons)

> J'ai **un** ami, j'ai **une** amie.
> J'ai **des** amis, j'ai **des** amies.

## 5 *Les articles + préposition*

*à la, au, à l'* deviennent *aux* (aux filles, aux garçons)
*à un, à une* deviennent *à des* (à des filles, à des garçons)

> Je parle **à la** voisine, **au** voisin, **à** l'enfant de ma voisine.
> Je parle **aux** voisins, **aux** voisines, **aux** enfants de ma voisine.
>
> Je parle **à un** garçon, **à une** fille.
> Je parle **à des** garçons, **à des** filles.

Même type de fonctionnement avec les noms de pays :

> Je vais en vacances **au** Mexique (masculin), **en** Nouvelle-Calédonie (féminin), **en** Afghanistan (masculin).
> Je vais en vacances **aux** États-Unis (masculin-pluriel), **aux** Nouvelles Hébrides (féminin-pluriel).

C'est la même chose avec *du, de la, de l'* qui deviennent *des* :

> C'est le chat **de la** voisine, **du** voisin, **du** voisin, **de** l'épicier.
> C'est le chat **des** voisines, **des** voisins, **des** épiciers.

## 6 *Les possessifs*

Comme pour les articles, il n'y a pas de différence au pluriel entre le masculin et le féminin :

> *mon* frère, *ma* sœur, *mes* frères, *mes* sœurs
> *mon, ma = mes*
> *ton, ta = tes*
> *son, sa = ses*
> *notre = nos*
> *votre = vos*
> *leur = leurs*

REMARQUE : Avec *notre, votre, leur*, il y a déjà une information au niveau du pluriel :
notre maison c'est la maison de plusieurs personnes (dont celui qui parle).
*Notre, votre, leur* ne font pas la différence entre masculin et féminin (*notre père, notre mère*).
Avec *mon, ton, son* la différence masculin/féminin est possible, mais elle ne porte pas sur le « propriétaire » : le choix masculin/féminin se fait par rapport à la chose « possédée » :
Pierre, voilà **ton** frère
Pierre, voilà **ta** sœur

Les possessifs fournissent deux informations de « pluriel » :
a) plusieurs « possesseurs » d'une seule chose :
*notre frère, votre voiture, leur maison* (plusieurs personnes ont un frère, une voiture, une maison).

REMARQUE : *Votre* peut renvoyer à une seule personne (forme de politesse) ou à plusieurs personnes (pluriel)
Monsieur ! Voilà **votre** femme ! (singulier)
Pierre ! Marie ! Voilà **votre** fils (pluriel)

b) plusieurs « possesseurs » de plusieurs « choses » :
*nos frères* (plusieurs personnes ont plusieurs frères)
*vos enfants* (plusieurs personnes ont plusieurs enfants), ou un seule personne (à qui l'on dit « vous ») a plusieurs enfants dans le cas d'une forme de politesse.
*leurs amis* (plusieurs personnes ont plusieurs amis)

Tableau récapitulatif

| Chose possédée | Possessif | Possesseur |
|---|---|---|
| 1 (masculin) | *mon, ton, son* | 1 |
| 1 (féminin) | *ma, ta, sa* | 1 |
| 1 (masc ou fém) | *notre, votre, leur* | plusieurs |
| 1 (masc ou fém) | *votre (de politesse)* | 1 |
| plusieurs (masc/fém) | *mes, tes, ses* | 1 |
| plusieurs (masc/fém) | *nos, vos, leurs* | plusieurs |

## 7 *Les démonstratifs ne font pas la différence masculin / féminin au pluriel*

masculin : *ce* ou *cet*                     pluriel : *ces*
féminin : *cette*                                 pluriel : *ces*

## 8 *Les verbes*

(Pour plus d'informations, voir le chapitre « conjugaisons » p. 257.)

C'est en utilisant *il / elle* ou *ils / elles* que des risques de confusion entre singulier et pluriel peuvent surgir si vous ne précisez pas clairement de qui vous parlez. En effet, à l'oral, une majorité de verbes ne fait pas de différence entre singulier et pluriel :

il se dépêche et ils se dépêchent
il court et ils courent

se prononcent de la même façon (la confusion est impossible à l'écrit).

Si ces verbes commencent par une voyelle, la confusion est impossible à l'oral, car la prononciation est différente au singulier et au pluriel :

il arrive / ils (-z-) arrivent
il accourt / ils (-z-) accourent

S'il s'agit d'un verbe qui utilise au pluriel une forme différente du singulier, la confusion n'est pas possible :

il finit / ils fini-ss-ent
il vient / ils vie-nn-ent
il part / ils par-t-ent

**35**

## 9 *Les noms*

Pour la majorité des noms du vocabulaire français, c'est l'article utilisé avec le nom qui donne l'information singulier/pluriel :

> **Les** rues de Paris.
> **Une** rue de Paris.

*rues* et *rue* se prononcent de la même façon, c'est l'article *les* qui permet à l'oral de distinguer singulier et pluriel. A l'écrit le *s* de *rues* permet également de faire la distinction singulier *rue*/pluriel *rues*.

Quelques noms (très peu par rapport à l'ensemble du vocabulaire français) utilisent une forme différente au pluriel :

> un cheval / des chevaux
> un animal / des animaux
> un travail / des travaux

À l'écrit, quelques noms offrent des particularités orthographiques (le *s* qui est la marque « normale » du pluriel peut se transformer en *x*) :

> un cheveu / des cheveux
> un caillou / des cailloux

Cheveu et cheveux, caillou et cailloux se prononcent de la même façon.
À l'oral le problème c'est que certains noms font leur pluriel tout à fait normalement (en *s*) alors que d'autres qui ont la même terminaison utilisent une forme particulière à l'écrit : les noms en *al* :

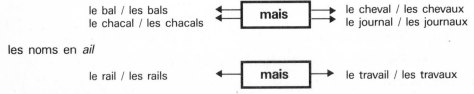

| le bal / les bals | | le cheval / les chevaux |
| le chacal / les chacals | **mais** | le journal / les journaux |

les noms en *ail*

| le rail / les rails | **mais** | le travail / les travaux |

À l'écrit des difficultés existent pour quelques noms en *ou* ou en *eu*, car certains font leur pluriel en *s* et d'autres le font en *x* :

> un pneu / des pneus          un feu / des feux
> un fou / des fous             un chou / des choux

## 10 Tableau récapitulatif des principales difficultés rencontrées avec le pluriel

| 1. PLURIEL EN X | | |
|---|---|---|
| Terminaisons | Singulier | Pluriel |
| Tous les noms en *au* et *eau* | l'eau<br>la peau<br>un morceau<br>le tuyau<br>etc. | des eaux<br>les peaux<br>des morceaux<br>des tuyaux<br>etc. |
| Seules exceptions : | un landau<br>un sarrau | des landaus<br>des sarraus |
| REMARQUE : Certains noms font leur singulier en *aux* : | une faux<br>le taux | des faux<br>les taux |
| Tous les noms en *eu* | le feu<br>un jeu<br>un épieu<br>un lieu<br>un vœu<br>etc. | les feux<br>des jeux<br>des épieux<br>des lieux<br>des vœux<br>etc. |
| Seules exceptions : | un pneu<br>un bleu | des pneus<br>des bleus |
| REMARQUE : Certains noms font leur singulier en *eux* (il s'agit en général d'adjectifs en *eux-euse* utilisés comme des noms) : | un creux<br>un curieux<br>un paresseux<br>un vieux | des creux<br>des curieux<br>des paresseux<br>des vieux |
| Certains noms en *ou* dont voici la liste : | un bijou<br>un caillou<br>un chou<br>un genou<br>un hibou<br>un joujou<br>un pou | des bijoux<br>des cailloux<br>des choux<br>des genoux<br>des hiboux<br>des joujoux<br>des poux |
| En dehors de ces 7 noms, tous les autres noms en *ou* font leur plurieur en *ous* | un clou<br>un fou<br>un écrou<br>un mérou | des clous<br>des fous<br>des écrous<br>des mérous |
| REMARQUE : Certains noms font leur singulier en *oux* : | l'époux<br>un jaloux | les époux<br>des jaloux |

## 1. NOMS UTILISANT UNE FORME DIFFÉRENTE AU SINGULIER ET AU PLURIEL

| Terminaisons | Singulier | Pluriel |
|---|---|---|
| *al* (singulier)/*aux* (pluriel).<br>Tous les noms en *al* | un journal<br>un cristal<br>un mal | des journaux<br>des cristaux<br>des maux |
| Seules exceptions : | un bal<br>un cal<br>le carnaval<br>un cérémonial<br>un chacal<br>un festival<br>un pal<br>un récital<br>un régal<br>le santal | des bals<br>des cals<br>les carnavals<br>des cérémonials<br>des chacals<br>des festivals<br>des pals<br>des récitals<br>des régals<br>les santals |
| *ail* (singulier)/*aux* (pluriel) quelques noms en *ail* dont voici la liste : | un bail<br>le corail<br>l'émail<br>le soupirail<br>le travail<br>le vantail<br>le vitrail | des baux<br>les coraux<br>les émaux<br>les soupiraux<br>les travaux<br>les vantaux<br>les vitraux |
| En dehors de ces quelques noms, tous les noms en *ail* font leur pluriel en *ails* : | le rail<br>un détail<br>un portail<br>un éventail | les rails<br>des détails<br>des portails<br>des éventails |
| Tous les noms qui se terminent par *s*, *z* et *x* au singulier ont une orthographe identique au singulier et au pluriel : | un cas<br>un tas<br>le nez<br>la voix | des cas<br>des tas<br>les nez<br>les voix |
| Quelques noms ont une forme totalement différente au singulier et au pluriel : | le ciel<br>un aïeul<br>un œil<br>un ail | les cieux<br>des aïeux<br>des yeux<br>des aulx |

# LE VERBE AVOIR

Comme le verbe *être*, le verbe *avoir* est un verbe dont vous devez bien connaître la conjugaison, car vous serez obligé de l'utiliser très fréquemment (chaque fois que vous utiliserez un passé composé par exemple). En dehors du passe composé (qui peut aussi être formé avec *être*), le verbe *avoir* sert à former des centaines d'expressions.

## *1* *La conjugaison du verbe avoir*

J' ai    Il a    Vous avez
Tu as    Nous avons    Ils ont

Certaines constructions du verbe *AVOIR* servent à exprimer une obligation.
J'ai quelque chose à faire (je dois faire quelque chose, il faut que je fasse quelque chose)
J'ai un coup de téléphone à donner.

REMARQUE : Comme le verbe *être*, le verbe *avoir* a une conjugaison complexe au présent (6 formes différentes à l'écrit, 5 seulement à l'oral, *as* et *a* se prononçant de la même façon).

## 2 À quoi ça sert ?

| Le verbe avoir sert à : | exemples : |
|---|---|
| donner des informations sur soi-même ou sur une autre personne (âge, situation de famille etc.) | J'**ai** 20 ans.<br>J'**ai** 3 enfants. |
| dire ce que l'on possède | J'**ai** une voiture.<br>J'**ai** le téléphone. |
| à donner des informations sur sa situation physique, psychologique. | J'**ai** froid, j'**ai** chaud, j'**ai** faim, j'**ai** peur... |
| *froid, chaud* etc. peuvent être aussi des adjectifs, mais avec le verbe *avoir*, ces mots sont utilisés exclusivement sous leur forme masculin singulier. | Il **a** froid, elle **a** froid. |

# 7 L'APOSTROPHE

et les phénomènes liés à la présence d'une voyelle au début d'un mot

## 1 Qu'est-ce que c'est ?

C'est un petit signe graphique ('), qui marque à l'écrit la disparition du son (e). Ce son n'est plus prononcé. Ce son disparaît lorsqu'il est mis en contact avec une voyelle (a, e, i, o, u) :
    Je dis (je + consonne).
    J'oublie (je + voyelle = j').
Dans la langue orale familière, il est fréquent que le son (e) disparaisse, mais il n'est remplacé à l'écrit par l'apostrophe que dans un certain nombre de cas bien précis.
*Je me dépêche* peut se prononcer (jmedépêch ou jemdépêch), mais à l'écrit on ne rend pas compte de cette possibilité de prononciation.

## 2 Cas où la disparition du son (e) est obligatoire et est transcrite par (') à l'écrit

■ *Je/j'*
*Je* est le seul pronom personnel à utiliser l'apostrophe. *Elle* qui se termine pourtant par une voyelle ne se transforme pas en *ell'* en présence d'une voyelle. C'est logique, le « e » final de *elle* ne correspond pas au son (e), tout simplement, il ne se prononce pas.

En français familier, le « u » de *tu* peut disparaître *tu* aimes ça peut-être prononcé *t'*aimes ça mais *tu* doit s'écrire *tu*, sauf si l'on cherche à reproduire par écrit la façon de prononcer les mots, sans utiliser l'alphabet phonétique international.

■ *me, te, se... m', t', s'*

    Tu **m'**aimes ?
    Comment ça **s'**écrit ?
    Tu **m'**appelles comment ?

■ *que, lorsque, parce que...*

    **Qu'**est-ce qu'il dit
    Il fait **ce qu'**il veut
    **Parce qu'**il travaille
    Il y a **quelqu'**un

> ATTENTION : Pas d'apostrophe avec *qui*
> C'est la fille **qui** a des lunettes

■ *de... d'*

    C'est le frère **d'**Irène.
    Il n'est pas **d'**ici.
    J'arrive **d'**Espagne.

■ *le , la... l'*

    J'adore **l'**Italie (féminin).
    Je **l'**aime beaucoup ce garçon (masculin).

> ATTENTION : L'article féminin *une* se termine par un « e » mais (et c'est le même cas que pour *elle*) « e » ne représentant pas un son prononcé, il ne disparaît pas :
> C'est une amie.

■ *c'est... c'était... ce sont... ce sera...*

*ne... pas...(n'... pas...*

    Je **ne** comprends pas
    Je **n'**aime pas ça

## 3 *Un problème*

Les mots qui commencent par *h*
Avec certains de ces mots il faut utiliser l'apostrophe, avec d'autres, le son *e* se prononce et s'écrit.

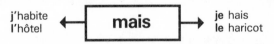

j'habite
l'hôtel  ←  **mais**  →  je hais
le haricot

## 4 *Liste des mots qui commencent par H*

| NOMS avec L' | | | | |
|---|---|---|---|---|
| l'habileté (fém) | l'hélice (f) | l'hippodrome (m) | l'hormone (f) | l'humour (m) |
| l'habillage (masc) | l'hélicoptère (m) | l'hippopotame (m) | l'horoscope (m) | l'humidité (f) |
| l'habit (m) | l'hémicycle (m) | l'hirondelle (f) | l'horreur (f) | l'hydravion (m) |
| l'habitant (m) | l'hémiphlégie (f) | l'histoire (f) | l'hortensia (m) | l'hydre (f) |
| l'habitation (f) | l'hémisphère (m) | l'hiver (m) | l'horticulture (f) | l'hydrogène (m) |
| l'habitude (f) | l'hémorragie (f) | l'holocauste (m) | l'hospice (m) | l'hydrographie (f) |
| l'haleine (f) | l'herbe (f) | l'homélie (f) | l'hospitalité (f) | l'hygiène (f) |
| l'hallucination (f) | l'hérédité /f) | l'homéopathie (f) | l'hostilité (f) | l'hymne (m) |
| l'haltère (f) | l'hérésie (f) | l'homicide (m) | l'hôtel (m) | l'hyperbole (f) |
| l'hameçon (m) | l'héritage (m) | l'hommage (m) | l'hôtesse (f) | l'hypertrophie (f) |
| l'harmonica (m) | l'hermine (f) | l'homme (m) | l'huile (f) | l'hypertension (f) |
| l'harmonie (f) | l'héroïne (f) | l'honnêteté (f) | l'huissier (m) | l'hypnose (f) |
| l'hebdomadaire (m) | l'hésitation (f) | l'honneur (m) | l'huître (f) | l'hypocrisie (f) |
| l'hébergement (m) | l'heure (f) | l'hôpital (m) | l'humanité (f) | l'hypothèque (f) |
| l'hébreu (m) | l'hexagone (m) | l'horaire (m) | l'humanisme (m) | l'hypothèse (f) |
| l'hécatombe (f) | l'hibernation (f) | l'horizon (m) | l'humérus (m) | l'hystérie (f) |
| l'hégémonie (f) | l'hilarité (f) | l'horloge (f) | l'humeur (f) | |

## NOMS avec LE ou LA

| | | | | |
|---|---|---|---|---|
| la hache | la hanche | la harpie | le hêtre | le hors-bord |
| la hachure | le handicap | le harpon | le hibou | le hors-d'œuvre |
| la haie | le hangar | le hasard | la hiérarchie | le houblon |
| le haillon | le hanneton | la hâte | le hobereau | la houille |
| le hâle | la harangue | le haut | le hochet | la houle |
| le hall | le haras | le hautbois | le hockey | la houppelande |
| la halle | le harem | le hâvre | le hold-up | la housse |
| le halo | le hareng | le hennissement | le homard | le houx |
| la halte | la hargne | le hérisson | la honte | le hublot |
| le hamac | le haricot | la hernie | le hoquet | le huitième |
| le hameau | le harnais | le héros | la horde | le hurlement |
| la hampe | la harpe | la herse | le horion | la hutte |

## VERBES avec J'

| | | | | |
|---|---|---|---|---|
| habiliter | héberger | hiverner | horrifier | humecter |
| habiller | hériter | homologuer | horripiler | hypothéquer |
| habiter | hésiter | honorer | huiler | |
| habituer | hiberner | hospitaliser | humaniser | |

## VERBES avec JE

| | | | | |
|---|---|---|---|---|
| hacher | happer | hausser | hisser | humer |
| haïr | harasser | héler | hocher | hurler |
| haler | harnacher | hennir | honnir | |
| haleter | hasarder | hérisser | houspiller | |
| hanter | hâter | heurter | huer | |

Quelques adjectifs commençant par *h*, peuvent, dans certaines circonstances (voir place des adjectifs), se trouver placés avant le nom avec *LE , LA* ou *L'* :

## L' + ADJECTIF + nom

| | | | | |
|---|---|---|---|---|
| habile | hésitant | hirsute | honorable | humble |
| habituel | hétéroclite | historique | horrible | hypothétique |
| hasardeux | hétérogène | homérique | hospitalier | hystérique |
| héréditaire | heureux | humain | hostile | |
| héroïque | hilare | honnête | houleux | |

## LE ou LA + ADJECTIF + NOM

| | | | |
|---|---|---|---|
| haineux | hargneux | haut | hideux |
| hardi | hâtif | hautain | honteux |

## **5** *Autres phénomènes morphologiques liés à la présence d'une voyelle au début d'un mot*

Comme pour « l'apostrophe », de nombreux phénomènes morphologiques sont liés à l'existence ou à l'absence de voyelle au début d'un mot.

| DU , DE L' DE LA |
|---|
| Le café **de la** gare |
| la rue **du** port |
| place **de l'**hôpital |
| rue de l'école |

| AU, A L' A LA |
|---|
| il est **au** marché |
| il va **à la** poste |
| il est **à l'**hôtel |
| il est **à l'**université |

| AU/EN |
|---|
| j'habite **au** Brésil |
| j'habite **en** France |
| il vit **en** Iran |
| je vais **en** Italie |

# 2

# IDENTIFICATION PRÉSENTATION

Dans ce chapitre, vous trouverez une description des différents outils linguistiques indispensables pour communiquer dans une situation de prise de contact (comment se présenter, s'identifier).

# 1 TU OU VOUS ?

## 1 *Comment s'adresser à quelqu'un ?*

Lorsque l'on apprend le français, le choix entre l'utilisation de *tu* ou de *vous* est toujours délicat.

Pour simplifier on emploiera :

*VOUS* en public

dans toutes les situations administratives, dans les lieux publics, dans des situations officielles, avec des personnes inconnues.

*TU* en privé

dans toutes les situations amicales, familières, familiales, intimes.

■ Lorsque vous rencontrez quelqu'un que vous ne connaissez pas, il est plus simple de commencer à lui dire *vous*, puis de passer au *tu* si la relation devient amicale.
Si vous commencez par lui dire *tu*, vous pouvez commettre une erreur, votre interlocuteur peut penser que vous n'êtes pas très poli, que vous êtes familier avec lui.

    vouvoyer = dire *vous*
    tutoyer = dire *tu*

Pour passer du *VOUS* au *TU* vous pouvez dire :

    On se tutoie ?
    On se dit **tu** ?
    Vous pouvez me dire **tu**.

Si votre interlocuteur vous dit *tu*, vous pouvez :
● Soit continuer à lui dire *vous*. Dans ce cas, il est fort probable qu'il vous demandera de le tutoyer. Cette première solution vous évitera tout risque d'erreur.
● Soit lui dire *tu*. Dans ce cas, si vous voulez éviter tout risque d'erreur, il est préférable de le faire dans les situations suivantes :
— identité d'âge (si vous et votre interlocuteur avez moins de 25 ans, en général, cela ne posera pas de problème)
— identité de statut social (profession, groupe social, politique, etc.)
— rencontre dans un cadre non formel (vacances, sport, lieux de loisirs)


■ Vous pouvez parfois tutoyer spontanément une personne inconnue :
— dans les situations citées ci-dessus (identité d'âge, de statut, d'opinion, cadre non formel)
— quand il n'existe par de rapport hiérarchique entre vous et votre interlocuteur
— quand votre interlocuteur est un enfant.


■ Le *TU* et le *VOUS* dans les relations familiales :
En général, les parents proches se tutoient (enfants, parents, grands-parents, frères, sœurs, etc.) mais il est possible qu'un Français vouvoie une tante âgée, un parent lointain ou que l'on ne connaît pas très bien.


■ Le *TU* et le *VOUS* dans le travail, à l'école :
Les enfants et les adolescents se tutoient dans un cadre scolaire (et en dehors de l'école). Entre professeurs et élèves, il existe plusieurs cas de figure :

| Le professeur à l'élève | L'élève au professeur |
| --- | --- |
| *vous* | *vous* |
| *tu* | *vous* |
| *tu* | *tu* (plus rare) |

Chacun de ces cas représente un type d'interrelation professeur/élève particulier.

Au travail, en principe, des collègues peuvent se tutoyer, s'ils se connaissent suffisamment ou s'ils ont des relations amicales (en dehors du travail, par exemple).


■ Pour en savoir plus sur l'usage de *tu* et de *vous*, nous vous proposons 10 situations de communication courantes, suivies d'un tableau récapitulant les diverses situations de communication où, en général, l'usage de *tu* ou de *vous* s'impose.

   1. Pardon Monsieur, **vous** pouvez me dire où est la gare ?
   2. **Vous** avez l'heure ?
   3. **Tu** viens, on va prendre un café ?
   4. **Vous** pourriez me dire ce qu'il faut faire pour obtenir un visa ?
   5. Qu'est-ce que **tu** as fait ce week-end ?
   6. Excusez moi, est-ce que **vous** avez du feu ?
   7. — **Tu** as quel âge ?
      — 6 ans.
      — Et **tu** t'appelles comment ?
   8. Je suis étudiant. **Toi** aussi ?
   9. **Tu** viens Papa ?
  10. On se dit **tu** ?

**45°**

## 2 *Comment choisir ?*

| VOUS | TU |
|---|---|
| registre formel, standard | registre standard, familier |
| **OÙ?** ■ dans la rue (1-6)<br>■ dans un magasin (2)<br>■ dans une administration (4)<br>■ dans un lieu public (6)<br>■ à votre travail | ■ chez des amis (5-6-7-8-10)<br>■ avec votre famille (5-7-9)<br>■ à votre travail (3-5-10)<br>■ à l'université (3-5-8-10)<br>■ dans une école (7)<br>■ à un concert de rock (8)<br>■ chez des copains (5-8-10)<br>■ dans un cadre non formel (3-10) |
| **QUI?** ■ quelqu'un que vous ne connaissez pas (1-2-4-6)<br>■ une personne plus âgée (1-2)<br>■ un supérieur hiérarchique (6)<br>■ quelqu'un à qui vous manifestez votre respect (1-2-4-6) | ■ un ami (3-5-10)<br>■ un copain (3-5)<br>■ quelqu'un de votre famille (3-5-7-9)<br>■ un enfant (7)<br>■ un collègue (3-5-10)<br>■ quelqu'un avec qui vous vous identifiez (âge, catégorie sociale, pensée...) (8) |

REMARQUE : Lorsque vous utilisez *tu* dans une conversation, en fonction du degré de familiarité qui existe entre vous et votre interlocuteur, vous pourrez faire certains choix au niveau du lexique, de la syntaxe, en choisissant des mots plus ou moins familiers, en respectant plus ou moins les normes grammaticales.

## 3 *Les salutations*

Les formules employées parallèlement à *tu* et *vous*.

**1.** Lorsque vous vouvoyez quelqu'un.

> Bonjour, Au Revoir, Monsieur, Madame, Mademoiselle
(pour saluer un homme, une femme, ou une jeune fille).

> Bonjour Messieurs, Mesdames, Mesdemoiselles
(pour saluer plusieurs hommes, plusieurs femmes, plusieurs jeunes filles).

Dans une situation de communication officielle (discours, conférence etc.) on a coutume de saluer d'abord les femmes, puis les hommes :

> Mesdames, Mesdemoiselles, Messieurs, j'ai l'honneur de vous présenter...

*Bonjour* sera plutôt utilisé pendant la journée, et *bonsoir* pendant la soirée, *bonne nuit* sera utilisé au moment de se coucher ou lorsqu'on se quitte au cours de la nuit, mais les Français ont tendance à ne pas lier leur mode de salutation au moment de la journée. Il est très fréquent d'entendre *bonjour* même si l'on salue quelqu'un la nuit.

*Bonsoir* peut être utilisé soit pour saluer, soit lorsqu'on se quitte (le soir) avec le sens de *au revoir*.

**2.** Lorsque vous tutoyez quelqu'un.

*Salut !* peut signifier aussi bien *bonjour* qu'*au revoir.*
*Ciao !* ou *Tchao !* = *au revoir* (*Bye !* est également utilisé avec le sens de *au revoir*)
*Bonjour !* est souvent utilisé à tout moment du jour pour saluer quelqu'un. À la différence de certaines langues qui changent de formule de salutation selon qu'elle est formulée avant midi, dans l'après-midi, ou après le coucher du soleil.
*Bonsoir !* est fréquemment utilisé avec le sens de *au revoir.*

ATTENTION : On ne peut pas employer *Madame* et *Mademoiselle* pour parler de quelqu'un : (on ne dit jamais en français : la « Madame » la « mademoiselle » mais *la dame, la jeune fille, la jeune femme)*

> Qu'est ce qu'elle voulait cette dame (ou cette femme) ?
> Elle s'appelle comment cette jeune fille ?

Par contre, c'est possible avec *Monsieur* :

> Il s'appelle comment ce monsieur ?

On utilise quelquefois la 3$^e$ personne (au lieu de vous, lorsque l'on s'adresse à quelqu'un) :

> Monsieur désire ? (Monsieur, qu'est-ce que vous désirez ?)
> Qu'est-ce qu'il veut ce jeune homme (qu'est-ce que vous voulez, jeune homme ?).

Lorsque vous quittez quelqu'un, vous pouvez aussi utiliser les expressions suivantes :
*à bientôt* (vous allez revoir cette personne bientôt)

*à plus tard* (vous allez revoir cette personne
plus tard)

*à tout à l'heure* (vous allez revoir cette
personne dans la journée)

*à demain* (vous allez revoir cette personne
le lendemain)

*à ce soir* (vous allez revoir cette personne
dans la soirée)

*à la semaine prochaine*
*à jeudi*
*à l'année prochaine*

# 2 COMMENT NE PAS RÉPÉTER UN MOT

## 1 Il / elle - Ils / elles

Lorsque l'on parle de quelqu'un, on ne répète pas chaque fois l'expression qui permet d'identifier cette personne d'autant plus que très souvent, c'est un groupe de mots qu'il faudrait chaque fois répéter :

    — Tiens, j'ai rencontré le professeur de mathématiques de Pierre.
    — Qu'est-ce qu'**il** t'a dit ?
    — **Il** m'a dit que Pierre devrait travailler un peu plus.
    — Pourtant **il** a souvent de bonnes notes.
    — Oui, mais son prof pense qu'**il** pourrait faire encore mieux.
    — **Il** est un peu trop exigeant...
    — Je crois qu'**il** a raison.

Dans ce dialogue, *il* représente deux personnes : le professeur de mathématiques et Pierre. Pourtant, pour chacun des deux interlocuteurs, il n'y a aucune ambiguïté pour chacun des *il* utilisés.

L'identification de la personne représentée par *il* se fait à deux niveaux :

**1.** *IL* se rapporte à la dernière personne citée : c'est le cas des trois premières répliques du dialogue où *il* représente le professeur de mathématiques de Pierre.

    — Tiens, j'ai rencontré le professeur de mathématiques de Pierre.
    — Qu'est-ce qu'**il** t'a dit ?
    — **Il** m'a dit que Pierre devrait travailler un peu plus.

Lorsqu'on ne parle que d'une seule personne, c'est facile, il n'y a pas de risque d'erreur d'interprétation :

    — Pierre m'a téléphoné
    — **Il** va bien ?
    — Oui, **il** est en pleine forme.
    — Qu'est-ce qu'**il** fait en ce moment ?
    — **Il** est en vacances

**2.** Cela se complique un peu quand on parle de plusieurs personnes. Dans ce cas :
*Il* peut renvoyer à la dernière personne citée (voir ci-dessus).
*Il* peut renvoyer indifféremment à l'une ou l'autre des personnes citées, même s'il ne s'agit pas de la dernière, à condition qu'il n'y ait pas d'ambiguïté de sens. Dans ce cas, c'est le sens qui prime :

    Pourtant, **il** a souvent de bonnes notes.

*Il* ne peut pas représenter le professeur, car ce n'est pas le professeur qui a des notes mais son élève, Pierre :

    Oui, mais son prof pense qu'**il** pourrait faire encore mieux.
    **Il** est un peu trop exigeant...

Même explication : les deux *il* utilisés sont identifiés grâce au sens logique de chaque phrase :
Le premier *il* ne peut pas représenter le professeur de Pierre, car cela signifierait que c'est le professeur qui doit faire des efforts.
Il en va de même pour le deuxième *il* : ce n'est pas Pierre qui est exigeant (il ne travaille pas assez, donc il n'est pas « exigeant »), c'est donc son professeur qui « exige » plus de travail de la part de Pierre.

Chaque fois qu'il y a un risque d'ambiguïté, n'hésitez pas à identifier clairement la ou les personnes dont vous parlez. Vous pouvez le faire de différentes façons :

a) en répétant le mot ou le groupe de mots qui permettent d'identifier chaque personne :

> Pourtant Pierre a de bonnes notes.
> Son professeur est un peu trop exigeant.

b) en ajoutant à *il* ou *elle* le mot ou les mots qui permettent d'identifier chaque personne :

> Pourtant, **il** a de bonnes notes, Pierre.
> **Il** est un peu trop exigeant, son prof.

On retrouve souvent *mais*, *pourtant*, à la suite d'un verbe déclaratif ou d'opinion du type *dire que, penser que.*

REMARQUE N° 1 : On ne répétera pas la totalité du groupe de mots désignant une personne si cela n'est pas nécessaire :
> Le professeur de mathématiques de Pierre = son professeur, ou plus familièrement son prof, son prof de maths.

Ces répétitions sont fréquentes dans la langue parlée quotidienne ou familière. Lorsqu'on écrit, peut être parce que c'est plus long, plus complexe, plus fastidieux que de parler, en général, on essaie d'être plus économique, c'est-à-dire d'utiliser un minimum de mots (à condition bien entendu que le texte produit soit clair, compréhensible pour mon interlocuteur).
À ce principe d'économie, il faut ajouter un principe de diversité du vocabulaire utilisé. Lorsque les écoliers français apprennent à rédiger des textes, ils apprennent également à éviter les répétitions, à varier le vocabulaire servant à désigner les choses et les personnes.

REMARQUE N° 2 : Lorsque l'on parle de plusieurs personnes, il est fréquent que l'on utilise certains mots permettant d'opposer l'une à l'autre (par exemple *mais* et *pourtant* dans l'exemple de dialogue cité ci-dessus). Ces mots introduisent une notion de désaccord :
> Le professeur a dit que Pierre...
> **Mais** il a de bonnes notes.

## 2 *Lui / leur - le / la / l'*

En dehors de *il, elle, ils, elles*, il existe d'autres mots qui se réfèrent à la personne dont on parle.
> — Tu as des nouvelles de Paul ?
> — Non, mais je vais **lui** téléphoner.

Si l'on parle de plusieurs personnes :
> — Tu as des nouvelles de tes parents ?
> — Non, mais je vais **leur** téléphoner.

Dans ces deux exemples, il est impossible de répéter *Paul* ou *tes parents*. Il est obligatoire d'utiliser *lui* (= à Paul) et *leur* (= à mes parents).

> — Tu as des nouvelles de Claudine ?
> — Non, mais je vais **lui** téléphoner.

> — Tu as des nouvelles de tes sœurs ?
> — Non, mais je vais **leur** téléphoner.

Il n'y a pas de différence masculin / féminin pour *lui* et *leur*
*lui* = à Pierre ou à Claudine
*leur* = à tes parents (masculin) ou à tes sœurs (féminin)
> — Qui c'est la fille qui parle avec Jean-Paul ?
> — Je ne sais pas, je ne **la** connais pas, je ne **l'**ai jamais vue.

> — Qui c'est le garçon qui parle avec Jean-Paul ?
> — Je ne sais pas, je ne **le** connais pas, je ne **l'**ai jamais vu.

49

La différence masculin / féminin existe lorsque *le* et *la* sont suivis d'une consonne, mais disparaît lorsque *le* et *la* sont suivis d'une voyelle « je ne **l'**ai jamais vue (cette fille) ». « je ne **l'**ai jamais vu (ce garçon) ».

Quand faut-il utiliser *lui / leur* et *le / la / l'* ?
Cela dépend du verbe avec lequel ces mots sont utilisés :
S'il s'agit d'un verbe qui se construit avec « à » on utilisera *lui* ou *leur* :

> — Téléphone à **Pierre**...
> — Je **lui** téléphone tout de suite.

S'il s'agit d'un verbe n'utilisant pas de préposition (à, de), on utilisera *le*, *la* ou *l'* (si ce verbe commence par une voyelle) :

> — Tu connais **cette fille** ?
> — Non je ne **la** connais pas.
> — Tu as vu **Pierre** ?
> — Non, je ne **l'**ai pas vu, mais je **le** vois demain.

Pour ne pas commettre d'erreur, il est bien entendu nécessaire de connaître la construction du verbe utilisé (avec « à » ou sans « à ») :

> — Est-ce que **Nelly** est là ? J'ai un cadeau pour **elle**.
> — Oui, **elle** est venue avec **André**
> — Je n'ai rien pour **lui**.

## **3** *Eux / elles*

Avec d'autres prépositions (pour, avec, avant, derrière, en face de, sans, etc.) il faudra faire la différence masculin/féminin (lui/elle), eux/elles (au pluriel).

> Je suis arrivé avant **eux** (masculin/pluriel)
> Il est avec **elle** (féminin/singulier)
> Je ne viendrai pas sans **elles** (féminin/pluriel)

Voir également le chapitre « Donner des informations sur quelqu'un », p. 77.

# **POSER UNE QUESTION**

## **1** *Sans utiliser de mots spéciaux*

> Vous partez ?

Le signe graphique « ? » indique au lecteur qu'il s'agit d'une question. À l'oral, c'est la forme d'interrogation la plus courante. Le schéma intonatif d'une phrase interrogative est distinct d'une phrase informative.

> Il est français.

La phrase est déclarative, informative, l'intonation de la voix descend en fin de phrase.

> Il est français ?

Il s'agit d'une question. L'intonation de la voix monte en fin de phrase (en général, sur la dernière syllabe (français ?).

Dans une conversation, en général, ce changement d'intonation, doit amener l'interlocuteur à formuler une réponse qui peut être :

> — oui
> — non
> — je ne sais pas
> — peut-être
> — je ne crois pas

## 2 *En utilisant est-ce que*

L'utilisation de *est-ce que*, pour poser une question, est également très fréquente à l'oral (elle est beaucoup moins utilisée à l'écrit). Lorsqu'on entend *est-ce que*, on sait que son interlocuteur a posé une question. Il devient donc logique (principe d'économie) que l'intonation finale de la phrase soit la même que pour une phrase déclarative courante, puisque l'information (une question est posée) a été donnée par *est-ce que*.

**Est-ce qu'**il parle français ?
**Est-ce qu'**elle comprend ?

REMARQUE : Attention à l'apostrophe !
*Est-ce que* + voyelle = *est-ce qu'* (à l'oral le son « e » de « que » n'est pas prononcé).
Ne pas confondre (surtout à l'oral) *Est-ce que* et *Qu'est-ce que*. Voir « Qu'est-ce que », p. 52.

## 3 *L'interrogation avec inversion*

Le mode d'interrogation avec inversion est très peu utilisé dans la langue parlée. Lorsqu'il est utilisé, mais c'est rare, il signifie que celui qui parle a choisi de s'exprimer dans un niveau de langue soutenu, un peu littéraire. À l'oral, on rencontrera donc l'interrogation avec inversion dans des situations de communication bien particulière, (discours, conférence, lecture d'un texte face à un public, questionnaire écrit, etc.)

Parlez-vous français ?

Pourquoi « interrogation avec inversion » ?
Parce que le pronom personnel, qui se trouve normalement placé AVANT le verbe, se trouve, dans ce mode d'interrogation placé APRÈS celui-ci.

Elle est là.
Est-elle là ?

REMARQUE : À l'écrit il faut utiliser un petit signe graphique entre le verbe et le pronom (« - ») :
Quand partez-vous de France !

À l'écrit, mais aussi à l'oral, on ajoutera un « t » entre le verbe et le pronom si ce pronom commence par une voyelle et si le verbe se termine également par une voyelle.
Où va-**t**-il ?
Que mange-**t**-elle ?

Lorsque le verbe se termine par « t » ou « d », on prononcera « t », mais on n'écrira pas de « t » supplémentaire.
Comprennent-elles ? (prononcer « t-elles »)
Comprend-il ? (prononcer « -t-il »)

Comment faire pour utiliser l'interrogation avec inversion du pronom personnel si cette question ne comporte pas de pronom personnel ?
Vos enfants parlent français ?
ou bien :
Est-ce que vos enfants parlent français ?
on dit, ou le plus souvent on écrit :
Vos enfants parlent-ils français ?

**51**

ATTENTION : à une erreur que les Français commettent quelquefois :
Est-ce que vos enfants parlent-ils français ?
L'utilisation simultanée de *est-ce que* et de l'interrogation avec inversion est incorrecte.

## *4 Poser une question*

**1.** Avec *est-ce que* :
> Où **est-ce qu'**il va ?
> Quand **est-ce qu'**il arrive ?
> Pourquoi **est-ce qu'**il n'arrive pas ?

C'est un mode d'interrogation très courant et qui correspond à un registre de langue standard

**2.** Sans *est-ce que* et sans inversion :
En utilisant des mots spéciaux *Où*, *Quand*, *Comment*, *Pourquoi*, etc.

| avant le verbe | après le verbe |
|---|---|
| **Pourquoi** tu pars ? | Tu viens **quand** ? |
| **Où** tu vas ? | Tu vas **où** ? |
| **Comment** tu vas ? | Tu voyages **comment** ? |

REMARQUE : Ce type de question est typique du langage familier.

**3.** Sans *est-ce que*, mais avec inversion :
Le mot interrogatif spécial est toujours placé avant le verbe.
> **Quand** venez-vous ?
> **Comment** vos parents vont-ils ?
> **Où** allez-vous ?

REMARQUE : Ce mode d'interrogation est plutôt réservé à l'écrit ou à une volonté d'expression plus « soutenue » à l'oral. Cependant, on le rencontrera quelquefois à l'oral sous forme de questions brèves, ponctuelles, sans qu'il s'agisse d'un registre de langue très soutenu :
> **Comment** allez-vous ?
> **Où** vas-tu ?
> **Que** faites-vous ?

## *5 Questions avec qu'est-ce que et est-ce que*

La première façon de distinguer les différences de sens et de syntaxe qui existent entre *qu'est-ce que* et *est-ce que* consiste à observer les types de réponses produites avec une question formulée avec *qu'est-ce que* ou avec une question formulée avec *est-ce que* :
> question : Est-ce que tu manges ?
> réponse : Oui, non, un peu, pas du tout etc.
>
> question : Qu'est-ce que tu manges ?
> réponse : Du pain, du fromage, ou je mange du pain, du fromage, etc.

En français familier, *est-ce que* peut disparaître au profit d'une intonation ascendante, tandis que *qu'est-ce que* sera remplacé par *quoi*.
> Est-ce que vous comprenez ? ou Vous comprenez ?
> Qu'est-ce que vous comprenez ? ou Vous comprenez **quoi** ?

En résumé, *est-ce que* sert plutôt à vérifier une information (réponses par « oui » ou par « non ») :
> Est-ce qu'il est là ? Oui.
> Est-ce qu'il travaille ? Non.

Alors que *qu'est-ce que* sert plutôt à demander une information, un renseignement sur quelque chose (réponse par « oui » ou par « non » impossible) :
> Qu'est-ce que c'est ? C'est un nouveau magazine.
> Qu'est-ce que tu dis ? Je dis que je pars.

## 6 Tableau récapitulatif des principaux mots interrogatifs

| | STANDARD | FAMILIER<br>après le verbe (1)<br>avant le verbe (2) | SOUTENU |
|---|---|---|---|
| *où* | où est-ce qu'il va ? | 1. il va où ?<br>2. où il va ? | où va-t-il ? |
| *quand* | quand est-ce qu'il part ? | 1. il part quand ?<br>2. __ | quand part-il ? |
| *comment* | comment est-ce qu'il fait ? | 1. il fait comment ?<br>2. comment il fait ? | comment fait-il ? |
| *pourquoi* | pourquoi est-ce qu'il part ? | 1. __<br>2. pourquoi il part ? | pourquoi part-il ? |
| *que* | qu'est-ce qu'il veut ? | 1. il veut quoi ?<br>2. __ | que veut-il ? |
| | qu'est-ce que c'est ? | 1. c'est quoi ?<br>2. __ | qu'est-ce ? |
| *qui* | qui est-ce que tu connais ? | 1. tu connais qui ?<br>2. qui tu connais ? | qui connais-tu ? |
| | qui est-ce ? | 1. c'est qui ?<br>2. qui c'est ? | qui est-ce ? |
| *d'où* | d'où est-ce qu'il vient ? | 1. il vient d'où ?<br>2. d'où il vient ? | d'où vient-il ? |
| *depuis quand* | depuis quand est-ce qu'il est là ? | 1. il est là depuis quand ?<br>2. depuis quand il est là | depuis quand est-il là ? |
| *avec qui* | avec qui est-ce qu'il vit ? | 1. il vit avec qui ?<br>2. avec qui il vit ? | avec qui vit-il ? |
| *avec quoi* | avec quoi est-ce que tu fais ça ? | 1. tu fais ça avec quoi ?<br>2. avec quoi tu fais ça ? | avec quoi fais-tu ça ? |

REMARQUE 1 : Lorsque le mot interrogatif est placé en début de phrase (où tu vas ?), le registre de langue est un peu plus familier que si le mot interrogatif est placé en fin de phrase (tu vas où).

REMARQUE 2 : Il existe d'autres mots interrogatifs composés avec *où*, *quand*, *qui* et *quoi* :
Jusqu'**où** est-ce que tu vas ?
Par **où** est-ce que tu passes ?
Jusqu'à **quand** est-ce que tu pars ?
Pour **quand** est-ce que tu auras fini ça ?
Pour **qui** est-ce que c'est ?
Chez **qui** est-ce que tu vas ?
À **qui** est-ce que je le donne ?
Dans **quoi** est-ce que je mets ça ?
Sur **quoi** est-ce que je le pose ?

# 4 LA FORME NÉGATIVE

## 1 Généralités

**1.** À quoi ça sert ?
À donner une information négative :
> Je **ne** parle **pas** anglais.
> Je **ne** comprends **pas**.
> Je **n'**ai **pas** d'enfant.
> Je **n'**aime **pas** ça.

**2.** Comment ça marche ?
En français, pour donner une information négative, il faut utiliser 2 mots : *ne* et *pas*.
> Je **n'**ai **pas** d'argent.
> Je **ne** comprends **pas**.

Comme *ne* se termine par « e », en présence d'une voyelle, le « e » ne se prononce pas et on écrit *n'*.

REMARQUE : En français parlé il est très fréquent que *ne* ou *n'* disparaisse.
> Je comprends **pas**.
> Je sais **pas**.

Par contre *pas* sera toujours présent pour donner une information négative.
> Je ne comprends est une phrase impossible en français.
> Je comprends **pas** est une construction très fréquente en français familier.

## 2 Deux constructions

**1.** *NE* + verbe + *PAS*
> Je **n'**en veux **pas**.          Je **ne** travaille **pas**.

Si le verbe est à un temps composé (passé composé, plus-que-parfait, futur antérieur, subjonctif passé, conditionnel passé) la construction est la suivante :
*NE* + avoir ou être + *PAS* + participe passé
> Il **n'**a **pas** compris.
> Je **ne** me suis **pas** couché.
> Il **ne** m'avait **pas** attendu.
> Il **n'**aurait **pas** voulu.
> Pourvu qu'il **ne** m'ait **pas** attendu.

**2.** *NE PAS* + infinitif
> Je préfère **ne pas** travailler.
> **Ne pas** toucher.
> Je lui ai dit de **ne pas** venir.
> Il a décidé de **ne pas** parler.

ATTENTION : Lorsqu'on utilise la négation avec un infinitif (*ne pas* + infinitif), c'est uniquement l'information donnée par l'infinitif qui est négative. Si je dis « il a décidé de ne pas venir », cela signifie : il a décidé qu'il ne viendra pas. Mais si je dis « il n'a pas décidé de venir », cela signifie : il ne sait pas encore s'il viendra ou ce n'est pas lui qui a pris la décision de venir.
> « Je lui ai dit de ne pas venir » signifie : Je lui ai dit : « ne viens pas ».
> Alors que : « Je ne lui ai pas dit de venir » signifie : je ne lui ai pas dit : « viens ».

**3.** *NE PAS* + infinitif (sans verbe précédant l'infinitif) :
Cette construction est utilisée pour formuler une interdiction, pour dire à quelqu'un de ne pas faire quelque chose, dans une notice technique par exemple, ou sur un écriteau destiné à informer le public :

> **Ne pas** marcher sur les pelouses.
> **Ne pas** entrer sans autorisation.
> **Ne pas** oublier d'éteindre la lumière.

Il existe bien entendu d'autres moyens linguistiques pour interdire ou dire à quelqu'un de ne pas faire quelque chose (voir Dire de faire, Dire de ne pas faire, p. 141).

## **3** *Autres moyens pour donner une information négative*

*NE... PLUS* indique un changement d'état ou d'action :

> Je **ne** fume **plus** (avant, je fumais, j'ai arrêté).
> Je **ne** suis **plus** fatigué (avant j'étais fatigué, maintenant c'est fini).
> Il **n'**y a **plus** de bière (c'est terminé).

*NE... JAMAIS* indique une négation absolue et peut s'opposer à *souvent*, à *toujours*, ou à *déjà* :

> Je **ne** vais **jamais** au cinéma (contraire : je vais souvent au cinéma).
> Il **n'**est **jamais** malade (contraire : il est toujours malade).
> Elle **n'**est **jamais** allée aux USA (contraire : elle est déjà allée aux USA).

*NE... PAS ENCORE* indique qu'un événement qui doit avoir lieu n'a pas eu lieu au moment où l'on parle :

> — Pierre **n'**est **pas** arrivé ?
> — Non, **pas encore**.
> Je **n'**ai **pas encore** fini.

*NE... TOUJOURS PAS* indique qu'une situation persiste, continue :

> Je **n'**ai **toujours pas** téléphoné à ma mère.

---

ATTENTION : Dans une phrase positive, *toujours* peut indiquer :
- une action très fréquente, et dans ce cas, s'oppose à *jamais*.
> Il parle **toujours** trop.
> Elle ne me dit **jamais** bonjour.
- une action qui continue. Dans ce cas *toujours* est l'équivalent de *encore* et s'oppose à *ne... plus*.
> Elle est **encore** malade ?
> Elle est **toujours** malade ?
Réponse négative :
> Non, elle **n'**est **plus** malade.

*ENCORE* peut indiquer :
- une situation qui continue :
> Il est **encore** là ?
- une action qui se répète, dans ce cas c'est l'équivalent de « à nouveau »
> J'ai **encore** raté mon train (je l'ai raté une nouvelle fois, j'ai à nouveau raté mon train).

---

*NE... RIEN* exprime une négation absolue (rien = zéro), portant sur un objet ou sur une phrase :

> Je **n'**ai **rien** compris (contraire : j'ai compris ce que tu as dit, j'ai tout compris).
> Je **n'**ai **rien** acheté (contraire : j'ai acheté quelque chose).
> Je **ne** vois **rien** (contraire : je vois quelque chose).

*NE ... PERSONNE* exprime une négation par rapport à quelqu'un :
> — Tu connais quelqu'un à Paris ?
> — Non, **personne**
> Je **n'**ai vu **personne** (contraire : j'ai vu quelqu'un).

*Rien* et *personne* peuvent être utilisés avant le verbe :
> **Personne** ne parle.
> **Rien** ne bouge.

## 4 *Des moyens pour renforcer une négation*

*VRAIMENT, ABSOLUMENT + PERSONNE, RIEN*
> Il n'y avait **vraiment personne**.
> Je n'ai **absolument rien** compris.

*DU TOUT*
> Je ne comprends pas **du tout**.
> Je ne comprends rien **du tout**.
> Je ne comprends plus **du tout**.

*DU TOUT + VRAIMENT, ABSOLUMENT*
> Je ne vois **absolument** rien **du tout**.
> Il ne travaille **vraiment** pas **du tout**.
> Je ne comprends **absolument** plus **du tout**.

## 5 *Des moyens pour affaiblir une négation*

*PRESQUE*
> Il ne vient **presque** jamais (très peu, une fois de temps en temps).
> Il n'y a **presque** personne (très peu de monde, une ou deux personnes).
> Ça ne coûte **presque** rien (ce n'est pas cher, ça coûte très peu d'argent).
> Il ne parle **presque** plus (il ne dit rien, sauf un mot de temps en temps).

*QUASIMENT* (même sens que *presque*, mais d'un emploi plus rare)
> Il ne mange **quasiment plus** (il mange très peu).

## 6 *Les différents types de réponses à une question positive ou négative*

Les questions, 2 solutions :
> 1) Question positive : Tu parles anglais ?
> 2) Question négative : Tu ne parles pas anglais ?

Les réponses, 2 solutions également :
> 1) Réponse positive : Oui, je parle anglais.
> 2) Réponse négative : Non, je ne parle pas anglais.

Ce qui permet 4 combinaisons possibles :
1. Question positive + réponse négative } Tu parles espagnol ? (+) { — oui (+)
2. Question positive + réponse positive } { — non (−)
3. Question négative + réponse positive } — Tu ne parles pas français ? (−) { — **si** (+)
4. Question négative + réponse négative } { — non (−)

ATTENTION à l'utilisation de *oui* et *si* (surtout si vous êtes hispanophone). *Oui* sert à donner une réponse positive à une question positive, *si* sert à donner une réponse positive à une question négative.

*MOI AUSSI / MOI NON PLUS*
Le principe de fonctionnement de *moi aussi* et *moi non plus* est le même que pour *oui, si* et non :
— Je parle français (+). Et toi ?

— moi aussi (+)

— moi non (−)

— Je **ne** parle **pas** français (−). Et toi ?

— moi **si** (+)

— moi **non plus** (−)

# 5 POUR DONNER UNE INFORMATION NÉGATIVE

Nous avons vu dans le chapitre précédent, qu'il était possible de donner une information négative en utilisant *ne... pas* ou de répondre à une question de façon négative.

## 1 *Les contraires : adjectifs, verbes*

En français, comme dans toutes les langues, un certain nombre de mots (des noms, des adjectifs, des verbes, etc.) ont un contraire.
Pour dire que vous n'aimez pas quelque chose, vous pouvez dire :
Ce n'est **pas bon**.
Je n'aime **pas ça**.
mais vous pouvez aussi utiliser, un mot qui signifie le contraire de « bon » : *mauvais*.
Ce n'est pas bon : c'est **mauvais**.
À la place du verbe « aimer », vous pouvez utiliser un verbe qui a une signification contraire, *détester* par exemple, et dire :
Je déteste ça au lieu de : Je n'aime pas ça.

ATTENTION : Le « contraire » d'un mot n'est jamais l'équivalent exact de l'inverse de ce mot : *détester* ne signifie pas la même chose que *ne pas aimer* ; *adorer* serait plus proche du contraire de *détester*.

L'intérêt de tout cela est de vous permettre, lorsque vous désirez exprimer quelque chose, de disposer d'une grande diversité de moyens pour exprimer de la façon la plus juste, la plus nuancée ce que vous voulez dire.

Exemple de mots qui ont une signification positive ou négative

| POSITIF | NÉGATIF |
|---|---|
| bon<br>excellent<br>délicieux<br>succulent | mauvais<br>horrible<br>détestable<br>infecte |
| joli<br>beau<br>splendide<br>magnifique | laid<br>affreux<br>horrible<br>épouvantable |
| grand<br>immense<br>énorme<br>gigantesque | microscopique<br>minuscule<br>petit |

REMARQUE : La langue familière offre une vocabulaire encore plus riche pour qualifier les choses autour de l'idée de *bon* et de *beau* (*chouette, super, extra, moche, dégueulasse*, etc.)

## 2 Les adverbes

En dehors du choix du vocabulaire, vous disposez en français d'autres moyens linguistiques qui vous permettront d'affiner encore plus les nuances que vous désirez exprimer :

La négation (voir chapitre précédent p. 54)
Vous pouvez dire : *c'est bon* ou *ce n'est pas bon*, *c'est mauvais* ou *ce n'est pas mauvais*. La signification exacte de *c'est bon* et de *ce n'est pas mauvais* n'est pas tout à fait équivalente. *Ce n'est pas mauvais* signifie plutôt *c'est assez bon*.

### TRÈS

*Très*, placé avant l'adjectif, augmente le caractère positif ou négatif de l'adjectif ; *c'est très joli* est plus positif que *c'est joli*, par contre *c'est très laid* est plus négatif que *c'est laid*.

Si la phrase est négative, *très* modère le caractère négatif de *ne... pas*.

Ce n'est pas **très** bon est moins négatif que ce n'est pas bon.

Si l'adjectif a un sens négatif, on n'utilisera pas *très* dans une phrase négative. Il y a peu de chance d'entendre *ce n'est pas très mauvais*. Par contre, si l'adjectif a un sens négatif, on pourra dire : *ce n'est pas trop mauvais* qui est plus positif que *ce n'est pas très bon* (voir tableau Positif/Négatif, p. 60).

### VRAIMENT TRÈS

L'adjonction de *vraiment* augmente encore le caractère positif ou négatif de l'adjectif.

C'est **vraiment très** joli.
C'est **vraiment très** laid.

### TRÈS TRÈS...

Le redoublement de *très* (dans la langue parlée) permet également de renforcer le sens positif ou négatif de l'adjectif.

C'est **très très** bon. C'est **très très très très** joli.
C'est **très très** laid.

### SUPER, HYPER

La langue familière, le langage des jeunes, utilisent fréquemment ces deux expressions, qui accolées à un autre mot, un adjectif par exemple, en renforcent le caractère positif ou négatif :

C'est **super** beau.
C'est **hyper** grand.
C'est un **super** film (ou c'est un film **super**) = C'est un très bon film, c'est un excellent film.

## Récapitulation des nuances exprimables

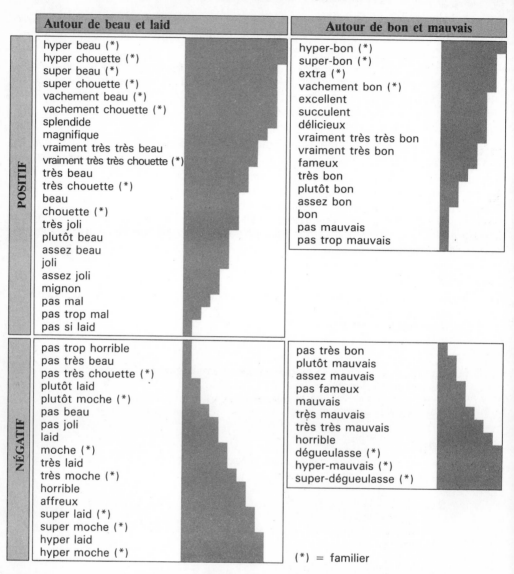

| Autour de beau et laid | Autour de bon et mauvais |
|---|---|
| **POSITIF** | |
| hyper beau (*)<br>hyper chouette (*)<br>super beau (*)<br>super chouette (*)<br>vachement beau (*)<br>vachement chouette (*)<br>splendide<br>magnifique<br>vraiment très très beau<br>vraiment très très chouette (*)<br>très beau<br>très chouette (*)<br>beau<br>chouette (*)<br>très joli<br>plutôt beau<br>assez beau<br>joli<br>assez joli<br>mignon<br>pas mal<br>pas trop mal<br>pas si laid | hyper-bon (*)<br>super-bon (*)<br>extra (*)<br>vachement bon (*)<br>excellent<br>succulent<br>délicieux<br>vraiment très très bon<br>vraiment très bon<br>fameux<br>très bon<br>plutôt bon<br>assez bon<br>bon<br>pas mauvais<br>pas trop mauvais |
| **NÉGATIF** | |
| pas trop horrible<br>pas très beau<br>pas très chouette (*)<br>plutôt laid<br>plutôt moche (*)<br>pas beau<br>pas joli<br>laid<br>moche (*)<br>très laid<br>très moche (*)<br>horrible<br>affreux<br>super laid (*)<br>super moche (*)<br>hyper laid<br>hyper moche (*) | pas très bon<br>plutôt mauvais<br>assez mauvais<br>pas fameux<br>mauvais<br>très mauvais<br>très très mauvais<br>horrible<br>dégueulasse (*)<br>hyper-mauvais (*)<br>super-dégueulasse (*) |

(*) = familier

La liste donnée ci-dessus, ne représente qu'un échantillon du vocabulaire disponible autour du concept *bon/mauvais*, il existe d'autres adjectifs, mais aussi des verbes ou des expressions verbales (adorer, détester, être fou de, etc.).

# 6 DIRE OUI OU NON

Lorsqu'il s'agit d'une demande d'information ponctuelle :

> Vous êtes anglais ?
> Vous connaissez Madrid ?
> Vous parlez espagnol ?
> Vous êtes mariée ?

La réponse peut être réduite au minimum :

> Oui.
> Non.
> Si (en cas de question négative).
> Moi aussi, moi non plus.

Le problème se pose lorsque l'on ne veut pas dire *oui* ou *non* d'une façon catégorique.

## 1 *Pour dire oui à une demande, une proposition*

Vous pouvez le faire d'une façon catégorique, immédiate, sans hésiter.

> Oui
> Avec plaisir.
> Avec joie.
> O.K.
> Je veux bien.
> Ça me ferait plaisir.
> D'accord.

Mais vous pouvez également différer votre accord, vous donner la possibilité de dire *oui* ou *non* plus tard.

> Je ne sais pas encore.
> Peut-être.
> Je verrai.
> On se téléphone.
> Je te rappellerai.
> Je te dirai ça plus tard.
> Je vais voir si je peux.
> On verra ça demain.

61

## 2 *Pour dire non à une demande, une proposition*

Vous pouvez le dire d'une façon catégorique, immédiate, sans hésitation.

Non.
Non merci.
Je ne peux pas.
C'est absolument impossible.

Mais je peux également le dire en donnant une justification. Si cette justification est vraie, il s'agit d'une excuse, si elle est fausse, il s'agit d'un prétexte :

Non, je suis fatigué.
Désolé, mais j'ai du travail.
Je ne peux pas, j'ai autre chose de prévu.
Impossible, j'ai un rendez-vous.

# 7 DIRE OÙ

## 1 *Généralités*

Dans une situation minimale de communication (vous rencontrez quelqu'un que vous ne connaissez pas) il est en général nécessaire de donner des informations sur vous-même. Si vous donnez des informations sur vous-même, il vous faudra, à un moment ou un autre localiser dans l'espace un certain nombre de choses vous concernant (dire où).

Si ces informations concernent un lieu, vous pourrez avoir besoin de dire :

Où vous vivez, habitez, travaillez, etc.
Parler d'un déplacement (voyage, destination, mouvement, etc.)
Dire d'où vous venez (lieu, origine, etc.)

et vous pourrez avoir besoin de parler :

d'un endroit
d'une ville
d'un pays

Si vous devez donner des informations plus précises sur un lieu, vous serez peut-être obligé de :

QUANTIFIER ce lieu
c'est grand, c'est petit, c'est immense
QUALIFIER ce lieu
c'est joli, c'est sympa, c'est magnifique
SITUER ce lieu par rapport à un autre lieu
c'est à l'est de, c'est à 100 km de...

## *2 Pour dire où vous êtes, où vous allez*

**1.** Si ce lieu est une ville

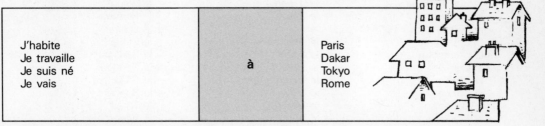

| J'habite
Je travaille
Je suis né
Je vais | **à** | Paris
Dakar
Tokyo
Rome |

ATTENTION : Si le nom de la ville est précédé de *le* ou *la*, il faudra utiliser :
*AU* si le nom de la ville est précédé de *le*.
*À LA* si le nom de la ville est précédé de *la*.

| Je vis
J'habite
Je travaille
Je vais | **au**
**à la**
**au**
**à la** | Havre (Le Havre)
Rochelle (La Rochelle)
Caire (Le Caire)
Havane (La Havane) |

REMARQUE : Il y a très peu de noms de villes non françaises précédées de *le* ou *la* :
        La Nouvelle-Orléans (USA)
        Le Cap (Afrique du Sud)
        Le Caire (Égypte)
        La Havane (Cuba)
        La Mecque (Arabie Saoudite)
        La Haye (Pays-Bas)

**2.** Si ce lieu est un pays

| J'habite
je suis
je réside | **au** | Brésil (Le Brésil)
Japon (Le Japon)
Nigéria (Le Nigéria) |

| elle se trouve
ils voyagent
il a un ami | **en** | Irlande (L'Irlande)
Iran (L'Iran)
Australie (L'Australie) |

| elle se marie
j'ai une maison
je pars | **en** | France (La France)
Finlande (La Finlande)
Colombie (La Colombie) |

Pour les noms de pays, le choix entre *au* et *en* se fait de la façon suivante :

*AU* : Noms de pays masculins qui commencent par une consonne :
        Le Brésil, le Burundi, le Mexique, le Portugal, le Maroc, etc.
        Je vais, j'habite **au** Maroc, **au** Brésil, **au** Burundi, etc.

Liste des principaux pays masculins qui commencent par une consonne :

| | | |
|---|---|---|
| — le Brésil | — le Honduras (commence | — le Panama |
| — le Burundi | par H, pas d'apostrophe) | — le Pakistan |
| — le Burkina-Faso | — le Japon | — le Pérou |
| — le Bénin | — le Kénya | — le Portugal |
| — le Barhein | — le Koweit | — le Quatar |
| — le Botswana | — le Lesotho | — le Salvador |
| — le Cameroun | — le Liban | — le Sénégal |
| — le Cap-Vert | — le Libéria | — le Soudan |
| — le Chili | — le Luxembourg | — le Sri-Lanka |
| — le Congo | — le Mali | — le Surinam |
| — le Canada | — le Mexique | — le Tchad |
| — le Costa-Rica | — le Mozambique | — le Vénézuela |
| — le Danemark | — le Nicaragua | — le Vietnam |
| — le Gabon | — le Niger | — le Zaïre |
| — le Ghana | — le Nigéria | — le Zimbabwe |
| — le Guatémala | — le Paraguay | |

*EN* : tous les autres noms de pays (noms de pays masculins qui commencent par une voyelle et tous les noms de pays féminins (qui commencent par une consonne ou par une voyelle).

*À* : certains pays qui sont des îles (pas tous) ne sont pas précédés de *le* ou *la* : pour ces pays, on utilisera *à*.

> Je vais **à** Cuba, **à** Madagascar, **à** Haïti, **à**Sao-Tomé,...

*AUX* : pays ou lieux précédés de *les*.

> Je vais **aux** États-Unis, **aux** Seychelles, **aux** Canaries, **aux** Baléares, **aux** Antilles, **aux** Philippines,...

**3.** S'il s'agit d'un lieu qui n'est pas un nom propre masculin et qui commence par une consonne :

| | | |
|---|---|---|
| Je vais<br>Il est<br>Je mange | **au** | marché (le marché)<br>café (le café)<br>restaurant (le restaurant) |

Masculin ou féminin qui commence par une voyelle :

| | | |
|---|---|---|
| Je dors<br>J'étudie<br>Elle va | **à l'** | hôtel (masculin)<br>université (féminin)<br>épicerie (féminin) |

Féminin qui commence par une consonne :

| | | |
|---|---|---|
| Je passe<br>Je vais<br>J'habite | **à la** | poste (la poste)<br>banque (la banque)<br>campagne (la campagne) |

**64**

ATTENTION : En français, pour dire où vous allez et où vous êtes, ce qui est important, ce n'est pas qu'il y ait mouvement ou absence de mouvement (comme en espagnol par exemple). Le choix de *au*, *en*, *à la*, *à l'*, dépend uniquement du nom qui suit. Pour choisir entre *au*, *en*, *à la* etc., il faut savoir :
1) si le mot qui suit est masculin ou féminin
2) s'il commence par une voyelle ou une consonne.

# 3 *Pour dire d'où vous venez*

**1.** D'une ville
si cette ville commence par une consonne ou par un « h » :

| | | |
|---|---|---|
| Je viens<br>J'arrive<br>Je suis | **de** | Paris<br>Londres<br>Marseille<br>Hanovre |

Si cette ville commence par une voyelle :

| | | |
|---|---|---|
| Je viens<br>J'arrive | **d'** | Istambul<br>Amsterdam |

Si le nom de la ville est précédé de *le* ou *la* :

| | | |
|---|---|---|
| Ils arrivent<br>Ils viennent | **du**<br>**de** | Caire (Le Caire)<br>La Havane |

**2.** D'un pays
masculin et qui commence par une consonne

| | | |
|---|---|---|
| Il vient<br>J'arrive<br>Je viens | **du** | Maroc (Le Maroc)<br>Liban (Le Liban)<br>Chili(Le Chili)<br>Honduras (Le Honduras) |

féminin et qui commence par une consonne (ou par « h »)

| | | |
|---|---|---|
| Nous venons<br>Ils arrivent<br>Je viens | **de** | Finlande (La Finlande)<br>Suisse (La Suisse)<br>Suède (La Suède)<br>Hongrie<br>Hollande |

féminin ou masculin qui commence par une voyelle

| | | |
|---|---|---|
| Je viens<br>J'arrive<br>Je viens | **d'** | Italie (féminin)<br>Autriche (féminin)<br>Iran (masculin) |

ATTENTION aux noms de pays qui commencent par « h » : « je viens de Hollande », « j'arrive de Hongrie », « je viens du Honduras ».

**3.** D'un lieu

Le nom commence par une consonne :
il est féminin

> Je sors **de la** chambre.
> Je viens **de la** poste.

il est masculin

> Il vient **du** marché.
> Il sort **du** café.

Le nom commence par une voyelle :
il est masculin ou féminin

> Tu viens **de** l'école ? (féminin)
> Tu es sorti **de** l'hôpital ? (masculin)

---

ATTENTION : à quelques rares noms qui commencent par « h » :
> Il sort **du** hall **de** l'hôtel.
> Il est tombé **du** huitième (du huitième étage).

# DIRE QUAND

## **1** *Le temps, notions générales*

Pour situer quelque chose dans le temps, le Français dispose de plusieurs outils de nature et de forme différentes.

**1.** Des temps verbaux (présent, imparfait, passé composé, futur)

> Je viens ! (imparfait)
> Je n'étais pas là. (imparfait)
> Il m'a téléphoné. (passé composé)
> Tu n'oublieras pas ? (futur)

**2.** Des expressions de temps (*depuis, ça fait, il y a, pendant, en, à,* etc.)

> Il habite ici **depuis** un an.
> Il est arrivé **en** 86.
> Je te verrai **à** midi.
> Je ne l'ai pas vu **pendant** 3 jours.
> Il est parti **il y a** 5 minutes.

**3.** Des mots (verbes, noms, adjectifs, etc.) qui portent dans leur signification, une notion de temps (durée, brièveté, antériorité, postériorité, répétition).

brièveté :

> Je l'ai vu **rapidement**.
> Il a fait un **bref** discours.
> Tu as fait **vite** !

durée :

> Il est resté **longtemps**.
> Il m'a fait d'**interminables** recommandations.
> J'ai attendu **une éternité**.

antériorité :

> Il est arrivé **le premier**.
> Il est parti **avant** moi.
> Il a été **le plus rapide**.

postériorité :

> Il est sorti **après** moi.
> Je suis parti **le dernier**.
> Je lui ai **succédé**.

répétition :

> Il vient **souvent**.
> C'est **un habitué**.
> Il a **coutume** de me raccompagner.

simultanéité :

> Il est arrivé **au même moment**.
> Ils sont partis **ensemble**.
> Nous nous sommes **croisés**.

Certains temps verbaux, certaines expressions de temps, qui en plus de leur signification temporelle (présent, passé, futur), portent une deuxième signification d'antériorité (plus-que-parfait, futur antérieur)

> Je te préviendrai quand j'aurai fini (futur antérieur).
> À 5 heures, tout le monde était parti (plus que parfait).
> Quand je suis arrivé, il était déjà là.

Pour « être capable de communiquer dans une situation minimale de communication » (identification/présentation), il vous faudra obligatoirement situer un certain nombre d'informations dans le temps.
Dans ce chapitre, nous avons sélectionné les outils linguistiques que vous devez connaître pour communiquer dans ce genre de situation.

Si vous désirez avoir une information plus complète sur les notions de temps en français, consultez dans la deuxième partie de cet ouvrage le chapitre « Se situer dans le temps », p. 205.

Si vous désirez savoir comment conjuguer un verbe au présent, au passé composé, à l'imparfait, au futur, consultez le chapitre « Conjugaisons », p. 257.
Si vous désirez savoir comment raconter une histoire, un événement, consultez le chapitre « Récit », p. 167.

## 2 *Se situer dans le temps avec le présent*

**1.** Information avec ou sans précision de temps.

Vous voulez donner une information vous concernant (identité, nationalité, adresse, situation familiale, profession, etc.).

■ Vous pouvez le faire sans indication de temps précise. Le temps verbal utilisé sera toujours *le présent*, vous n'utiliserez pas d'expression de temps particulière (*depuis, en, pendant*, etc.).

Je **suis** Anglais.
J'**habite** rue Gambetta.
J'**étudie** la médecine.
Je **suis** en vacances.
Je **suis** marié.
Je **parle** espagnol.

Ces informations concernent votre situation actuelle (au moment où vous parlez). Il n'est donc pas obligatoire de les situer dans le temps (dire depuis combien de temps, pour combien de temps cette situation existe).

Si vous donnez une information concernant vos goûts, vos opinions, c'est aussi *le présent* que vous utiliserez :

J'**adore** danser.
Je **déteste** le poisson.
Je **crois** qu'il se trompe.
Je **suis** sûr d'avoir raison.

■ Quelquefois, il peut être nécessaire de délimiter dans le temps l'information que vous donnez. On ne le fait généralement que si cette deuxième information (temporelle) est pertinente, importante pour vous ou votre interlocuteur.

Si l'on reprend un des exemples cités ci-dessus :

Je suis Anglais.

et si vous ajoutez à cette information une indication de temps :

Je suis Anglais **depuis 5 ans**.

Cela signifie que vous avez changé de nationalité (avant vous n'étiez pas Anglais).

J'habite rue Gambetta **depuis six mois**. (avant j'habitais dans une autre rue, à un autre endroit).

Je suis en vacances **depuis lundi**. (la semaine dernière, je n'étais pas en vacances).

REMARQUE : *Depuis* peut-être utilisé avec une quantité de temps (depuis un an, six mois, etc.), dans ce cas *depuis* exprime la durée.
*Depuis* peut également être utilisé avec une expression désignant un moment précis dans le temps (heure, jour, date), dans ce cas depuis indique le moment précis où une situation a débuté :
Je suis en France **depuis** le 15 septembre 1981. (cela signifie : je suis arrivé en France le 15 septembre 1981).
Si cette phrase est prononcée en 1985, votre interlocuteur en déduira :
Il est en France **depuis** 4 ans.

Je suis en vacances **depuis** lundi.
Si cette phrase est prononcée un samedi, votre interlocuteur en déduira :
Il est en vacances **depuis** 5 jours.

En dehors de *depuis*, il existe d'autres mots qui permettent de donner une information temporelle :
**Ça fait** dix ans que j'habite rue Gambetta.
**Il y a** un an **que** j'étudie la médecine.

ATTENTION : *ça fait* et *il y a... que* ne peuvent pas être utilisés comme *DEPUIS* avec l'heure (depuis midi), la date (depuis le 8 octobre, depuis lundi, depuis 1985).

## 2. Information habituelle, répétée

Si l'information que vous donnez est périodique, habituelle, répétée dans le temps, vous utiliserez également *le présent* accompagné de certaines expressions de temps :

Je ne **travaille** pas le lundi et le mardi.
Tous les ans, je **prends** mes vacances en août (ou au mois d'août).
Je **vais** le voir une fois par semaine.

Les indicateurs de temps qui, associés à un *présent* donnent une idée de répétition, de périodicité sont :
- *Le* + jour de la semaine (lundi, mardi, etc.)
- *Tous les, toutes les* + unité de temps (heures, minutes, jour, moment de la journée, mois, année).
- *Une fois par* (jour, mois, an, semaine, etc.).
- *De temps en temps, parfois, souvent, jamais.*
- *C'est la première , deuxième , dixième fois que...*

Je le vois **tous les** lundis.
Il passe **tous les** matins.
Il ne m'écrit **jamais**.
Il est **souvent** malade.
Il me téléphone **de temps en temps**.
Il m'écrit **une fois par an**.
On se voit **plusieurs fois** par semaine.
C'est la **deuxième fois** qu'il vient.

*De temps en temps, parfois, rarement, souvent* expriment une périodicité, une répétition dont on ne précise pas la régularité.
*Rarement* et *souvent* peuvent être nuancés :
— très rarement
— assez rarement
— assez souvent
— très souvent

Si l'on applique à ces expressions une échelle qui va de *pas du tout* à *beaucoup*, l'on obtient le classement suivant :

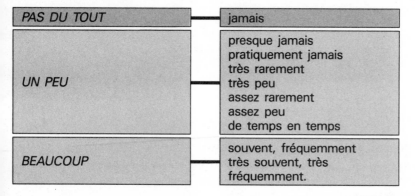

| | |
|---|---|
| *PAS DU TOUT* | jamais |
| *UN PEU* | presque jamais<br>pratiquement jamais<br>très rarement<br>très peu<br>assez rarement<br>assez peu<br>de temps en temps |
| *BEAUCOUP* | souvent, fréquemment<br>très souvent, très fréquemment. |

## 3 *Se situer dans le temps avec le passé composé*

Si vous désirez parler d'un événement, d'un fait, d'une action, qui a eu lieu dans le passé, il vous faudra obligatoirement utiliser le passé composé (pour la formation du passé composé, consulter le chapitre « Conjugaison » p. 273, pour l'emploi et le sens du passé composé consulter le chapitre « Se situer dans le temps », p. 205).

**1.** Le sens des verbes

Un verbe conjugué au passé composé donne 2 types d'informations :
- Une information donné par le sens du verbe (manger, parler, habiter, aller, etc.).
- Une information temporelle : l'événement dont on parle (manger, parler, habiter, aller, etc.) est passé, n'existe plus au moment où l'on parle.

Certains verbes impliquent, dans leur signification, une idée de temps :

a) soit une idée de durée (vivre, être, habiter, attendre, etc.)
b) soit une idée de changement de situation (commencer, finir, terminer, achever, s'endormir, se réveiller, etc.)

Ces deux catégories de verbes ont un comportement linguistique différent :
- si le verbe implique <u>une idée de durée</u>, vous pourrez donner des précisions concernant la durée de l'information donnée par ce verbe :

> J'ai habité ici pendant 3 ans.
> Je t'ai attendu plus d'une heure.
> J'ai vécu 3 ans au Maroc.
> J'ai habité dix ans dans ce quartier.

- si le verbe utilisé implique <u>une idée de changement</u> de situation durable vous ne pourrez pas donner d'information de durée

commencer    Avant de commencer je ne fais rien.
             Après avoir commencé, je fais quelque chose.

finir        Avant de finir, je fais quelque chose.
             Après avoir fini, je ne fais plus cette chose.

Si vous utilisez un verbe du type *finir*, *commencer*, *s'endormir*, *se réveiller*, etc. vous ne pourrez pas ajouter à ce verbe une indication de durée (une phrase du type « j'ai fini pendant 5 minutes » est impossible).

Par contre, il est tout à fait possible avec des verbes du type *finir*, *commencer*, *s'endormir*, etc. de dire « quand » (le verbe étant au passé composé).

> J'ai fini **à midi**.
> J'ai commencé **en février**.
> Je me suis réveillé il y a **une heure**.

Ces remarques sont également valables pour le présent. Vous pouvez dire :

> Je travaille depuis 5 heures (indication de durée).
> mais vous ne pouvez pas dire :
> Je finis depuis 5 heures.

**2.** Donner des informations sur un événement passé

Lorsque vous utilisez un verbe au passé composé l'information donnée par le temps du verbe (c'est quelque chose qui appartient au passé) n'est généralement pas suffisant pour situer correctement un événement dans le temps.
Vous devrez donc, la plupart du temps :
— dire quand a eu lieu cet événement (jour, date, heure, moment)
— situer cet événement par rapport au moment où vous parlez
— éventuellement donner des informations sur la durée de cet événement.

■ Situer un événement dans le passé sans donner de précision (en n'utilisant que le passé composé).

> Pierre m'a téléphoné, il m'a demandé de tes nouvelles.
> Tu as mangé ?
> Je n'ai rien compris.
> J'ai perdu mes clefs.

Dans ces exemples, il n'est pas nécessaire de donner une information temporelle supplémentaire (moment, durée).

Soit parce que cette information est sans importance (« Pierre m'a téléphoné, il m'a demandé de tes nouvelles »). Quand ? Peu importe.
Soit parce qu'en fonction de la situation, l'information concerne un passé proche (« tu as mangé ? sous-entendu aujourd'hui, à midi).

■ Situer un événement dans le passé en disant *quand, à quel moment* :
> Tiens, **hier** j'ai vu Pierre, il est en pleine forme.
> Qu'est-ce que tu as fait **dimanche** ?
> Je l'ai vu **il y a deux jours**.

Pour préciser une information dans le temps, vous devrez utiliser un certain nombre d'outils linguistiques :

| Dire quand un événement a eu lieu par rapport au moment où vous parlez : |
|---|

> Qu'est-ce que tu as fait **hier** ?
> **Ce matin**, j'ai eu beaucoup de travail.
> Il m'a téléphone **cette nuit**.
> Il est parti **le mois dernier**.
> Je m'excuse, mais **lundi passé**, je n'ai pas pu venir.

L'événement s'est produit dans les 24 heures précédant le moment où vous parlez :
> *Ce soir* (si vous parlez pendant la nuit).
> *Cet après-midi* (si vous parlez dans la soirée ou dans la nuit).
> *Ce matin* (si vous parlez après 12 h).
> *Cette nuit* (si vous parlez dans la journée).
> *Aujourd'hui* (pour parler de toute la journée).

L'événement s'est produit dans la semaine :
> *Hier* (pour parler du jour précédant).
> *Avant-hier* (il y a deux jours).
> *Cette semaine* (un jour de la semaine).
> *Lundi, mardi, mercredi*, etc. pour parler d'un jour de la semaine qui précède le moment où l'on parle.

Au-delà d'une semaine :
> *Mercredi dernier, samedi dernier* (un jour parmi les sept jours qui précèdent le moment où vous parlez).
> *La semaine dernière* (la semaine qui précède celle où vous parlez).
> *Ce mois-ci* (le mois où je parle).
> *Le mois dernier* (si je parle en mars, il s'agit du mois de février).
> *Cet été, cet automne, cet hiver, ce printemps* (il s'agit d'une saison qui précède celle où je parle).
> *Cette année* (si je parle en 1987, l'événement s'est produit en 87).
> *L'année dernière* (si je parle en 87, l'événement s'est produit en 86).

| Situer un événement dans le passé par rapport à une date : |
|---|

> Je suis arrivé en France **en février 87**.
> Je suis né **le** 25 octobre 1963.
> Il est mort **en 1975**.

Avec *LE + date*
> Je suis arrivé **le** 25.
> Je suis arrivé **le** 25 janvier.
> Je suis arrivé **le** 25 janvier 85.

Avec *EN* + mois, année
>Je suis arrivé **en** septembre.
>Je suis arrivé **en** 1985.

*EN* ou *AU* + saison
>**En** été, **en** automne, **en** hiver (voyelle).
>**Au** printemps (consonne).


■ Situer un événement dans le passé en utilisant une « quantité de temps ».
>Je l'ai vu **il y a** deux jours.
>**Ça fait** un mois qu'il a disparu.
>**Il y a** longtemps que j'ai mangé.

Avec un verbe au passé composé, si vous donnez une information de durée avec *il y a* , *il y a... que*, *ça fait... que*, vous ne dites pas précisément quand l'événement a eu lieu. Par contre votre interlocuteur peut le calculer par rapport au moment où vous parlez :
C'est samedi et vous dites :
>Pierre est parti **il y a** deux jours.

Si votre interlocuteur veut savoir quel jour Pierre est parti, il peut le calculer : Pierre est parti jeudi (samedi − 2 jours).
Vous pouvez également dire :
>Pierre est parti **avant-hier.**


**3.** Comment choisir le moyen de situer un événement qui a eu lieu dans le passé ?
a) par rapport à une date, un moment précis, une heure précise ?
b) par rapport à une « quantité de temps » ?
Si c'est la durée qui est importante, vous situerez cet événement avec une « quantité de temps » :
>Il est arrivé en France **il y a 2 mois** et il parle déjà français.

Dans cet exemple, c'est la durée qui est importante (2 mois seulement pour parler français).
Si c'est le moment précis où l'événement a eu lieu qui est important, vous préciserez l'heure, ou le jour, ou la date :
>Je suis passé chez toi **à midi**, tu étais déjà parti. (c'est l'heure qui est importante).
>Il s'est marié un **vendredi 13** (beaucoup de Français pensent que ce jour est un jour de malheur).

Dans ce dernier cas on ne dit pas « il s'est marié le vendredi 13 », on ne précise pas non plus la date exacte mais « un vendredi 13 » car dans ce cas, ce qui est important, c'est que le mariage ait eu lieu un jour fatidique.


**4.** Récapitulation des constructions des expressions de temps citées dans ce chapitre :

| Formule | Exemple |
|---|---|
| verbe au *PRÉSENT* + *DEPUIS* + *LUNDI, MARDI, MERCREDI*, etc. | Je suis malade depuis jeudi. |
| verbe au *PRÉSENT* + *DEPUIS* + *ce matin, cet après-midi*, etc. | Je t'attends depuis ce matin. |
| verbe au *PRÉSENT* + *DEPUIS* + *hier, avant-hier, la semaine dernière, le mois dernier*, etc. | Je suis en vacances depuis la semaine dernière. |

*(suite)*

| Formule | Exemple |
|---|---|
| *verbe au PRÉSENT + DEPUIS + heure* | Il est là depuis midi et demi. |
| *verbe au PRÉSENT + DEPUIS + quantité de temps* | Je te cherche depuis deux jours. |
| *Ça fait + quantité de temps + QUE + verbe* | Ça fait deux jours que je te cherche. |
| *IL Y A + quantité de temps + QUE + verbe* | Il y a deux jours que je te cherche. |
| *verbe au PASSÉ COMPOSÉ + IL Y A + quantité de temps* | Il m'a téléphoné il y a une heure.<br>Il est venu il y a deux jours. |
| *verbe au PASSÉ COMPOSÉ NÉGATIF + DEPUIS + quantité de temps* | Je n'ai pas dormi depuis deux jours. |
| *ÇA FAIT + quantité de temps + QUE + verbe au PASSÉ COMPOSÉ NÉGATIF* | Ça fait deux jours que je n'ai pas mangé. |
| *IL Y A + quantité de temps + QUE + verbe au PASSÉ COMPOSÉ NÉGATIF* | Il y a plus d'un an que je l'ai pas vu. |
| *\*certains verbes au PASSÉ COMPOSÉ POSITIF + DEPUIS + quantité de temps* | Il est parti depuis 5 minutes (il est parti = il n'est pas là.). |
| *ÇA FAIT + quantité de temps + QUE + certains verbes au PASSÉ COMPOSÉ POSITIF* | Ça fait deux jours que j'ai fini. |
| *IL Y A + quantité de temps + QUE + certains verbes au PASSÉ COMPOSÉ POSITIF* | Il y a un an qu'il a commencé ce travail. |

\*REMARQUE : Il s'agit de verbes qui signifient un changement de situation durable. Ces verbes n'acceptent pas d'indication de durée (comme *finir, commencer, terminer, partir, sortir*).

Pour plus d'informations, consulter le chapitre « Se situer dans le temps », p. 205.

## 4 Se situer dans le temps avec l'imparfait

Dans la situation de communication traitée dans ce chapitre (se présenter, faire connaissance), vous devrez également utiliser de temps à autre l'imparfait.

Vous utiliserez l'imparfait, de préférence au passé composé, chaque fois que vous devrez situer un événement (exprimé au passé composé) dans un cadre situationnel.

Je suis arrivé en France en janvier, il faisait très froid.
Je suis allé à la poste, mais c'était fermé.
Hier, je suis allé à une fête, c'était très sympa.
Je suis passé chez lui, il n'était pas là.

73

Dans tous les exemples cités, le verbe à l'imparfait décrit une situation, le verbe au passé composé évoque un événement ponctuel qui s'est déroulé à l'intérieur de cette situation.

La période de temps évoquée par l'imparfait est toujours plus grande que la période de temps évoquée par le verbe au passé composé.

Je suis arrivé en France en janvier, il faisait très froid.

Cette phrase signifie, au niveau du temps :

> Je suis arrivé en France (événement ponctuel, qui ne dure pas).
> Il faisait très froid (situation qui existe avant, pendant et après mon arrivée en France).

On ne sait pas combien de temps cette situation a duré, on sait seulement qu'elle n'existe plus au moment où l'on parle.

Si cette situation existe encore au moment où l'on parle, il faudra utiliser le présent et indiquer depuis quand cette situation existe :

> Depuis mon arrivée en France, il fait très froid.

Si l'on veut donner des limites dans le temps à cette situation (le froid) il faudra utiliser le passé composé :

> Quand je suis arrivé en France en janvier, il a fait très froid pendant une semaine (situation limitée en durée : une semaine).

Pour plus d'informations sur l'emploi de l'imparfait, voir le chapitre « Se situer dans le temps », p. 205.
Pour les formes de l'imparfait, voir le chapitre « Conjugaisons », p. 281.
Pour savoir comment utiliser l'imparfait dans le cadre d'un récit, voir le chapitre « Récit », p. 167.

## 5 *Se situer dans le temps par rapport au futur*

Dans la situation de communication traitée dans ce chapitre (se présenter, faire connaissance), vous devrez également évoquer quelques événements qui auront lieu dans le futur (prévisions, événements sûrs, probables, souhaités).

**1.** Vous voulez évoquer un événement que vous avez décidé, prévu :

> **La semaine prochaine**, je vais à Paris.
> **Dans un mois**, je repars dans mon pays.
> Je pars **demain**.
> Je fais une fête **le 15 janvier**.

Dans ce cas, vous utiliserez le présent accompagné d'un indicateur de temps qui vous permettra de situer le moment où cet événement aura lieu.

Vous pouvez situer ce moment par rapport :

■ au moment où vous parlez :
*demain, après demain*
*la semaine prochaine, le mois prochain, l'année prochaine*

■ à une quantité de temps (qui commence au moment où vous parlez) :
*dans une heure*
*dans 3 jours*
*dans un mois*
*dans un an*

Vous utiliserez *dans* + une quantité de temps (*dans* est un peu l'équivalent de *il y a* pour le futur) :

> Il est parti **il y a** un mois.
> Il part **dans** un mois.

Il est impossible d'utiliser *dans* + une quantité de temps pour évoquer un événement passé. *Dans* est spécialisé dans le futur.

Il en va de même pour *il y a* que vous ne pouvez pas utiliser pour évoquer un événement futur. *Il y a* est spécialisé dans le passé.

■ à une date, un jour, une heure :
   *dimanche*
   *à midi*
   *en mars, au mois de mars*
   *le 22 novembre*
   *en 90*

Vous pouvez utiliser ces indicateurs de temps (heure, jour, date) pour évoquer un événement passé ou un événement futur :
   Il est parti **dimanche** (passé).
   Je pars **dimanche** (futur).
   Je suis arrivé **le 22 novembre** (passé).
   Je pars **le 22 novembre** (futur).

**2.** Avec *ALLER + INFINITIF* pour exprimer le futur

Par rapport aux exemples cités ci-dessous (événement prévu, sûr, décidé, accompagné d'une précision temporelle) le présent est généralement suffisant. Vous pouvez également utiliser la construction *aller + infinitif*, mais cette construction n'apporte pas de précision supplémentaire :
   Je vais partir dans un mois = je pars dans un mois.

Par contre, si vous évoquez un événement qui aura lieu dans le futur, sans indiquer de façon précise quand cet événement aura lieu, vous devrez utiliser *aller + infinitif*. Dans ce cas, cette construction a une valeur de *futur proche* :
   Il va pleuvoir (= bientôt).

Si vous utilisez le présent « il pleut » cela signifie « maintenant, en ce moment ».
Par contre si vous donnez une précision, si vous dites *quand*, le présent est suffisant :
   Dans 5 minutes, il pleut.

mais vous pouvez dire également :
   Dans 5 minutes, il va pleuvoir.
   Je pars (=tout de suite, maintenant)
   Je vais partir (dans un instant, bientôt)
   Je pars demain (présent + précision « demain »)
   Je vais partir demain (aller + infinitif + précision). Les Français diront plutôt : « je pars demain ».

**3.** Pour savoir dans quelles circonstances vous devez utiliser le futur simple plutôt que le présent + indicateur de temps ou *aller + infinitif*, voir les chapitres « Se situer dans le temps », p. 205 et « Faire des projets », p. 157.
Pour les formes du futur, voir le chapitre « Conjugaisons », p. 282.

# DONNER DES INFORMATIONS
## SUR QUELQU'UN

Ce chapitre présente les outils linguistiques et lexicaux nécessaires lorsque vous voulez donner des informations, exprimer une opinion sur quelqu'un.
Ce chapitre montre également dans quelles situations vous pouvez le faire et comment vous pouvez organiser votre discours (en évitant les répétitions par exemple).

# 1 DÉCRIRE QUELQU'UN PHYSIQUEMENT

Il a les yeux bleus.
Il porte une chemise jaune.
Elle a les cheveux courts.
Il est grand, gros, maigre, etc.

## 1 Les situations

Dans quelles situations sommes-nous amenés à décrire quelqu'un ?

**1.** La personne dont on parle est absente.

La description de cette personne va servir à l'identifier parmi d'autres personnes. Par exemple : vous demandez à quelqu'un d'accueillir (à la gare, à l'aéroport..) une personne qu'elle ne connaît pas :

> Tu verras, c'est un grand blond avec une moustache et des cheveux longs.
> Il s'appelle Jean-Louis, il n'est pas très grand, il porte des lunettes, il a les cheveux courts, il s'habille toujours en noir, etc.

**2.** La personne dont on parle est présente physiquement.

Il s'agira donc de l'identifier par rapport à d'autres personnes. L'identification pourra se faire par une description physique, mais aussi en disant où est et ce que fait la personne que l'on veut identifier :

> C'est la petite blonde qui est assise près de la fenêtre.
> C'est le type en bleu qui parle avec Pierre.
> C'est la fille à lunettes qui allume une cigarette.

## 2 Les outils

Quels sont les outils linguistiques nécessaires pour s'exprimer dans ce type de situation de communication ?

**1.** Des mots pour désigner la personne dont on parle. Le choix de ces mots dépendra du registre de langue que l'on a décidé de choisir.

Registre standard ou soutenu :
L'homme, la femme, la jeune femme, le garçon, le vieux monsieur, la vieille dame, le couple, l'enfant, le petit garçon, la petite fille.

Registre familier :
Pour un homme : *le type, le gars, le mec.* Dans ce registre familier, il est fréquent que l'on désigne une personne par l'une de ses caractéristiques physiques :

> Qui c'est **le gros** qui parle avec Pierre ?

Pour une femme : *la fille, la nana, la nennette.* On utilisera également fréquemment l'une des caractéristiques physiques de la personne dont on parle :

> Qui c'est **la petite blonde** qui parle avec Pierre ?

Pour un enfant : *le môme, la môme, le gosse, la gosse, le gamin, la gamine* :

> Ils sont à qui ces **mômes** ?
> Ils sont gentils ces **gosses**
> Qui c'est le **gamin** qui a un pull rouge ?

**2.** Des noms et des adjectifs pour décrire les caractéristiques physiques de quelqu'un.
Pour les adjectifs :
Le problème est de connaître la place des adjectifs ; avant ou après le nom ?

■ les adjectifs de couleur
Elle a les yeux **noirs**.
Celle qui a un pantalon **blanc**.
La fille **blonde**.

■ les adjectifs de nationalité :
J'ai un ami **allemand**.
C'est une étudiante **hollandaise**.

Les adjectifs qui sont toujours avant le nom :
*gros, grand, petit*

La **grosse** dame.
Le **grand** type.
La **petite** brune.

*beau, belle, jolie*

Un **beau** garçon.
Une **belle** femme.
Une **jolie** fille.

*vilain, vilaine*

Un **vilain** garçon.

REMARQUE : Voir le chapitre « Adjectifs », p. 85 pour les cas où les adjectifs placés avant le nom peuvent être utilisés après (dans le cas d'une énumération par exemple).

Pour les noms :
Un certain nombre d'informations de type descriptif sont données à l'aide de noms :
La jeune femme **à la robe rose**.
La fille **avec des lunettes de soleil**.
La femme **en bleu**.
Le « type » **en costume**.

# DONNER DES INFORMATIONS EN UTILISANT QUI ET QUE

Lorsque vous voulez donner ou demander des informations sur quelqu'un, il vous faudra souvent utiliser *qui* et *que* pour définir la personne, dont vous parlez.

## *1 Définir quelqu'un*

Pour définir quelqu'un, il existe des mots spéciaux :

**1.** Avec des mots spéciaux

Si vous voulez parler de quelqu'un qui habite à côté de chez vous, vous ne direz pas :
L'homme qui habite à côté de chez moi.

mais tout simplement :

> mon voisin

et vous préciserez, si c'est nécessaire :

> Mon voisin d'en face (= le voisin qui habite en face de chez moi)
> Mon voisin du dessus (celui qui habite au-dessus de chez moi)
> Mon voisin du dessous (celui qui habite au-dessous de chez moi)
> Mon voisin de palier (celui qui habite au même étage que moi)

**2.** Sans mots spéciaux

Le problème, lorsque vous voulez parler de quelqu'un, c'est qu'il n'y a pas toujours des mots spéciaux (comme voisin, voisine) pour désigner les personnes dont vous parlez. Vous devrez donc donner des précisions.

| Le couple qui habite la petite maison blanche sur la place du village. signifie : |

■ Que vous (ou votre interlocuteur) ne connaissez pas le nom de ces personnes (sinon il serait suffisant de dire « les Dupont », « Monsieur et Madame Dupont » ou « Pierre et Christine », si le prénom de M. et Mme Dupont est suffisant pour identifier les personnes dont on parle.

■ *Le couple* signifie que l'on parle de deux personnes qui vivent ensemble (en général un homme et une femme mariés ou non mariés).

■ Qu'il faut une information supplémentaire pour identifier ce « couple » parmi d'autres couples (que vous connaissez, qui habitent le village) : le couple dont vous parlez est le seul couple « qui habite la petite maison blanche sur la place du village ».

■ Votre interlocuteur sait de quel village vous parlez (le village où vous habitez ou un village que vous avez nommé auparavant).

■ Il n'y a qu'une « petite maison blanche » sur la seule « place du village ».

| Le type que tu as rencontré ce matin à la cafétéria. signifie : |

■ Que votre interlocuteur sait de qui vous parlez (parce que vous étiez présent dans la « cafétéria » quand votre interlocuteur a rencontré cette personne ou parce que votre interlocuteur vous a parlé auparavant de sa rencontre avec cette personne).

■ *Le type* signifie que vous parlez d'un homme.

■ *Le type* signifie que vous avez une relation familière, avec votre interlocuteur (sinon, vous diriez : « l'homme », « la personne », « le monsieur », « le jeune homme » etc.).

■ Vous prononcez cette phrase le jour même où cette rencontre a eu lieu (sinon vous préciserez « hier », « samedi », « la semaine dernière », etc.).

■ Quand vous dites « la cafétéria », votre interlocuteur sait de quelle « cafétéria » vous parlez.

**En conclusion**

Si vous voulez identifier quelqu'un de façon précise, vous avez plusieurs possibilités :

■ L'identifier par son nom (votre interlocuteur le connaît)

> J'ai déjeuner avec **Pierre**.
> **Les Dupont** ont téléphoné.
> **Pierre et Mireille** se sont mariés.

■ L'identifier avec certains mots le désignant de façon précise (profession, relations avec vous) :

> Mon **voisin** est très sympa.
> Ma **mère** est malade.
> Le **propriétaire** a téléphoné.
> Mon **professeur** n'est pas venu ce matin.
> Le **facteur** est déjà passé ?

■ L'identifier en donnant (à l'aide de *qui* ou *que* + un verbe) un certain nombre de précisions :

> Qui c'est la fille **qui t'a embrassé** au restaurant ?
> Il y a un étudiant **qui voudrait te voir**.
> J'ai un ami **qui a travaillé** pendant 10 ans au Maroc.
> C'est un Anglais **que j'ai connu** au cours d'un voyage en Australie.
> C'est quelqu'un **que j'aime** beaucoup.

## 2 *Qui ou que, comment ça marche ?*

**1.** *Qui* et *que* sont liés au mot ou au groupe de mots placé juste avant :

> J'ai un ami **qui** parle très bien l'espagnol.
> Qui c'est le petit brun à lunettes **que** tu as vu ce matin ?

**2.** *Qui* et *que* dépendent de la relation grammaticale entre le mot (ou le groupe de mots) qui les précèdent et le verbe qui les concerne :

> J'ai **un ami qui parle très bien l'espagnol** = mon ami parle très bien l'espagnol.

Après *qui*, il est impossible d'utiliser un pronom personnel (*je, tu, il,* etc.) car l'information donnée par le verbe concerne la personne dont on parle.

Quand, au cours d'une conversation, vous voulez répéter l'information concernant la personne dont vous parlez, vous utiliserez *il* :

> J'ai **un ami** qui parle très bien l'espagnol.
> Tu es sûr qu'**il** parle très bien l'espagnol ?

*Il* = un ami.

Après *que*, il y a toujours un pronom personnel (désignant celui qui parle ou celui à qui l'on parle).

> C'est un Anglais que j'ai connu au cours d'un voyage en Australie = j'ai connu un Anglais au cours d'un voyage en Australie.

Quand, au cours d'une conversation, vous voulez répéter l'information concernant la personne dont vous parlez, vous utiliserez *le, la, l', les* :

> C'est **un Anglais** que j'ai connu au cours d'un voyage en Australie.
> Je **l'**ai connu au cours d'un voyage en Australie.
> Tu **le** connais bien ?

*L'* ou *le* = un Anglais

Chaque fois que vous utilisez la construction :

> nom de personne + *que* + *je, tu, il,* etc. + verbe

la personne concernée par le verbe (je, tu, il, nous, vous, ils, etc.) est différente de la personne dont on parle.

# 3 EXPRIMER UNE OPINION SUR QUELQU'UN

C'est un **type** très **sympa**.
C'est une fille très **gentille**.
Il n'est pas très **malin**.
C'est un **chic type**.
Elle est très **chouette**.
Il est **insupportable**.
Il est **un peu fou**.

Le registre familier offre une grande variété d'expressions, les unes plus familières que les autres, pour exprimer son point de vue par rapport à quelqu'un. Dans le chapitre consacré aux adjectifs (voir p. 60), nous avons déjà abordé les divers moyens linguistiques, permettant de nuancer quantitativement la signification positive ou négative des adjectifs utilisés (*très, pas du tout, super*, etc.).

Il est complètement bouché (il ne comprend rien, il est bête)
Il est cinglé (il est fou)
Il est con (il n'est pas très intelligent)
Il est chouette (il est intéressant, sympathique, gentil)
Il est moche (il n'est pas beau, il est laid)
C'est un pauvre type (il n'est pas très intelligent, il n'a pas de chance dans la vie)

ATTENTION : Si vous dites

« C'est un type pauvre » cela signifie qu'il n'a pas d'argent.
« C'est un pauvre type » cela signifie qu'il n'est pas très intelligent, qu'il n'a pas de chance dans la vie.

« C'est un type sale » cela signifie qu'il n'est pas propre, qu'il ne se lave pas.
« C'est un sale type » cela signifie qu'il n'est pas très honnête, qu'il n'est pas gentil, qu'il faut se méfier de lui.

« C'est une femme chic », cela signifie qu'elle est bien habillée.
« C'est un chic type, c'est une chic fille » cela signifie qu'il/elle est sympathique.

Il est chiant, emmerdant (très familier) = il est ennuyeux, insupportable.
Il n'est pas très doué (il n'est pas très intelligent).

Il s'agit là d'un petit échantillon, la langue familière est riche en expressions, métaphores, permettant d'exprimer son point de vue par rapport à quelqu'un, de nouvelles expressions se créent de façon permanente, des emprunts sont faits à l'anglais, des modes langagières naissent...

# 4 LA PLACE DES ADJECTIFS

Il existe 4 catégories d'adjectifs

**1.** les adjectifs placés avant le nom
**2.** les adjectifs placés après le nom
**3.** les adjectifs placés avant ou après, avec un sens différent selon qu'ils sont placés avant ou après
**4.** les adjectifs placés avant ou après sans différence de sens.

La plupart des adjectifs sont placés après le nom.

## 1 *Adjectifs placés avant le nom*

**1.** Des adjectifs que l'on appelle « courants » :

>  *petit, grand, gros, beau, joli, vilain, bon, mauvais, vieux.*

Ces adjectifs habituellement placés avant le nom, peuvent se placer après lorsqu'ils sont précédés d'expressions comme *très, trop, plutôt, assez, relativement* et toute une série de mots en « ment » (*exceptionnellement, drôlement, sacrément, passablement, terriblement,* etc.) :

>  Il a un gros nez.
>  Il a un nez **très gros** (ou : il a un très gros nez).
>  J'ai une petite voiture.
>  J'ai une voiture **trop petite** (ou : j'ai une trop petite voiture).
>  C'est une fille **plutôt jolie**.
>  Je voudrais une voiture **assez grosse**.
>  C'est une maison **relativement grande**.

C'est également possible lorsque l'on construit ces adjectifs avec *hyper, super* (langage familier) :

>  Il a un nez **hyper-gros**.
>  C'est une fille **super-jolie**.
>  C'est un appartement **hyper-grand**.

Avec *plus... que, moins... que, le plus..., le moins...*, les adjectifs normalement placés avant le nom peuvent être également placés après le nom :

>  Il habite la maison **la plus grande** du village.
>  Il a **la plus grosse** voiture du quartier.
>  Il a une voiture **plus grosse** que la mienne.
>  Il a un **plus petit** appartement que moi.

Pour les adjectifs « courants », le changement de place n'est possible qu'avec certains noms désignant des personnes et ce changement de place indique alors un changement de sens :

>  un petit garçon (un enfant)
>  un garçon petit (de petite taille).
>
>  un grand homme (un homme célèbre)
>  un homme grand (de grande taille).

83

REMARQUE : On peut expliquer le changement de place de certains adjectifs « courants », normalement placés avant le nom, de la façon suivante :
Ces adjectifs (*petit, grand*), associés à certains noms désignant des personnes (garçon, fille, homme) servent à désigner soit une catégorie d'âge (*un petit garçon* = un jeune garçon), soit une catégorie d'individus (*un grand homme , un grand reporter, un grand voyageur*). Associés à ces noms, ces adjectifs perdent leur sens premier (taille, âge). Placés derrière (uniquement avec les mots avec lesquels ils forment une expression possédant un sens particulier), ils reprennent leur sens premier :
>    De Gaulle était à la fois un grand homme (un homme important, célèbre) et un homme grand (par la taille).
Associés à d'autres mots (en particulier quand ils désignent des objets, des choses et non des personnes), le problème ne se pose plus :
>    Une petite table (il est impossible de dire « une table petite »).
>    Une grande maison (une maison grande : impossible).

En dehors de *petit* et de *grand*, il existe d'autres adjectifs qui, associés à un autre mot, perdent leur sens premier :

— *bon, bonne*

Un bonhomme, une bonne femme (expressions familières pour désigner un homme et une femme) :
>    Il y a une **bonne femme** qui a téléphoné, je n'ai pas compris ce qu'elle voulait.
>    Qui c'est ce **bonhomme** ?

Si je veux utiliser *bon* ou *bonne* avec son sens usuel, je dirai :
>    C'est un homme bon (généreux, plein de bonté).

— *grand, petit, beau, belle*

Ces adjectifs, associés à père, mère, fils, filles, enfants, frère, sœur, cousin, cousine, oncle, tante, servent à désigner des relations familiales :
*mon grand-père* ne signifie pas que mon père est grand, mais que je parle du père de mon père.
*ma belle-sœur* ne signifie pas que ma sœur est jolie mais que je parle de la femme de mon frère.

**2.** Les adjectifs numéraux (premier, deuxième, dernier)
>    La **première** fois que je l'ai vue.
>    La **quatrième** dimension.
>    Tu as vu son **dernier** film.

Le changement n'est pas possible pour les numéraux, sauf pour *dernier* lorsqu'il indique une proximité dans le temps par rapport au moment où l'on parle :
>    Le mois **dernier**.
>    La semaine **dernière**.
>    L'année **dernière**.

REMARQUE : Voir le chapitre « Se situer dans le temps », p. 205 pour l'utilisation et le sens de *dernier*.
*dernier*, placé avant le nom signifie « après cela, c'est fini » :
>    C'est la **dernière** fois que je viens (après cela, je ne viens plus).
>    J'ai pris le **dernier** train (après ce train, il n'y a plus de train).
>    J'ai lu son **dernier** roman (après ce roman, pour l'instant, il n'y en a pas d'autre).
*dernier* est à rapprocher de *prochain* (la semaine prochaine, l'année prochaine, etc.) :
>    Je prendrai le **prochain** train.
>    Je lirai son **prochain** roman.
*premier* dans quelques expressions peut être placé après le nom :
>    Les nombres **premiers** (= les nombres que l'on ne peut pas diviser par un autre nombre)
>    Le sens **premier**, la signification **première** (= le sens, la signification d'origine d'une chose).

## 2 *Adjectifs placés après le nom*

C'est le groupe le plus important. On y retrouve :

| | |
|---|---|
| les adjectifs de couleur | Il a les yeux **bleus**.<br>Elle a les cheveux **bruns**. |
| les adjectifs qui indiquent des formes | Un visage **allongé**.<br>Une porte **étroite**.<br>Une pièce **ronde**. |
| les adjectifs qui indiquent la nationalité | Un étudiant **allemand**.<br>Une jeune fille **française**. |
| les adjectifs qui indiquent un système | Un pays **démocratique**.<br>Un militant **communiste**. |
| les adjectifs formés à partir de participes passés | Un pays **appauvri**.<br>Une maison **habitée**.<br>Un choix **voulu**. |

REMARQUE : Le changement de place (avant au lieu d'après) pour les adjectifs du groupe 2 est très rare. Lorsqu'il se produit, il correspond à un effet littéraire, il est donc plus prudent de l'éviter, à moins que vous ne soyez écrivain, poète ou journaliste et que vous décidiez de vous exprimer en français.

La **blanche** colombe.
Il venait d'accomplir son **noir** dessein.
Enfants voici les bœufs qui passent, cachez vos **rouges** tabliers.

## 3 *Adjectifs placés avant ou après le nom avec changement de sens*

**1.** Certains adjectifs n'ont pas le même sens selon leur place et selon le nom qui les accompagne. En général lorsque l'adjectif a deux sens, le sens premier apparaît quand il est placé après le nom.

J'ai acheté un appartement **ancien** (contraire de neuf, de moderne)

Lorsque l'adjectif est placé avant le nom, l'adjectif et le nom forment un tout pour le sens :

Voici mon **ancien** appartement (celui que j'habitais avant)
C'est un **faux** problème (problème qui n'existe pas)

**2.** Exemples de changements de sens

| ADJECTIF | AVANT LE NOM | APRÈS LE NOM |
|---|---|---|
| *Certain* | indique une quantité non précise<br>un **certain** temps | = sûr<br>un courage **certain** |
| *fort* | = important<br>une **forte** majorité | ≠ doux<br>un alcool **fort** |
| *léger* | = petit, peu important<br>une **légère** erreur | ≠ lourd<br>un meuble **léger** |
| *sale* | = mauvais au sens moral<br>une **sale** histoire<br>un sale type | ≠ propre<br>une pièce **sale** |
| *seul* | ≠ 2, 3, 4, 5<br>un **seul** enfant<br>et pas deux | = solitaire<br>une personne **seule**<br>qui vit seule |

ATTENTION : Pour certains de ces adjectifs le fonctionnement est plus complexe ; ils ont deux sens : pour un des sens ils peuvent être placés seulement après le nom, pour l'autre sens les deux places sont possibles :

       Sens 1 un enfant **curieux** (qui s'intéresse à tout)
       Sens 2 une **curieuse** histoire (bizarre)
            un enfant **curieux** (bizarre).

**3.** Liste des principaux adjectifs qui peuvent être placés avant ou après le nom avec changement de sens.

| | | | |
|---|---|---|---|
| affreux | faible | lâche | pur |
| ancien | fameux | large | |
| apparent | faux | léger | rare |
| âpre | fier | légitime | riche |
| authentique | fin | libre | rude |
| bas | flagrant | lointain | |
| brave | formidable | long | sacré |
| bref | fort | lourd | sale |
| brillant | fou | | sérieux |
| brusque | fragile | magistral | seul |
| brutal | franc | maigre | sévère |
| | furieux | malheureux | simple |
| certain | futur | malin | sinistre |
| cher | | méchant | solide |
| chic | généreux | mince | sombre |
| classique | grave | mûr | strict |
| complet | gros | | subtil |
| court | grossier | net | |
| curieux | haut | nouveau | |
| différent | heureux | pâle | tendre |
| dur | honnête | parfait | |
| | intime | particulier | unique |
| entier | | pauvre | |
| éternel | jeune | précieux | vague |
| étroit | joyeux | proche | vain |
| extrême | juste | profond | véritable |
| | | | vif |

# *4 Avant ou après le nom sans changement de sens*

**1.** Tous les adjectifs que nous citons (voir liste p. 88) sont généralement employés après le nom à l'oral. Vous pouvez toujours placer ces adjectifs après le nom sans risque d'erreur.

Lorsqu'ils sont employés avant le nom, c'est généralement à l'écrit où dans des situations orales où l'on emploie un langage soutenu, voire littéraire.
Il s'agit d'un effet de style qui ne change pas le sens de l'adjectif. Cet effet de style est fréquemment employé dans la presse écrite (journaux, revues), dans la presse parlée ou télévisée (radio, télévision), en littérature (romans, nouvelles, essais, etc.), et dans toute situation de discours un peu formelle (discours, récit, prise de parole en public).
> Le terrible accident ferroviaire de lundi a provoqué une vive émotion.
> Nous accueillons ce soir le sympathique auteur de « la vie à pleines dents ».

Dans la construction suivante :
*Le + adjectif + nom + adjectif toujours placé après le nom*
> Le terrible accident ferroviaire.
*terrible* est un adjectif « mobile » (avant ou après le nom).

Si la chose ou la personne dont on parle est définie par un groupe de mots :
> L'accident ferroviaire de lundi.
> L'accident de la route.
> L'auteur de « la vie à pleines dents ».
> La fille du milliardaire américain

les adjectifs associés à ces groupes de mots (à condition que ces adjectifs soient mobiles) sont en général placés avant :
> La sympathique fille du milliardaire américain

plutôt que : « la fille sympathique du milliardaire américain ».

Par contre vous pourrez dire :
> La fille adoptive du milliardaire américain
car l'adjectif *adoptif, adoptive* est toujours placé après le nom.

Constructions avec le verbe « *trouver* »
> Je trouve ce travail intéressant.
> Je trouve ce pays magnifique.

Dans ce type de constructions, l'adjectif doit toujours être placé après le nom, même s'il s'agit d'un adjectif dont la place est mobile.
Il en va de même avec d'autres verbes analogues à *trouver* (verbes d'opinion comme *juger, estimer*).

87

Liste des principaux adjectifs qui peuvent être placés avant ou après le nom, sans changement de sens.

amusant
angoissant
anormal
antipathique
anxieux
apparent
appréciable
arbitraire
artificiel
astucieux
athlétique
atroce
attachant
attentif
attrayant
audacieux
aventureux

banal
bienveillant
bizarre
bouleversant
bruyant

calme
capricieux
captivant
catastrophique
célèbre
chaleureux
charmant
chaud
chômage
choquant
complexe
confortable
considérable
constant
continuel
copieux
coquet
cordial
coupable
courageux
coûteux
criminel
croissant
cruel

dangereux
décourageant
délicat
délicieux
déplorable

désagréable
désastreux
désolant
détestable
difficile
discret
douloureux
dramatique

éclatant
effarant
efficace
effrayant
effroyable
élégant
élémentaire
émouvant
encombrant
encourageant
ennuyeux
énorme
épais
épisodique
épouvantable
étonnant
éventuel
évident
excellent
exceptionnel
excessif
extraordinaire
extravagant

fâcheux
fantastique
farouche
fastidieux
fidèle
fraternel
fréquent
froid
fructueux,
infructueux
futile

gênant
génial
gentil, gentille
gigantesque
grotesque

habile
habituel
hasardeux
hâtif

horrible
horrifiant
hypothétique

ignoble
immense
impardonnable
impeccable
imperceptible
imperturbable
impitoyable
impopulaire
important
impressionnant
imprévisible
improbable, probable
imprudent, prudent
incessant
incomparable
incompréhensible
incontestable
incroyable
indéniable
indescriptible
indicible
indiscutable
indispensable
indistinct
indubitable
inégal
inestimable
inévitable
inexplicable
infatigable
infect
infime
influent
ingénieux
inhumain
inimaginable
inimitable
injuste
injustifiable
innocent
innombrable
inoubliable
inqualifiable
inquiétant
insensible
insolent
instinctif
insupportable

intelligent
intense
intéressant
interminable
intolérable
inutile
invariable
involontaire
invraisemblable
ironique
irréparable
irrépressible
irréprochable
irrésistible
irresponsable

judicieux

lamentable
lent
luxueux

magnifique
maladroit
malencontreux
médiocre
mémorable
méprisable
merveilleux
minuscule
minutieux
miraculeux
modique
monstrueux
multiple
mutuel
mystérieux

navrant
négligente
nombreux

obscur
odieux
opaque

paisible
passionnant
patient
pénible
pesant
phénoménal
pittoresque
plantureux
possible

| | | | |
|---|---|---|---|
| prévisible | regrettable | sensible | tardif |
| principal | relatif | sincère | terrible |
| probable | remarquable | singulier | timide |
| prodigieux | ridicule | sommaire | total |
| progressif | rigoureux | spectaculaire | tragique |
| prudent | robuste | splendide | triomphal |
| puissant | | stupéfiant | triste |
| | | stupide | troublant |
| | sain | superbe | |
| | sanglant | surprenant | |
| rapide | sauvage | sympathique | ultime |
| ravissant | savant | | |
| récent | scandaleux | | vigoureux |
| redoutable | séduisant | | volumineux |
| réel | | talentueux | |

# 5 LA FORMATION DES ADJECTIFS À PARTIR DE PARTICIPES PASSÉS

Participe passé du verbe *parler* : parlé (j'ai parlé) *parlé* peut être utilisé comme adjectif :
L'anglais est une langue **parlée** dans de nombreux pays.

Si vous dites : « l'anglais est une parlée langue dans de nombreux pays » cette phrase est fausse, incorrecte pour tous les Français.

Un participe passé utilisé comme adjectif garde un sens verbal passif :
la phrase : C'est une langue qui **est parlée** par 100 millions de personnes.

peut être formulée de façon plus économique :
C'est une langue **parlée** par 100 millions de personnes.

Un verbe peut être utilisé de façon positive (*habiter*) ou négative (*ne pas habiter*).
Le participe passé d'un verbe utilisé comme adjectif peut aussi avoir une forme positive ou négative :
Une maison **habitée** (sens positif)
Une maison **inhabitée** (sens négatif)
Un acteur **connu**.
Un acteur **inconnu**.

89

mais ça ne marche pas avec tous les participes passés utilisés comme adjectif. Vous ne pouvez par dire : « une langue inparlée » (c'est une langue qui n'est pas parlée), « une chambre inmeublée » (une chambre qui n'est pas meublée).

Dans certains cas, il existe une solution :
Une chambre non meublée (une chambre qui n'est pas meublée).

# 4

# DONNER DES INFORMATIONS
## SUR SON ENVIRONNEMENT
## SON PAYS, ETC.

Ce chapitre présente les outils linguistiques et lexicaux
qui permettent de donner des informations sur son
environnement, pays, etc., de localiser un lieu par rapport
à un autre lieu.

91

# 1 CHOISIR ENTRE DÉFINI, INDÉFINI

## 1 *Un, une, des, le, la, les*

En français, avec un nom, il faut utiliser un article (*un*, *une*, *des* ou *le*, *la*, *les*).
Pour choisir entre *le*, *la*, *les*, et *un*, *une*, *des*, il est souvent suffisant de se poser la question suivante : est-ce que vous parlez de quelque chose qui est unique ou de quelque chose qui n'est pas unique ?

Par exemple, si vous désirez parlez d'une ville :

> Rouen, c'est **une** ville.

En France et dans le monde, il y a des milliers de villes. Si vous voulez définir *Rouen*, vous utiliserez *une*, qui donne deux informations :

1) le mot *ville* est féminin

2) *ville* fait partie d'un ensemble, n'est pas unique.

Bien entendu, vous pouvez donner d'autres précisions concernant Rouen :

> Rouen, c'est **une** ville française (*Rouen* appartient à l'ensemble des villes françaises).
> Rouen, c'est **une** grande ville française.
> Rouen, c'est **une** grande ville de l'ouest de la France.

Mais vous devrez dire :

> Rouen, c'est **la** ville où je suis né.

car chacun de nous est né dans un seul endroit, vous ne pourrez donc pas dire :
>Rouen, c'est une ville où je suis né.

C'est la même chose pour les phrases suivantes :
>Paris est **la** capitale de la France.

Il n'y a qu'une seule capitale en France, l'ensemble représenté par « capitale de la France » est composé d'un seul élément.

Par contre, vous pourrez dire :
>Paris, c'est **une** capitale européenne (comme Rome, Madrid, Londres, etc.).

Ce critère de choix (unique ou multiple) peut s'appliquer également à des mots désignant des personnes :
>C'est **la** mère de Pierre (Pierre n'a qu'une seule mère).

Par contre, vous pourrez dire :
>C'est **un** oncle de Pierre (si Pierre a plusieurs oncles).

## 2 *Autres moyens*

En dehors des articles, vous disposez en français d'autres moyens linguistiques, pour déterminer les mots que vous utilisez :

**1.** *Mon, ma, ton, tes*, etc.
>Rouen, c'est **ma** ville.

*Ma* donne les informations suivantes :

1) *ma* indique que le mot ville est féminin
2) *ma* indique une idée de possession, d'appartenance
3) *ma* indique à qui « appartient » le mot *ville*.

*Mon* ou *ma* renvoient à *je* ; *ton* ou *ta* renvoient à *tu* ; *son* ou *sa* à *il*.

Bien entendu, la phrase « Rouen, c'est ma ville », ne signifie pas que Rouen m'appartient, mais plutôt :
>C'est la ville où j'habite,
>C'est la ville où je vis.

C'est la même chose lorsque vous dites :
>Je passe à **ma** banque.
>Je vais à **mon** bureau.

**2.** *Ce, cette, ces*

*Ce, cette, ces* sont appelés démonstratifs dans les grammaires.

S'il arrive que l'utilisation de *ce, cette*, s'accompagne du geste de la main qui sert à montrer quelque chose (donne-moi ce journal !), son usage le plus fréquent est tout autre. Si vous dites :
>Je ne connais pas **cette** ville.

Cela implique que votre interlocuteur sait de quelle ville vous parlez, c'est-à-dire que la ville dont vous parlez aura préalablement été identifiée au cours de la conversation :

>— La semaine dernière, je suis allé à Rouen. C'est très joli.
>— Je ne connais pas **cette** ville.

**3.** *Le plus, la plus*

> C'est **le plus** grand pays du monde.
> C'est **la plus** jolie région de France.

Vous utiliserez *le plus, la plus* chaque fois que vous voudrez parler de quelque chose qui est unique.

**4.** *Une des, un des*

Si vous voulez parler de quelque chose qui fait partie d'un ensemble, vous utiliserez *un des, une des* :

> C'est **une des** plus belles régions de France.
> C'est **un des** plus grands pays du monde.

# DES ADJECTIFS
# POUR PARLER D'UN LIEU

| Avant le nom : | Après le nom : |
|---|---|
| *grand*<br>*petit*<br>*vaste* | *énorme*<br>*immense*<br>*minuscule* |
| C'est une **grande** ville.<br>C'est une ville **immense**.<br>C'est un **petit** pays.<br>C'est un pays **minuscule**. ||
| *vieux, vieille*<br><br>*nouveau, nouvelle*<br>*ancien, ancienne* | *vieux, vieille*<br>*jeune*<br><br>*nouveau, nouvelle*<br>*ancien, ancienne* |
| Il faut visiter les **vieux** quartiers de Madrid.<br>C'est un pays **vieux**, un tiers de sa population a plus de 50 ans.<br>C'est un pays **jeune**, plus de la moitié de sa population a moins de 25 ans.<br>Brasilia, la **nouvelle** capitale du Brésil est une ville **nouvelle**.<br>L'**ancienne** capitale du Brésil, Rio de Janeiro, est célèbre pour son carnaval...<br>C'est un bâtiment **ancien**. Il a été construit au XVIIe siècle. ||
| *beau, belle*<br>*joli* | *splendide*<br>*magnifique*<br>*extraordinaire*<br>*merveilleux*<br>*affreux*<br>*laid* |
| C'est une **belle** région.<br>C'est un paysage **splendide**.<br>Il y a des couchers de soleil **magnifiques**.<br>C'est une ville **affreuse**. ||

|  | *animé*<br>*dangereux*<br>*intéressant* | *bruyant*<br>*surprenant*<br>*coloré* | *passionnant*<br>*désert*<br>*calme* |
|---|---|---|---|

REMARQUE : Certains adjectifs placés normalement avant le nom, peuvent être utilisés après le nom avec *très, le plus* :

> C'est une ville **très** grande.
> C'est un pays **très** petit.
> C'est le pays **le plus** grand du monde.
> C'est une région **très** belle.
> Un quartier **très** vieux.
> Le quartier **le plus** vieux de la ville.
> Il y a une église **très** jolie.
> C'est le village **le plus** joli de la région.

De même, certains adjectifs placés après le nom, peuvent être placés avant (effet de style, texte écrit, littéraire, etc.)
(Pour plus de précision, voir le chapitre : La place des adjectifs, p. 83).

Avec certains adjectifs (placés après le nom) vous devrez utiliser des prépositions :

*pour, par, de, à* :

*pour* = sens voisin de *grâce à*. Relation cause/conséquence :

> — Cette région est **célèbre pour** ses vins.

*par* = sens « passif » :

> L'Amazone traverse cette région (construction « active »).
> Cette région est traversée **par** l'Amazone (construction passive).
> C'est une région **traversée par** l'Amazone (participe passé utilisé comme adjectif + par).

*de, du, de la, des / au, à la, aux*
pour certains adjectifs qui peuvent être suivis de prépositions (*à* ou *de*).

> C'est une petite ville proche **de** la frontière.
> C'est une région difficile **à** visiter.

# 3 LOCALISER

## 1 *Avec les points cardinaux*

Lorsque l'on veut parler de son environnement, de son pays, de sa ville, il est souvent néces-saire de situer le lieu dont on parle par rapport à d'autres lieux (pays, régions, villes) :

J'habite une petite ville, **au nord du** Brésil, **à 100 km** de Bahia.

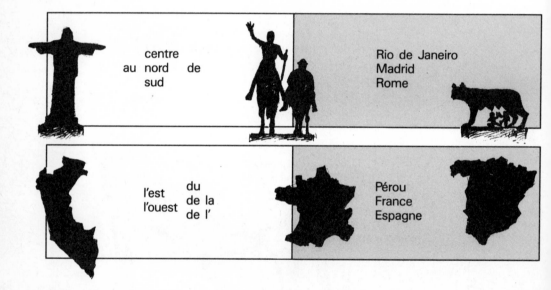

| | | | |
|---|---|---|---|
| au nord de | centre | | Rio de Janeiro |
| | nord | | Madrid |
| | sud | | Rome |
| | l'est | du | Pérou |
| | l'ouest | de la | France |
| | | de l' | Espagne |

RAPPEL :
Le centre, le nord, le sud : noms masculins qui commencent par une consonne, donc on utilise *au*.
L'est, l'ouest commencent par une voyelle, donc on utilise *à l'*.
Rio de Janeiro, Madrid, Rome sont des noms de ville, donc on utilise *de*.
Noms de pays masculins qui commencent par une consonne : *du*.
Noms de pays féminins qui commencent par une consonne : *de la*.
Noms de pays masculins ou féminins qui commencent par une voyelle : *de l'*.

## 2 *Autres moyens de situer un lieu par rapport à un autre lieu*

**1.** En indiquant une proximité :
*Près de*

C'est tout **près de** Paris.
J'habite **près de** la Suisse.

*Du côté de*

C'est un petit village **du côté de** Grenoble.

*Pas loin, pas très loin de*

Ce n'est **pas loin de** la frontière allemande.

Ce n'est **pas très loin de** Besançon.

**2.** En donnant des précisions sur la distance :

*À... heures de*

C'est **à** 3 **heures de** Paris.

C'est **à** 5 **minutes** à pied.

C'est **à** 2 **heures** de train **de** Lyon.

*À... km de...*

C'est **à** 20 **km de** la ville.

C'est **à** 500 **mètres du** théâtre.

## 3 *Pour situer un lieu dans une région ou une zone géographique*

**1.** S'il s'agit d'une zone géographique (une montagne, une plaine), on utilisera *dans* :

J'habite **dans** les Alpes.

C'est **dans** les Vosges.

**Dans** les Montagnes Rocheuses.

**Dans** le Middle-West.

**2.** S'il s'agit d'une région, d'un état et à condition qu'il soit féminin, on utilisera *en* :

**en** Bourgogne.

**en** Californie.

**en** Catalogne.

**en** Casamance.

**en** Louisiane.

97

**3.** Si le nom de la région est masculin, vous utiliserez *dans* :
> **Dans** le Wisconsin.
> **Dans** le Poitou.
> **Dans** l'Ohio.
> **Dans** le Texas (au Texas).

> ATTENTION : Le verbe *habiter* peut se construire avec ou sans préposition. Vous pourrez donc dire :
> > **J'habite** la Louisiane, la Franche-Comté, l'Andalousie, la Bavière.
> mais aussi :
> > **J'habite en** Louisiane, **en** Franche-Comté, **en** Andalousie, **en** Bavière.

Il existe d'autres expressions qui permettent de situer un lieu par rapport à un autre lieu :
> C'est un petit village situé **au cœur** de la Bavière (au centre).
> C'est un village situé **en plein** désert (au cœur, au milieu du désert, dans le désert).
> J'habite **en plein cœur** de Paris (au centre de Paris)
> J'habite **à la frontière** du Mexique et des États-Unis (à la limite entre Mexique et USA).
> Je vais **au bord** de la mer.
> J'habite **dans la banlieue** parisienne (à la périphérie de Paris).

Vous pouvez également dire :
> J'habite **en banlieue.**

# 4 DONNER DES INFORMATIONS CONCERNANT UN LIEU

Dans les chapitres précédents vous avez vu comment vous pouvez par rapport à un lieu :
• donner des informations qualitatives ou quantitatives (joli, merveilleux, beau, grand, immense, petit...)
• le localiser

Lorsque vous parlez d'un pays, d'une ville, d'une région, vous serez souvent amené à donner des informations concernant cette ville, ce pays, cette région.

*Il y a + un, une, des*
> À cinquante kilomètres de chez moi, **il y a un** grand lac.
> En Finlande, **il y a des** milliers de lacs.
> Dans mon village, **il y a une** vieille église du XVe siècle.
> Dans ma rue **il y a un** très bon restaurant indien.

Avec *il y a* vous pouvez donner des précisions sur la quantité :

       Actuellement, **il y a** 18 millions d'habitants à Mexico.
       Su la place du marché, **il y a** deux restaurants pas chers.
       **Il y a** trois possibilités pour aller de Lyon à Marseille : par le train, par la route ou en avion.
       Le dimanche, **il y a** beaucoup de circulation.

Si vous désirez donner une information précise, vous utiliserez un chiffre : un, deux, trois, 2 millions etc.

Sinon vous utiliserez *des* :

       En hiver, dans les Alpes, il y a **des** villages totalement isolés par la neige.

Quand le nom est précédé d'un adjectif, vous ne dites pas « il y a des », mais *il y a de* :

       À Lyon, **il y a de** très **bons** restaurants.

REMARQUE : En français familier, cette règle est souvent oubliée, et vous entendrez souvent *il y a des* + adjectif + nom

*Des dizaines, des centaines, des milliers, des dizaines de milliers, des centaines de milliers*

       Chaque année en France, **il y a des milliers** d'accidents sur les routes.
       À Paris, **il y a des centaines** de restaurants pas chers.

*Une dizaine, une douzaine de*

       À Strasbourg, **il y a une dizaine** de bars sympas.

*Plusieurs*

       En France, **il y a plusieurs** centaines de fromages différents.
       À Paris, **il y a plusieurs** gares.

*Beaucoup de*

       C'est une région où il y a **beaucoup de** lacs.

*Plus de, moins de, autant de, beaucoup plus de, beaucoup moins de* (pour établir une comparaison)

       Depuis 2 ans **il y a beaucoup moins de** touristes qu'avant.
       Avec la nouvelle route, **il y a moins** d'accidents (qu'avec l'ancienne route).

*Un grand nombre de, une grande quantité de, une énorme quantité de*
       C'est une route où il y a toujours **un grand nombre d'**accidents.

*Une foule de, un tas de* (familier), *un paquet de* (familier) = *une grande quantité de*
       En Bretagne, il y a **un tas de** petites plages tranquilles.

*Pas de, pas un seul* (pour une quantité égale à zéro)
       À Besançon il n'y a **pas un seul** bar ouvert aprè s 2 heures du matin.
       Il faut faire du camping, car il n'y a **pas d'**hôtel.

*Plus de*

       Après 3 heures, il n'y a **plus de** métro.

*Il y a* est plus rarement suivi de *le ou la* + *nom*
       En face de chez moi **il y a la** tour Eiffel.
       **Il y a** l'eau et l'électricité.
       En Provence, **il y a le** soleil, la mer et la montagne.
       En mars, **il y a le** carnaval.

*Il y a + du, de la, de l'*
*Il y a* peut être suivi par des noms que l'on ne peut quantifier de façon précise (avec un chiffre par exemple)

> **Il y a du** vent.
> **Il y a du** soleil.

REMARQUE : On ne peut pas dire « deux vents », « deux soleils » (sauf dans quelques cas très particuliers) :

Dans un roman de science-fiction
> Il contemplait les deux soleils d'Alpha du Centaure.

Dans un texte traitant de géographie
> Dans la vallée du Rhône, il y a deux vents différents : le mistral et la tramontane.

En dehors de ces exemples un peu particuliers, vous direz :
> **Il y a de la** neige en hiver.
> **Il y a du** soleil toute l'année.

Par contre, on peut donner certaines précisions :
> C'est un pays où **il y a beaucoup de** soleil.
> En hiver **il y a beaucoup de** neige,
> En hiver **il y a très peu de** monde dans les rues.

# 5 UTILISER QUI, QUE, OÙ POUR PARLER D'UN LIEU

## 1 *Avec qui*

La plupart du temps il n'est pas obligatoire d'utiliser *qui* pour donner une information sur un lieu.

| Vous direz : | plutôt que : |
|---|---|
| J'habite un pays chaud. | J'habite un pays **qui** est chaud. |
| J'habite une petite ville au bord de la mer. | J'habite une petite ville **qui** est située au bord de la mer. |

En règle générale, si *qui* est utilisé avec *être + adjectif* :
> J'habite une région **qui est magnifique**.

vous pourrez simplifier et dire :
> J'habite une région **magnifique**.

Constructions où vous devez utiliser *qui* :

*C'est un, une + nom de lieu + qui + verbe* (différent du verbe être)
> C'est un pays qui connaît actuellement de graves difficultés économiques.

*C'est le ou la + nom de lieu + qui + verbe* (différent du verbe être)
> L'Argentine, c'est le pays qui a inventé le tango.

## 2 *Avec que*

*C'est + nom + que + je, tu, il, + verbe*

C'est un endroit que j'aime beaucoup (j'aime beaucoup cet endroit).

C'est une région que les Français connaissent mal (les Français connaissent mal cette région).

*Où*

C'est le mot que vous utiliserez le plus pour donner des informations concernant un lieu :

|  |  | il fait bon vivre. |
|---|---|---|
|  |  | il y a des paysages magnifiques. |
| C'est un pays | **où** | les gens sont très gentils. |
| Une région | **où** | il y a de gros problèmes économiques. |
| Une ville | **où** | je vais chaque année. |
| Un endroit | **où** | on s'amuse beaucoup. |
|  |  | j'ai beaucoup d'amis. |
|  |  | il y a des plages magnifiques. |

# 6 DONNER DES INFORMATIONS SUR UN LIEU

Dans le chapitre « donner des informations sur quelqu'un », nous avons vu qu'il existe des procédés linguistiques qui vous permettent d'organiser votre discours de façon claire, économique, variée.

Il en est de même lorsque vous donnez des informations sur un lieu (pays, ville, région, etc.) :

— Tu connais l'**Espagne** ?

— Oui, c'est un pays que j'aime beaucoup. J'**y** vais au moins une fois par an. D'ailleurs, j'**en** viens. Je suis rentré samedi.

— Moi, je ne suis jamais allé **là-bas**. Mais j'aimerais bien **y** aller.

— Si tu vas **là-bas**, tu dois absolument passer à **Madrid**. C'est une ville très sympa. C'est pas comme **ici**, les gens sont plus ouverts.

— Tu connais des **endroits** sympas à **Madrid** ?

— Dans le vieux **Madrid**, il y a un **coin** très sympa, le quartier de Malasana.

Dans ce dialogue, plusieurs moyens linguistiques sont utilisés :

■ Des noms de lieu précis : l'Espagne, Madrid

■ Des noms désignant ce lieu : un pays (l'Espagne), une ville (Madrid)

■ Des expressions désignant un lieu non défini : un endroit, un « coin » (familier)

■ *Y* et *en* permettent de ne pas répéter un nom de lieu (c'est l'équivalent de *lui*, *leur* pour les noms de personnes) : j'*y* vais (je vais en Espagne), j'*en* viens (je viens d'Espagne)

■ *Ici* et *là-bas* permettent d'évoquer un lieu sans le citer

*Ici* représente le lieu où l'on est au moment où l'on parle :

Si la conversation a lieu en France, *ici* = en France, si la conversation a lieu en Italie, *ici* = en Italie.

*Là-bas* représente le lieu dont on parle (s'il est différent du lieu où l'on est). Dans notre exemple *là-bas* = en Espagne.

Comment utiliser *y* et *en* :

*Y*

avec un verbe normalement suivi de *à, au, en, dans* + *nom de lieu* ou *chez* + *nom de personne*

> — Tu es passé à la poste ?
> — Non, mais j'**y** vais tout de suite (y = à la poste).

> — Tu connais l'Italie ?
> — J'**y** ai vécu plus de 2 ans (y = en Italie).

> — Je vais dans le sud.
> — Tu **y** vas quand ? (y = dans le sud)

> — N'oublie pas de passer chez Pierre.
> — J'**y** vais tout de suite (y = chez Pierre).

*EN*

avec un verbe normalement suivi de *de* (indiquant l'origine, le point de départ)

> — J'ai envie de faire un petit voyage en Italie.
> — Moi, j'**en** viens (je viens d'Italie).
> — Tu es passé chez Pierre ?
> — J'**en** sors (je sors de chez Pierre).

ATTENTION : Quand vous parlez d'une ville, d'un pays, il est impossible d'utiliser *le, la, les* avec des verbes comme *aimer, adorer, apprécier, détester, ne pas supporter, connaître*, quand vous parlez d'une ville, d'un pays, il est impossible d'utiliser *le, la, les* :

> — Tu aimes l'Espagne ?
> — J'aime beaucoup ce pays.

et non pas :

> — Je l'aime.

Avec ces verbes, 3 solutions :

a) pour une personne : *le, la, les*

> — Qu'est-ce que tu penses de Pierre ?
> — Je **l'**aime beaucoup.

b) pour une chose : *ça*

> — Tu aimes le fromage ?
> — J'adore **ça**.

c) pour un lieu : répétition du nom du lieu ou utilisation d'un mot représentant ce lieu (pays, ville, région)

> — Ça te plaît Miami ?
> — Je déteste **cette ville**.

# 5

# DEMANDER
# UN RENSEIGNEMENT
# UNE INFORMATION

Ce chapitre présente les outils et les différents
moyens de demander un renseignement
(un horaire, un itinéraire...).

# 1 DEMANDER UN RENSEIGNEMENT

## 1 *Comment amorcer une demande de renseignements*

Avec quelqu'un que l'on ne connaît pas :

> Pardon Monsieur...
> S'il vous plaît Madame...
> Excusez-moi Mademoiselle...

Avec un ami, un enfant :

> S'il te plaît...
> Excuse-moi...
> Dis...

## 2 *Comment terminer une demande de renseignements*

Avec quelqu'un que l'on ne connaît pas :

> Je vous remercie...
> Merci beaucoup. Au revoir Monsieur, Madame...

Il existe des petits mots qui permettent d'annoncer à l'interlocuteur que l'on va terminer la conversation :

*Bon...*
*Voilà...*
*Bien... et bien...* (*bien* est souvent prononcé [bin])

> **Bon, et bien** je vous remercie.

Avec quelqu'un à qui vous dites *tu*, un ami, un enfant :

> Je te remercie...
> Merci beaucoup ! Salut !

**3** *Formuler poliment ou gentiment une demande de renseignement en utilisant le conditionnel*

Pardon Monsieur, est-ce que vous **pourriez** me dire où se trouve la poste ?
S'il vous plaît Mademoiselle, je **voudrais** savoir si l'avion de Tokyo est arrivé.
Excusez-moi Mademoiselle, j'**aimerais** faire une réservation...
Tu **pourrais** m'expliquer comment ça marche ?

*Vous pourriez*, *je voudrais*, *j'aimerais* sont des verbes (*pouvoir, vouloir, aimer*) conjugués au conditionnel.

Pour exprimer une demande de renseignements, il n'est pas nécessaire de connaître toutes les formes du conditionnel de tous les verbes. Il est par contre nécessaire de connaître le conditionnel des verbes *vouloir, pouvoir, aimer*, et éventuellement du verbe *avoir*, car ces verbes servent souvent à formuler une demande.

# 2 FORMATION DU CONDITIONNEL

**1.** Les terminaisons

| je | . . . . . . | ais |
|---|---|---|
| tu | . . . . . . | ais |
| il | . . . . . . | ait |
| nous | . . . . . . | ions |
| vous | . . . . . . | iez |
| ils | . . . . . . | aient |

ces terminaisons sont les mêmes que celles de l'imparfait.

**2.** Les formes du verbe (radical)

| je | voudr | ais | | j' | aimer | ais |
|---|---|---|---|---|---|---|
| tu | voudr | ais | | tu | aimer | ais |
| il | voudr | ait | | il | aimer | ait |
| nous | voudr | ions | | nous | aimer | ions |
| vous | voudr | iez | | vous | aimer | iez |
| ils | voudr | aient | | ils | aimer | aient |

Le radical du verbe ne change pas pendant toute la conjugaison.

On peut déduire la forme du conditionnel à partir de l'infinitif, pour la majorité des verbes (verbes en *er* du type *aimer*, verbes en *ir* du type *finir*), mais certains verbes (comme *pouvoir, vouloir*) ont un radical original au conditionnel, radical que l'on ne peut déduire ni de l'infinitif, ni des formes du présent.

Si vous savez former le futur des verbes, vous remarquerez, que le radical utilisé pour le futur est identique à celui du conditionnel : le conditionnel, c'est le radical du futur, plus la terminaison de l'imparfait, et ceci quel que soit le verbe, régulier ou irrégulier.

Il y a toujours un *R*, à la fin du radical, juste avant la terminaison, et ceci pour l'ensemble des verbes français.

En dehors de *ions* et *iez* toutes les autres terminaisons se prononcent de la même façon, malgré leur écriture différente.

Forme du conditionnel du verbe *pouvoir* :

| | | |
|---|---|---|
| je | pourr | ais |
| tu | pourr | ais |
| il | pourr | ait |
| nous | pourr | ions |
| vous | pourr | iez |
| ils | pourr | aient |

du verbe *avoir* :

| | | |
|---|---|---|
| j' | aur | ais |
| tu | aur | ais |
| il | aur | ait |
| nous | aur | ions |
| vous | aur | iez |
| ils | aur | aient |

du verbe *vouloir* :

| | | |
|---|---|---|
| je | voudr | ais |
| tu | voudr | ais |
| il | voudr | ait |
| nous | voudr | ions |
| vous | voudr | iez |
| ils | voudr | aient |

REMARQUE : Il est bien entendu possible, dans un certain nombre de situations de communication, de formuler une demande de renseignements (ou tout autre type de demande) sans employer le conditionnel.

Par exemple, si vous parlez à un ami, si un jeune parle à un autre jeune, dans une situation non hiérarchique, détendue, vous pourrez dire :

S'il te plaît, tu peux me dire où se trouve la poste ?
Est-ce que vous pouvez m'expliquer comment faire pour aller à la gare ?

# 3 FORMULER UNE DEMANDE D'HORAIRE
## (À LA GARE, DANS UN AÉROPORT, DANS LA RUE...)

Il existe deux formulations différentes de l'heure : l'heure officielle et l'heure quotidienne.

Si quelqu'un vous demande l'heure, vous direz :
Il est 8 heures.

Vous pourrez également préciser, si la situation l'exige :
Je pars à 8 heures du matin ou 8 heures du soir

mais à la gare, à la radio, vous entendrez :
Le train part à 8 heures (s'il s'agit du matin) ou
Il est 20 heures (s'il s'agit du soir).

**1.** Dire l'heure

Voici comment dire l'heure de 8 heures à 9 heures du matin :

de façon courante

de façon officielle

| de façon courante | | de façon officielle |
|---|---|---|
| huit heures | 8 h | huit heures |
| huit heures cinq | 8 h 05 mn | huit heures cinq |
| huit heures dix | 8 h 10 mn | huit heures dix |
| huit heures et quart | 8 h 15 mn | huit heures quinze |
| huit heures vingt | 8 h 20 mn | huit heures vingt |
| huit heures vingt-cinq | 8 h 25 mn | huit heures vingt-cinq |
| huit heures et demie | 8 h 30 mn | huit heures trente |
| neuf heures moins vingt-cinq | 8 h 35 mn | huit heures trente-cinq |
| neuf heures moins vingt | 8 h 40 mn | huit heures quarante |
| neuf heures moins le quart | 8 h 45 mn | huit heures quarante-cinq |
| neuf heures moins dix | 8 h 50 mn | huit heures cinquante |
| neuf heures moins cinq | 8 h 55 mn | huit heures cinquante-cinq |
| neuf heures | 9 h | neuf heures |

Pour exprimer une durée de :        On dit :

| | |
|---|---|
| 15 minutes | un quart d'heure |
| 30 minutes | une demi-heure |
| 45 minutes | trois quarts d'heure |
| 1 h 15 minutes | une heure et quart |
| 1 h 30 minutes | une heure et demi |
| 12 h | midi |
| 0 h | minuit |
| 0 h 15 | minuit et quart |
| 12 h 10 | midi dix |

**2.** Demander et donner l'heure

Pour demander l'heure :

> Quelle heure est-il ?
> Il est quelle heure ?
> Vous avez l'heure ?

Pour donner l'heure :

> Il est 10 heures et quart.
> C'est 10 heures et quart (familier).

Pour demander un horaire :

> C'est à quelle heure ?

Pour donner un horaire :

> C'est à 20 h 30.

REMARQUE : En français familier, on utilise souvent *c'est* à la place de *il est* :
C'est quelle heure ?

# 4 S'INFORMER SUR UN ITINÉRAIRE

## 1 *Formuler une demande*

Est-ce que vous pourriez 〔 me dire / m'expliquer / m'indiquer 〕 〔 où se trouve la poste ? / où est la rue Gambetta ? 〕

J'aimerais / Je voudrais 〔 savoir 〕 〔 s'il y a un bureau de poste près d'ici. 〕

## 2 *Pour indiquer un itinéraire à quelqu'un*

**1.** Vous devrez utiliser certains verbes :
> *ALLER*
>> Vous allez tout droit.
>> Vous allez jusqu'à la grande place.
>
> *TOURNER*
>> Vous tournez à gauche.
>> Vous tournez à droite.
>
> *CONTINUER*
>> Vous continuez tout droit.
>> Vous continuez jusqu'à la gare.
>
> *PRENDRE*
>> Vous prenez la première rue à gauche.
>> Vous prenez la deuxième rue à droite.
>
> *TRAVERSER*
>> Vous traversez l'avenue.
>> Vous traversez la place.
>
> *PASSER*
>> Vous passez devant la poste.
>> Vous passez devant une fontaine.
>
> *VOIR*
>> Vous verrez un grand bâtiment.
>> Vous verrez une petite ruelle sur votre gauche.

(le verbe *voir* est souvent utilisé au futur dans ce genre de situation).

**2.** Vous devrez localiser certains lieux

■ Par rapport à votre interlocuteur :
> *Sur votre gauche, sur votre droite*
>> Vous verrez un grand bâtiment **sur votre droite.**

■ Par rapport à d'autres lieux :
> *En face, à côté de, à... mètres de, près de*
>> Vous verrez un escalier, **en face de** vous.
>> C'est **en face du** cinéma.
>> C'est **à côté de** la gare.
>> C'est **à 50 mètres de** la place du Marché.
>> C'est **tout près de** la cathédrale

ATTENTION À : *du, de la, de l', des* (voir chapitre 1)

**3.** Vous devrez donner des indications de distance :
>> C'est tout près d'ici (ici = le lieu où vous êtes).
>> C'est juste à côté (c'est tout près d'ici).
>> C'est assez loin d'ici.
>> Ce n'est pas tout près (c'est loin d'ici).
>> C'est à 2 minutes (c'est tout près).
>> Vous y êtes (c'est ici).

**109**

# 5 DEMANDER DES INFORMATIONS SUR QUELQUE CHOSE

**1.** Comment parler d'une chose dont on ne connaît pas le nom ?

Cette situation n'est pas très fréquente lorsque l'on s'exprime dans sa langue maternelle, par contre lorsque l'on apprend le français, il est très utile de posséder certains moyens linguistiques qui permettent de pallier à une mauvaise connaissance du lexique.

**2.** Par quels mots désigner un objet dont on ignore le nom en français ?

*une chose*
*quelque chose*
*un truc* (familier)
*un machin* (familier)

> Je voudrais une **chose** qui sert à déboucher les lavabos.
> Comment ça s'appelle en français le **truc** qui sert à accrocher les vêtements dans une armoire ? (familier)

REMARQUE : Lorsque vous voulez obtenir quelque chose dont vous ignorez le nom, n'hésitez pas à joindre le geste à la parole, à mimer les gestes que l'on fait lorsque l'on utilise cette chose.

**3.** Quels verbes utiliser ?

*servir à + infinitif*
*utiliser*

> Ça **sert à** changer une roue de voiture.
> Ça se dit comment en français, la chose qu'on **utilise** quand il pleut ?

**4.** Quelles expressions utiliser ?

*pour + infinitif*

> Je voudrais quelque chose **pour nettoyer** les chaussures.

REMARQUE : *truc* et *machin* sont des mots fréquemment utilisés en français familier. Ils permettent de ne pas nommer l'objet dont on parle, dans des situations où il n'y a pas d'ambiguïté possible (objet visible, geste montrant l'objet, objet dont on vient de parler, etc.)

> Donne-moi ce **truc**.
> Qu'est-ce que c'est que ce **machin** ?

# 6 DONNER DES INFORMATIONS CONCERNANT UN OBJET

## 1 *Informations concernant la forme, la surface, le volume de l'objet*

Pour cela vous utiliserez des adjectifs :
*rond, arrondi, ovale, carré, rectangulaire, triangulaire, long, allongé, large, étroit, court, petit, grand, gros, plat, creux, épais, mince, haut, bas.*

REMARQUE : À l'exception de *petit, grand* et *gros*, tous ces adjectifs, lorsqu'ils servent à définir la forme, la surface ou le volume d'un objet, doivent être placés après le nom :

une table **ovale**
une assiette **plate**
une assiette **creuse**
une sauce **épaisse**
un meuble **bas**
un lit **étroit**

mais :

un **grand** lit
une **grosse** armoire
une **petite** assiette

## 2 *Informations concernant la matière dont est fait l'objet*

Pour évoquer la matière dont est fait un objet, vous utiliserez généralement *en + nom de la matière* (sans utiliser d'article) :

un jouet **en** bois
une table **en** verre
une montre **en** or
un mur **en** pierre
une robe **en** coton
un verre **en** plastique
une veste **en** cuir
une porte **en** fer
un sac **en** papier

Il est également possible dans certains cas d'utiliser *de* :

Une robe **de** coton
Un blouson **de** cuir
Un mur **de** pierre

mais cela ne marche pas toujours :

Une montre d'or (impossible)
Un verre de plastique (impossible)

111

Le nom de certains objets est composé avec *de + nom de matière* :

Un cheval **de** bois
Un fil **de** fer
un ver **de** terre

Lorsqu'on désigne une partie d'un objet l'on utilisera *de* :

Un éclat **de** verre
Un morceau **de** bois
Une pépite **d'**or
Un bout **de** papier.

## 3 *Informations concernant l'utilisation de l'objet*

Pour expliquer à quoi sert un objet lorsqu'il a plusieurs utilisations possibles, vous utiliserez *à* :

Un verre **à** vin
Une tasse **à** café
Un plat **à** tarte
Une assiette **à** dessert
Une cuillère **à** soupe
Une pince **à** linge
Un ciseau **à** bois
Une boîte **à** outils
De la pâte **à** modeler
De la poudre **à** récurer

Si l'objet peut contenir quelque chose (exemple : un verre) vous pourrez utiliser *de*, mais attention au changement de signification :

Un verre **à** vin (un verre que l'on utilise pour servir du vin)
Un verre **de** vin (un verre rempli de vin)

Il lui a servi de l'eau dans un verre **à** vin (il a servi de l'eau dans un verre destiné à servir du vin)

Une tasse **à** café (une tasse pour servir le café)
Une tasse **de** café (une tasse remplie de café)

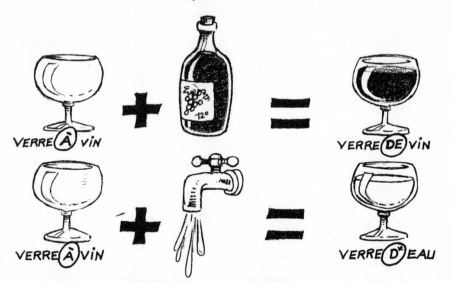

VERRE À VIN + = VERRE DE VIN

VERRE À VIN + = VERRE D'EAU

# EXPRIMER SES GOÛTS ET SES OPINIONS

## SUR QUELQU'UN OU QUELQUE CHOSE

Pour exprimer vos goûts, vos opinions,
vous aurez besoin de différents outils linguistiques :
1. Des verbes ou des expressions qui vous permettent de
dire si vous aimez ou non quelque chose ou quelqu'un.
2. Des expressions pour comparer des choses
ou des personnes.
3. Certains adjectifs.
4. Des constructions pour dire que vous exprimez
une opinion personnelle.
5. Des moyens linguistiques pour nuancer une opinion,
une affirmation.

# 1 DIRE QUE L'ON AIME QUELQUE CHOSE OU QUELQU'UN

## 1 Plus ou moins

On peut classer plusieurs verbes ou expressions verbales selon qu'ils sont plus ou moins positifs :

+++ *raffoler de, être fou de*
++ *adorer*
+ *aimer*
+ *apprécier*
− *ne pas aimer*
−− *ne pas supporter*
−−− *détester*
−−−− *haïr*
−−−− *avoir horreur de*
−−−− *exécrer*

Ces verbes peuvent se construire avec un nom (personne ou chose) ou avec un groupe verbal à l'infinitif (sauf raffoler et exécrer).

REMARQUE : Exécrer est peu utilisé dans la langue courante.

| Nom (chose) | Nom (personne) | Infinitif |
|---|---|---|
| J'**aime** le cinéma. J'**adore** le soleil. | J'**aime** Pierre. J'**adore** mes enfants. | J'**aime** voyager. J'**adore** me lever à midi. |
| Il **est fou de** football. | Elle **est folle** de lui. | Tu **es fou de** sortir par ce froid ! |
| Il **déteste** le fromage. Je **hais** le travail. | Elle **déteste** mon frère. Je **hais** cette fille. | Je **déteste** parler. Je **hais** attendre. |
| Je **ne supporte pas** le froid. | Je **ne supporte pas** ce type. | Je **ne supporte pas** d'être dérangé. |
| J'ai **horreur du** bruit. | J'ai **horreur des** enfants. | J'ai **horreur de** mentir. |

REMARQUE : Ces verbes peuvent également se construire avec *que* + verbe au subjonctif : J'ai horreur **qu'**on me fasse attendre.

## 2 Aimer mieux, préférer

*Aimer mieux, préférer* impliquent toujours une comparaison dans un ensemble de phrases ou dans la situation :

Une personne offre à une autre personne une cigarette brune :
— Non merci, je **préfère** les blondes.

— J'**aime** beaucoup Michel.
— Moi, j'**aime** mieux Alain.

## 3 *Aimer*

Il est possible de renforcer le sens de ce verbe (de façon positive ou négative) à l'aide de mots ou d'expressions comme :

| | | | | | |
|---|---|---|---|---|---|
| *énormément* | + | + | + | + | + |
| *vraiment beaucoup* | + | + | + | + | |
| *beaucoup* | + | + | + | | |
| *vraiment* | + | + | + | | |
| *bien* | + | + | | | |
| *assez* | + | | | | |
| *pas trop* | – | | | | |
| *pas beaucoup* | – | – | | | |
| *pas vraiment* | – | – | | | |
| *pas tellement* | – | – | | | |
| *vraiment pas* | – | – | – | | |
| *absolument pas* | – | – | – | – | |
| *pas du tout* | – | – | – | – | |
| *vraiment pas du tout* | – | – | – | – | – |

J'ai **vraiment beaucoup** aimé ce film.
Je n'aime **pas du tout** ça.
J'aime **énormément** ce livre.

## 4 *Le, la, les / ça / lui / en*

Pierre, je l'aime bien.
Le fromage ? Je n'aime pas **ça**.

Selon que vous exprimez une opinion, un avis par rapport à quelqu'un ou par rapport à quelque chose vous devrez utiliser :

- *Le, la, les* s'il s'agit d'une personne (éventuellement s'il s'agit d'un animal familier)
  — Qu'est-ce que tu penses de Jean-Louis ?
  — Je **le** déteste.

  — Tu l'aimes bien ton petit chat ?
  — Je l'adore.

avec *préférer*, on utilise plus rarement *le, la, les* :
  — Qu'est-ce que tu penses des Dupont ?
  — Je **les** préfère aux Durand. Ils sont plus sympas. (familier)

  — Je n'aime pas René.
  — Moi non plus, mais je **le** préfère encore à son frère.

avec *préférer*, il est impossible de dire :
  — Qu'est-ce que tu penses de René ?
  — Je **le** préfère.

car *préférer* implique obligatoirement une comparaison entre deux choses ou deux personnes. Dans notre exemple, il manque un des deux éléments de la comparaison : une deuxième personne à comparer à René.

- *Ça*, lorsque l'on exprime ses goûts, un jugement par rapport à quelque chose :
    - Tu veux une bière ?
    - Non, merci, je n'aime pas **ça**.

- *De lui* (pour parler d'une personne) ou
*de ça* (ou en) pour parler d'une chose avec certains verbes suivis de *de* :
    - Il te plaît Pierre ?
    - J'ai horreur **de lui**.

    - Un whisky ?
    - Non, j'ai horreur **de ça**.
    - Moi j'**en** raffole.

 # ÉTABLIR UNE COMPARAISON

Pour comparer les choses ou les personnes, il existe des expressions qui expriment soit la supériorité, soit l'infériorité, soit l'égalité.
Les expressions et les constructions utilisées sont différentes selon qu'elles sont utilisées avec un adjectif, un nom, un verbe ou un adverbe.

**1.** Adjectif

*plus...que*
*moins...que*
*aussi...que*

> Il est **plus** intelligent **que** toi.
> Elle est **moins** bête **que** lui.
> Je suis **aussi** fatigué **que** Pierre.

**2.** *Nom*

plus de...que
moins de...que
autant de...que

> Il y a **plus de** monde **qu'**hier.
> Il y a **moins de** touristes **qu'**en juillet.
> Il y a **autant de** problèmes en France **qu'**en Allemagne pour trouver du travail.

**3.** *Verbe*

plus (de...) que...
moins (de...) que...
autant (de...) que...

> Je travaille **plus que** lui.
> Il parle **moins que** toi.
> Il mange **autant que** moi.

REMARQUE : Lorsque la comparaison porte sur une chose on utilisera *plus de... que..., autant de... que, moins de... que...*
Il parle **plus de** langues **que** moi.
Ils ont **autant de** problèmes **que** nous.

116

**4.** *Adverbe*

plus... (que)
moins...(que)
aussi...(que)

Vous ferez **plus** facilement cet exercice avec un dictionnaire.
Il parle **plus** rapidement **que** lui.
Je suis venu **aussi** vite **que** j'ai pu.
Il n'est jamais arrivé **aussi** rapidement.

REMARQUE GÉNÉRALE : Si la chose ou la personne avec laquelle on établit une comparaison est évidente, c'est-à-dire si votre interlocuteur sait déjà de qui ou de quoi l'on parle, la deuxième partie de la comparaison n'est pas obligatoire.

Téléphone, c'est **plus** rapide. (sous-entendu « que d'écrire », par exemple)
Aujourd'hui, il fait **moins** chaud (sous-entendu « qu'hier », par exemple)
Ce mois-ci, il y a **moins de** monde (sous-entendu « que le mois dernier », par exemple).

*BON et BIEN*
Avec ces deux mots, on ne peut pas utiliser *plus... que*. On doit utiliser une forme spéciale : *meilleur* pour *bon* et *mieux* pour *bien* (plus bon que... et plus bien... que sont en effet des constructions incorrectes).

Aujourd'hui le temps est **meilleur**.
Maintenant je comprends **mieux**.

*PIRE*
Ce mot correspond à la signification de *plus mal, plus mauvais* :
Son accent est **pire que** le mien (son accent est plus mauvais que le mien).

Il existe également des expressions qui permettent de montrer qu'une personne ou une chose se distingue de toutes les autres dans la supériorité ou l'infériorité :

*LE PLUS..., LE MOINS* avec un verbe, un adjectif, un adverbe :
C'est lui qui travaille **le plus**.
Pierre, c'est **le plus** intelligent.
C'est lui qui a compris **le plus** vite.

*LE PLUS DE..., LE MOINS DE...* avec un nom :
C'est Marie qui a **le moins** d'argent
C'est toujours lui qui a **le plus** de chance

# 3 DONNER SON OPINION AVEC DES ADJECTIFS

Voir chapitres 2 et 3.

En dehors du choix du vocabulaire, vous disposez d'expressions (*très*, *vraiment*, *pas très*, *pas trop*, *assez*, etc...) qui vous permettront de nuancer le sens des adjectifs que vous utiliserez.

# 4 EXPRIMER UNE OPINION PERSONNELLE

### *1 Certaines expressions permettent de montrer que l'on exprime une opinion personnelle*

Vous pouvez dire :

    Louis est très intelligent.

mais aussi :

    **Je trouve que** Louis est très intelligent.
    **D'après moi,** Louis est très intelligent.
    **À mon avis...** Louis **me paraît** très intelligent.
    **Je crois que** Louis est très intelligent.
    **Je pense qu'**il a raison.
    **Je suis sûr qu'**il a raison.
    **Je suis persuadé qu'**il a raison.

Expressions non verbales utilisables pour dire qu'il s'agit d'une opinion ou d'un point de vue personnel :
*à mon avis*
*d'après moi, lui, Pierre*
*selon moi, lui,*
etc...

Expressions verbales :
*penser que*
*croire que*
*être sûr que*
*être persuadé que*
*trouver que*

REMARQUE : Ces verbes peuvent également être utilisés à la forme négative, mais dans ce cas, il y a une petite difficulté grammaticale : le verbe utilisé derrière *que* devra être au subjonctif (en réalité, dans la langue parlée familière, les Français ont tendance à ne pas appliquer cette règle) :

> Je ne pense pas **qu'il ait** compris.
> Je ne crois pas **qu'il soit** fâché.
> Je ne suis pas sûr **qu'il vienne**.

## 2 *Des moyens pour renforcer l'expression de l'opinion, des goûts*

*MOI, JE*
Le redoublement du pronom *je* (*moi, je*) est un moyen de renforcer l'expression d'une opinion personnelle :

> **Moi, je** suis sûr qu'il est fâché.

*PERSONNELLEMENT*

> **Personnellement**, je pense qu'il n'a rien compris.
> Moi, **personnellement**, je suis sûr qu'il ne viendra pas.

*CE QUI, CE QUE... C'EST*

> **Moi, ce qui** me plaît chez ce garçon, **c'est** sa douceur.
> **Personnellement, ce que** je n'aime pas, **c'est** son attitude agressive.

Ces deux expressions permettent de mettre en valeur, d'insister par rapport, à une opinion ou des goûts exprimés. Elles sont combinables avec *moi je*, *personnellement*.

> *Ce qui* :   Sa douceur me plaît   = **ce qui** me plaît , c'est sa douceur.
> *Ce que* :   J'aime sa douceur     = **ce que** j'aime, c'est sa douceur.

Le choix de *ce qui* ou *ce que* dépend du statut du mot qu'ils remplacent (sujet ou complément).

*CE QUI, CE QUE... C'EST QUE...*
L'expression de l'opinion peut porter sur une chose :

> **Ce que** je déteste, **c'est** le mensonge.

Ou sur une phrase :

> **Ce que** je ne supporte pas, **c'est qu'**on me prenne pour un imbécile !

Dans ce cas, le verbe utilisé avec *c'est que...* devra être au subjonctif (car le verbe *supporter* se construit avec *que + subjonctif*).

## 3 *Verbes qui peuvent se construire avec que + le subjonctif*

*Aimer*

> Je n'aime pas **qu'on me mente**.
> J'aime **qu'on vienne** me voir.

*Ne pas supporter*

> Je ne supporte pas **que vous vous moquiez** de moi.

*Détester*

    Je déteste **qu'on me prenne** pour un imbécile.
    Je ne déteste pas **qu'on me fasse** un petit cadeau.

*Avoir horreur*

    J'ai horreur **qu'on me fasse** attendre.

*Ne pas croire, ne pas penser, ne pas être sûr, ne pas être persuadé que, ne pas trouver que* (uniquement à la forme négative)

    Je ne crois pas **qu'il ait compris**.
    Je ne pense pas **qu'il vienne**.
    Je ne suis pas sûr **que vous m'ayez compris**.
    Je ne suis pas persuadé **que ce soit** une bonne solution.
    Je ne trouve pas **qu'il soit** très en forme.

# 5 NUANCER UNE OPINION DEMANDER UN AVIS

## 1 *Devoir et pouvoir pour nuancer une opinion*

Vous pouvez dire :

    Je pense qu'il viendra.
    Je crois qu'il se fâchera.

Mais si vous voulez nuancer votre opinion vous pourrez utiliser *devoir* ou *pouvoir* au conditionnel, notamment si vous n'êtes pas tout à fait sûr de ce que vous avancez :

    Je pense qu'**il devrait** venir.
    Je crois qu'**il pourrait** se fâcher.

## 2 *Demander un avis*

Selon que vous demandez à quelqu'un d'exprimer son opinion sur quelque chose (qu'est-ce que tu *en* penses) ou sur quelqu'un, (qu'est-ce que tu penses *de lui*) vous devrez utiliser *en* (= de quelque chose) ou *de lui* (quelqu'un).

    On fait une partie d'échecs ?
    Qu'est-ce que tu **en** penses ?    (qu'est-ce que tu penses de ça ?)
    Qu'est-ce que tu penses **de lui** ?   (qu'est-ce que tu penses de Pierre ?)

*En* peut représenter quelque chose que vous avez cité auparavant :

    J'ai envie de faire une partie d'échecs. Qu'est-ce que tu **en** penses ?

*En* peut représenter quelque chose qui est visible, un objet que vous montrez sans le citer par son nom :

    Vous montrez une photo à quelqu'un :
    Qu'est-ce que tu **en** penses ?

Il existe d'autres moyens de demander l'avis de quelqu'un :

    Ça te plaît ?
    Comment tu trouves ça ?
    Qu'est-ce que tu en dis ?

Si vous utilisez *à votre avis, d'après vous, selon vous*, il vous faudra préciser ensuite sur quoi porte votre demande d'opinion :

>**D'après toi,** il faut prendre un parapluie ?
>**À ton avis,** il va pleuvoir ?
>**Selon vous,** est-ce qu'il faut continuer ?

Il en va de même avec les verbes *penser, croire* :

>Est-ce que **vous croyez** qu'il va faire beau ?
>Est-ce que **vous pensez** qu'il faut continuer ?

# 7

# EXPRIMER SON ACCORD OU SON DÉSACCORD

Comment dire qu'on est d'accord
ou pas d'accord avec son interlocuteur ?
Quels sont les outils linguistiques à utiliser ?
Comment argumenter en cas de désaccord ?

# 1 EXPRIMER SON ACCORD OU SON DÉSACCORD

Lorsque vous voulez formuler un simple jugement de type qualitatif (*bien*, *mal*, *beau*, *laid*, *bon*, *mauvais*, etc.) il existe plusieurs solutions pour le faire.

## 1 *En disant le contraire*

**1.** Par le vocabulaire
- — C'est beau.
- — Non, c'est affreux.

- — C'est joli.
- — Je trouve ça plutôt moche (familier).

- — C'est bien.
- — C'est pas terrible (familier).

**2.** Entre plusieurs contraires (*beau*, *magnifique*, *splendide*, *joli* / *laid*, *affreux*, *horrible*, *moche*), il existe des possibilités de nuances :
- — C'est affreux.
- — Oh, c'est pas si mal que ça.

- — C'est horrible.
- — Ça pourrait être pire (familier).

- — C'est tout petit.
- — Il y a quand même 2 000 habitants.

## 2 *En utilisant des arguments*

En général, après ce type de discussion, ou bien un accord se crée :
- — Finalement, tu as raison.
- — En fait, c'est pas si mal que ça.

Ou bien chacun reste sur ses positions. Dans ce cas, une argumentation est nécessaire pour défendre son point de vue.

Prenons un exemple de dialogue, (par rapport à un village : l'un des interlocuteurs voudrait y habiter, l'autre non) :
- — C'est tout petit (argument négatif).
- — Il y a quand même 2 000 habitants (argument positif).
- — Il n'y a pas de cinéma (argument négatif).
- — Oui, mais c'est tranquille (argument positif).
- — C'est à 50 km de la ville (argument négatif).
- — Les gens sont plus gentils qu'en ville (argument positif).

Dans ce dialogue (comme dans beaucoup de situations courantes d'accord/désaccord) le vocabulaire et les outils linguistiques utilisés sont relativement simples.

# 2 ACCORD / DÉSACCORD : POUR ARGUMENTER

## 1 Mais

*Mais* permet de limiter le caractère positif ou négatif de la chose dont on parle :
- — C'est beau.
- — Mais c'est cher.

- — C'est mauvais.
- — Mais c'est bon pour la santé.

## 2 Trop, pas assez

**1.** *Trop, pas assez + adjectif*

C'est **trop** bruyant.
C'est **trop** grand.
Ce n'est **pas assez** confortable.
Ce n'est **pas assez** grand.

*Pas assez* fonctionne avec la négation (ne... pas)

**2.** *Trop, pas assez + nom*

Il y a **trop** de bruit.
Il mange **trop** de chocolat.
Il n'y a **pas assez** de lumière.
Il n'y a **pas assez** de travail.

*Trop* montre que quelque chose dépasse une limite qui rend cette chose inacceptable, *pas assez* montre que quelque chose n'atteint pas une limite qui rendrait cette chose acceptable.

C'est **trop** cher = je ne peux pas l'acheter
Je n'ai **pas assez** d'argent = il me manque de l'argent

### **3** *Même, même pas*

*Même*, lorsqu'il est positif permet d'ajouter à une série d'informations positives une information supplémentaire qui devient un argument de plus.
Par exemple si vous êtes à la recherche d'un appartement :

> C'est grand
> C'est pas cher
> > et il y a **même** une terrasse

Si vous voulez ajouter à une série d'arguments négatifs un argument supplémentaire :

> C'est petit
> C'est cher
> > et il n'y a **même pas** de salle de bains

L'utilisation de *même, même pas* permet d'introduire, dans une série d'arguments, un argument décisif, plus important que les autres.

### **4** *Quand même*

*Quand même* permet de modérer dans un sens positif un ensemble d'informations négatives :

> — Il n'y a même pas de salle de bains.
> — Il y a **quand même** une douche.
>
> — Cette voiture n'est pas très rapide.
> — Elle peut **quand même** rouler à 150 km/heure.

Lorsque l'on utilise *quand même*, l'information positive donnée par *quand même* ne contredit pas l'information précédente, elle la minimise, la modère dans un sens moins négatif.

### **5** *Si*

*Si* peut permettre d'envisager les conséquences d'une décision, d'une situation nouvelle et peut fournir des arguments positifs ou négatifs. Si l'on reprend notre exemple de situation de désaccord, (*aller* ou *ne pas aller habiter à la campagne*), cela peut donner :

> **Si** on s'installe à la campagne, il faudra acheter une voiture (argument négatif)
> **Si** l'on va habiter à la campagne, ça fera du bien aux enfants (argument positif)

# **3** TERMINER SUR UN ACCORD

### **1** *Finalement*

*Finalement* permet de conclure une discussion sur un accord :

> **Finalement**, tu as raison.
> **Finalement**, c'est assez joli.

## 2 *Ce n'est pas si (aussi)... que...*

Cette expression permet de revenir sur une opinion que l'on a formulée par rapport à quelqu'un ou quelque chose.
Si vous avez dit en parlant de quelqu'un :

C'est un imbécile.

et si, à la suite d'une discussion, vous voulez modérer votre jugement, pour arriver à un accord avec votre interlocuteur, vous conclurez.

**Finalement**, il n'est pas si bête.
Il **n'est pas aussi** bête **que** ça (que ça = que je le disais, que je le pensais).

## 3 *Moins... que, aussi... que.*

Ces deux expressions de comparaison permettent également de modérer une affirmation que l'on a faite sur quelque chose ou quelqu'un.

C'est **moins** bruyant **que** je le pensais.
Il est **plus** sympa **que** je le pensais.

On remarquera l'usage de l'imparfait (*pensais, disais, croyais*), chaque fois que l'on fait référence à quelque chose que l'on a dit auparavant.

## 4 *De toute façon*

Cette expression permet de sortir d'une situation de désaccord et de mettre l'accent sur une situation qui rend les arguments échangés plus ou moins inutiles :

**De toute façon**, on n'a pas le choix (ce n'est pas la peine de discuter, on est obligé de faire quelque chose).

Pour sortir d'une discussion, pour savoir ce que l'on va faire (se promener, faire de la bicyclette, du tennis etc...) :

**De toute façon**, il pleut.

(ça ne sert à rien de ne pas être d'accord sur une activité de plein air, il pleut).

**De toute façon**, il est trop tard pour aller au cinéma (il est inutile de se mettre d'accord sur le film que l'on ira voir, il est trop tard).

REMARQUE : Il ne s'agit pas là de la seule signification possible de *de toute façon*.

ème chapitre

# PROPOSER QUELQUE CHOSE À QUELQU'UN

## ACCEPTER / REFUSER

Ce chapitre traite les situations
dans lesquelles vous serez amené à proposer
quelque chose à quelqu'un,
des différentes façons d'accepter ou de refuser,
directement ou indirectement, une proposition.

129

# 1 CONVERSATIONS

Vous allez trouver dans cette partie des déroulements possibles de conversation lorsque quelqu'un vous propose un objet ou vous propose de faire quelque chose.

## 1 *On vous offre quelque chose*

Vous voulez un café ?

Vous acceptez :
> Oui.
> Avec plaisir.
> Volontiers.

Vous refusez d'une manière directe :
> Non.
> Non, merci.
> Sans façon.

Vous refusez en vous justifiant :
> Non, merci, je ne supporte pas le café.
> Non, merci, jamais le soir.
> Non merci, je viens juste d'en prendre un.

Vous refusez provisoirement
> Non, merci pas maintenant.
> Non, pas tout de suite.
> Non, pas pour l'instant.
> Non, tout à l'heure, après le dessert.

## 2 *On vous propose un objet précis (dans une relation marchande)*

Vous prenez cette robe ?

Vous acceptez
Oui,
Oui, je vous dois combien ?

Vous refusez en vous justifiant :
Non, elle ne me va pas.
Non, elle est un peu trop chère.

Vous reportez votre décision à plus tard :
Je vais réfléchir.
Je repasserai plus tard.
Je ne sais pas encore.
J'hésite encore.

## 3 *On vous propose de faire quelque chose :*

Il existe différentes manières de proposer à quelqu'un de faire quelque chose. Vous choisirez en fonction de la personne à qui vous parlez (connue, inconnue) et en fonction de la situation (formelle ou amicale).

Les exemples suivants sont classés dans un ordre qui va du plus familier au plus formel :
Allez, viens, je t'emmène au cinéma.
On va au cinéma ce soir ?
On pourrait aller voir un film.
Si on allait prendre un café ?
Vous voulez venir au théâtre avec moi ?
Nous pourrions aller dîner au restaurant.
Je vous invite à passer une journée à la campagne.
Pourriez-vous passer vers 5 heures ?
Vous serait-il possible de m'accorder cette danse ?

Ça te dirait un petit week-end à la campagne ?

Selon les situations, vous devrez choisir entre divers éléments :
— choix entre *tu* et *vous*
— choix entre *nous* et *on*
— utilisation ou non du conditionnel
— choix du type de question.

Il est également possible d'annoncer à son interlocuteur que ce qu'on va lui dire est une proposition :

> J'ai une proposition à vous faire...
> Voilà ce que je vous propose...
> Je voudrais savoir si vous pourriez, accepteriez, voudriez...

## 4 Comment accepter une proposition ?

De façon neutre
> Oui.
> Oui, c'est possible.
> Bien sûr.
> D'accord.

En manifestant votre contentement
> Volontiers
> Avec joie.
> Avec plaisir.
> Ça me ferait plaisir.
> Chic ! (familier)
> Chouette ! (familier)

En demandant des précisions
> Ce soir ?
> Quand ?
> Tout de suite ?

En portant une appréciation
> Oui, c'est un très bon film.
> Oui, j'ai vraiment besoin d'un café.
> C'est une bonne idée.

En montrant qu'on a la même intention que son interlocuteur
> J'allais te le proposer.
> J'allais te faire la même proposition.
> J'allais te le demander.

## 5 Comment refuser une proposition ?

De façon catégorique
> Non.
> Non, je ne veux pas.
> Non, je n'ai pas envie.
> Ça ne me dit rien (sens particulier du verbe *dire* = je n'ai pas envie, je ne veux pas).

REMARQUE : Il est rare qu'un refus soit catégorique. En général on accompagne ce refus d'une justification (qui n'est pas toujours vraie !)

En donnant une excuse, un prétexte :

> Non, je ne peux pas, j'ai du travail.
> J'aimerais bien, mais je suis pris ce soir.
> Désolé, mais je suis fatigué.
> Impossible, je suis pris ce soir (j'ai quelque chose à faire ce soir).
> Excuse-moi, mais je suis très pressé.

En différant la réponse dans le temps :

> Pas tout de suite.
> Plus tard.
> La semaine prochaine, si tu veux.
> Pour le moment je ne sais pas.
> Peut-être.
> Je vais voir.
> On verra.
> On en reparlera.

# FORMULER UNE PROPOSITION

## 1 *Le présent*

> Vous voulez regarder la télévision ?
> On va au soleil ?
> On va prendre un café ?

## 2 *Le conditionnel*

Pour les formes du conditionnel, voir le chapitre « Conjugaisons » p. 285.

### ■ *POUVOIR*

*on pourrait, nous pourrions + infinitif*

> Nous **pourrions déjeuner** ensemble demain ou après-demain.
> — Qu'est-ce que tu fais ce soir ?
> — Rien, on **pourrait aller** danser.

REMARQUE : Ces propositions peuvent également être formulées au présent :
> On **peut** déjeuner ensemble...
> On **peut** aller danser.

### ■ *AIMER*

133

> Tu n'aimerais pas ?, vous n'aimeriez pas ?

Pour formuler une proposition, *aimer* est souvent utilisé à la forme négative :

> Tu **n'aimerais pas** faire une partie d'échecs ?

mais l'on peut également dire :

> Tu **aimerais** faire une partie d'échecs ?

REMARQUE : Utilisé avec cette signification, le verbe *aimer* ne peut pas être utilisé au présent.

■ *AVOIR ENVIE DE*

Comme *aimer, avoir envie de* est très souvent utilisé à la forme négative :

Avec *de + infinitif :*
> Tu n'aurais pas **envie de faire** une petite promenade en forêt ?

Avec un nom :
> Tu n'aurais pas **envie d'un** bon **café ?**

Avec *avoir envie*, la proposition peut-être formulée au présent :
> **Tu n'as pas envie** de faire un tour à vélo ?

■ *VOULOIR*
> Tu ne **voudrais** pas venir au théâtre avec moi ce soir ?
> Est-ce que vous **voudriez** gagner un peu d'argent ? J'ai un petit travail à vous proposer.

■ *PLAIRE* (ça te plairait, ça vous plairait) *+ de + infinitif*
> Ça te **plairait d'aller** danser ce soir ?
> Est-ce que ça vous **plairait de passer** le week-end dans ma maison de campagne ?

REMARQUE : Ces propositions ne peuvent pas être formulées au présent. Le verbe *plaire* (au conditionnel) peut être utilisé à la forme négative :
> **Ça ne te plairait pas** d'aller voir un bon film ?

Utilisé pour formuler une proposition, *plaire* est toujours utilisé de façon « impersonnelle » (sans *je, tu, nous, vous*)
Vous pouvez également dire :
> **Ça me plairait** de voir un bon film. Qu'est-ce que tu en penses ?

■ *ÇA TE (VOUS) FERAIT PLAISIR*     *ÇA TE (VOUS) DIRAIT*

avec *de + infinitif :*
> Est-ce que **ça te dirait de prendre** quelques jours de vacances ?
> Est-ce que **ça te ferait plaisir d'aller** danser ?

avec un nom :
> Un bon repas, **ça te dirait ?**
> Est-ce que **ça vous ferait plaisir,** un petit cadeau ?

# 3 *Si + imparfait*

Cette construction est spécifique à la formulation d'une proposition :
> **Si** on mangeait ? *(je vous propose de manger)*
> **Si** vous m'expliquiez votre problème ? *(je vous propose de m'expliquer votre problème)*
> **Si** on y allait ? *(je vous propose d'y aller)*

On peut même se faire des propositions à soi-même :
> Bon, **si** je commençais ? *(je me propose de commencer, c'est le moment de commencer, il faut que je commence)*

# 3 EXPRESSIONS FAMILIÈRES POUR PROPOSER

*MANGER*

> On se fait une petite bouffe ? (bouffe = repas)
> Ça vous dirait, un bon petit gueuleton dans un bon restau (gueuleton = repas copieux, restau = restaurant)

*BOIRE*

> Tu viens boire un pot ? (boire un pot, boire un verre = boire quelque chose)
> Il fait chaud, on va se taper un demi ? (se taper un demi = boire une bière)
> On va s'en jeter un ? (s'en jeter un = boire quelque chose)

*ALLER*

> On va faire un tour au café du Commerce ? (faire un tour, faire une virée = aller)

*PARTIR*

> On se tire ?
> On se barre ?
> On se taille ?
> On se casse ?

se tirer, se barrer, se tailler se casser = partir.

*Aller au cinéma*

> Si on allait au cinoche ?
> On va au ciné ?

ciné, cinoche = cinéma

> Si on se payait une toile ? (se faire ou se payer une toile = voir un film : référence à la toile blanche de l'écran).

*Aller dans un bar, un café*
bistrot, troquet

> On s'arrête dans un bistrot ?

*Partir en voiture*

> Si on faisait un petit tour en bagnole (bagnole = voiture).

REMARQUE : L'adjectif « petit » est souvent utilisé comme diminutif « affectif » et perd alors sa signification première (taille, faible importance) :
un « petit gueuleton » est un repas où l'on mange beaucoup et bien.

# 9

# DIRE À QUELQU'UN DE FAIRE QUELQUE CHOSE

Dans ce chapitre, vous découvrirez les différents
moyens linguistiques de dire à quelqu'un de faire
quelque chose :
■ le présent, le futur
■ l'impératif
■ le conditionnel
■ il faut (+ infinitif ou subjonctif)
ainsi que les problèmes d'emploi des pronoms
au présent et à l'impératif.

# 1 GÉNÉRALITÉS

Il y a plusieurs façons de demander à quelqu'un de faire quelque chose, et plusieurs types de demandes.

Il est possible de :

        demander un objet
        demander un renseignement (voir chapitre 5 p. 103)
        demander un service, une aide
        ordonner de faire quelque chose
        proposer de faire quelque chose (voir chapitre 8 p. 129).

Pour cela, vous aurez besoin de certains outils linguistiques
— le conditionnel
— l'impératif
— le présent
— le futur, le futur avec *aller* + infinitif
— le subjonctif (avec certains verbes)
— les pronoms, les doubles pronoms (*me, te, ..., lui, leur,..., le, la, les, etc.*)
— des verbes comme *devoir, pouvoir, vouloir*.

# 2 DIRE DE FAIRE DANS DIFFÉRENTES SITUATIONS

Voilà des exemples qui vont du moins formel (impératif) au plus formel (conditionnel) :

| | | |
|---|---|---|
| impératif | **Mange** ta soupe !<br>(une mère<br>à son enfant) | ordre |
| | **Prête-moi** ton stylo !<br>(un élève à un autre<br>élève) | demande |
| | **Faites** cet exercice !<br>(un professeur à ses<br>élèves) | ordre |
| | **Venez** vite !<br>(situation d'urgence) | urgence |
| | **Prends**-en deux, c'est<br>plus sûr. | conseil |

| présent | Mademoiselle, **vous me tapez** ça tout de suite ! (relations hiérarchiques) | ordre |
| | **Tu me passes** le sel ? (relations familiales, amicales) | demande |
| | **Tu prends** le bus, c'est plus rapide. (amis) | conseil |
| | **Vous venez ?** (amis) | demande |
| | **Vous venez** prendre un café ? (amis) | invitation |

| futur | Mademoiselle, **vous me taperez** ce rapport en 3 exemplaires. (relations hiérarchiques) | ordre |
| | **Tu pourras** terminer ça avant demain ? (relations amicales) | demande |
| | **Tu feras** attention, c'est dangereux. (amical) | conseil |
| | **Vous me donnerez** la robe bleue. (relations marchandes) | demande |

| futur avec aller + infinitif | **Tu vas** te **taire !** | ordre |
| | **Tu vas** te **faire** mal ! | interdiction |
| | **Tu** ne **vas** pas **mettre** cette robe ! | réprobation |

| présent avec vouloir devoir pouvoir | Mademoiselle, **vous pouvez** me taper ce rapport immédiatement. (directeur/secrétaire) | ordre |
| | Jean, **tu veux** me donner le dossier bleu ? (de collègue à collègue) | demande |
| | **Vous devez** me rendre ce travail avant mardi. (professeur/élève) | ordre |

139

| | | |
|---|---|---|
| futur avec pouvoir devoir vouloir | **Vous pourrez** me faire la réparation avant ce soir ? (client/mécanicien) | demande |
| | **Vous devrez** patienter, je suis très occupé. (médecin/client) | obligation |
| | **Vous voudrez** bien me remplir ce questionnaire en double exemplaire. (dans une administration) | demande |

| | | |
|---|---|---|
| conditionnel avec vouloir devoir pouvoir | **Vous pourriez** me dire où est Marie ? (collègue/collègue) | demande polie |
| | **Tu devrais** aller voir un médecin. (ami/ami) | conseil |
| | **Voudriez**-vous me rappeler votre nom ? (directeur/employé) | demande formelle |
| | **Tu pourrais** faire attention ! (ami/ami) | reproche |
| | **On pourrait** aller au cinéma. (mari/femme) | suggestion |

REMARQUE : Les exemples d'interrelations donnés (directeur/employé, mari/femme, etc.) sont purement indicatifs. Dans la réalité, les situations sont plus diverses, plus complexes. Il est tout à fait possible d'avoir une relation amicale, non formelle, familière avec son directeur, comme il est tout à fait possible d'avoir une relation formelle avec des collègues, des amis.

Le conditionnel, l'impératif, le présent, le futur, les verbes *devoir, pouvoir, vouloir,* ne sont pas les seuls éléments qui permettent de formuler, un ordre, une demande, un conseil, etc. :

Venez !

peut être interprété comme un ordre ou comme une invitation, selon l'intonation utilisée.

Venez immédiatement !

par contre sera toujours interprété comme un ordre (à cause d'*immédiatement*).

Il est possible de dire à quelqu'un de faire quelque chose sans utiliser le présent, le conditionnel ou l'impératif :

**Vite** ! Ça va commencer ! (sous-entendu : venez-vite, dépêchez-vous !)
**Silence** ! Je n'entends rien !

Il est également possible de dire à quelqu'un de faire quelque chose en formulant sa demande de façon indirecte :

J'aimerais bien boire un café. (Tu m'invites à boire un café ?)

# 3 DIRE DE FAIRE : DIFFÉRENTES FORMULATIONS

Exemple : un professeur veut dire à ses élèves de se taire :

Taisez-vous !
Silence !
Maintenant on se tait !
Chut...
Vous pouvez faire moins de bruit ?
Un peu de silence, messieurs !
S'il vous plaît, le cours va commencer...
Est-ce que vous pourriez-vous taire ?
Ça suffit !

En dehors de l'impératif, du conditionnel, du présent appliqués aux verbes *se taire*, *faire moins de bruit*, de l'utilisation du verbe *pouvoir* + infinitif, d'interjections (*chut*, *silence*), il est possible d'obtenir le même résultat (le silence) en employant des expressions imagées :

Je veux **entendre voler une mouche** !
Vous vous croyez **sur la place du marché** ?
On se croirait dans un **poulailler**, ici !
On vous **entend à 10 km** !

(Lorsqu'il n'y a pas de bruit, on peut entendre les mouches. La place du marché, un poulailler sont des lieux très bruyants. À une distance de 10 km, on n'entend que des bruits très forts.)

Ces expressions imagées sont fréquentes, dans des situations courantes de communication. Il est impossible d'en dresser la liste exacte, car dans ce domaine l'invention, l'imagination, la création sont de règle.

Si vous voulez dire à quelqu'un d'ouvrir la fenêtre, vous pouvez le dire de façon directe :

Ouvre la fenêtre.
Est-ce que tu pourrais ouvrir la fenêtre ?

ou de façon indirecte :

Quelle chaleur !
J'étouffe.
C'est un vrai sauna, ici.
Tu n'a pas trop chaud ?
On se croirait sous les tropiques.
De l'air !

De façon à ce que votre interlocuteur comprenne et ouvre la fenêtre (le résultat n'est, bien entendu, pas garanti à 100 %).

141

# 4 L'IMPÉRATIF FORMES ET EMPLOIS

## 1 Les formes

L'impératif n'a que trois formes, qui correspondent au *tu*, au *nous* et au *vous* (de politesse ou pluriel) du présent.

■ À l'oral généralement, l'impératif ne se distingue pas du présent, la seule différence est l'absence de pronom personnel :

| Présent | Impératif |
|---|---|
| Tu viens | viens ! |
| Nous venons | venons ! |
| Vous venez | venez ! |

■ À l'écrit, pour les verbes dont l'infinitif est en *er* et pour ceux qui ont une conjugaison similaire, (offrir, tu offres, offre !, ouvrir, tu ouvres, ouvre !, cueillir, tu cueilles, cueille !, etc.), le *s* final du présent disparaît :

| Tu manges | Mange ! |
|---|---|
| Tu parles | Parle ! |

C'est également le cas du verbe *aller* :

| Tu vas | Va ! |
|---|---|

sauf s'il est suivi de *y* : vas-y ou de *en* : va-t'en

Pour tous les autres verbes le *s* final subsiste à l'impératif :

| Tu choisis un chiffre. | Choisis un chiffre ! |
|---|---|
| Tu m'attends ? | Attends-moi ! |
| Tu pars ? | Pars ! |

Le point d'exclamation (!) :
Ce petit signe graphique remplace le point (.) à la fin de chaque phrase qui comporte un verbe à l'impératif :

| Tu parles trop vite. | Parle moins vite ! |
|---|---|

Pour les verbes *être* et *avoir*, c'est la forme du subjonctif qui est utilisée à l'impératif :

| Être | Avoir |
|---|---|
| Sois sage ! | Aie confiance ! |
| Soyons courageux ! | Ayons du courage ? |
| Soyez bref ! | N'ayez pas peur ! |

Pour les verbes *vouloir* et *savoir*, c'est également une forme dérivée du subjonctif qui est utilisée (ces deux verbes sont d'un emploi assez rare à l'impératif) :

| Vouloir | Savoir |
|---|---|
| inusité | Sache que... ! |
| inusité | Sachons comprendre ce problème ! |
| Veuillez entrer | Sachez-le ! |

Subjonctif de *vouloir* :

> que tu veuilles, que nous voulions, que vous vouliez.

Subjonctif de *savoir* :

> que tu saches, que nous sachions, que vous sachiez.

# 2 *Les emplois*

L'impératif est une forme verbale utilisée pour donner des ordres.
Cela signifie que si vous l'utilisez pour dire à quelqu'un de faire quelque chose, votre interlocuteur risque de penser que vous lui parlez de façon autoritaire, que vous n'êtes pas très poli.

C'est pourquoi, dans la plupart des situations de communication courantes, les Français préfèrent utiliser d'autres moyens linguistiques pour demander à quelqu'un de faire quelque chose (le présent, le conditionnel par exemple).

Il existe cependant des situations de communication où vous pourrez utiliser l'impératif sans risquer d'être mal perçu par votre interlocuteur :

**1.** Dans le cadre d'une relation intime, amicale, pour des gestes quotidiens de la vie quotidienne :

> Passe-moi le sel.
> Prête-moi ton journal.

Pour atténuer l'effet de l'impératif vous pouvez toujours ajouter :

> **S'il te plaît**, passe-moi le sel.

Bien entendu vous pouvez aussi dire (même s'il s'agit d'amis, de proches) :

> Tu peux me passer le sel ?
> Tu pourrais me passer le sel ?

**2.** Dans des situations d'urgence :

> Ne touchez pas ça !

(à quelqu'un qui va toucher quelque chose de très chaud par exemple)
Si vous lui dites :

> Vous ne devriez pas toucher ça parce que c'est brûlant.

quand vous aurez terminé votre phrase, il sera trop tard.

> Dépêche-toi, le bus arrive !
> Viens vite !
> Ne bouge pas !

**3.** Dans les relations familiales (notamment parents/enfants) :

> Mange ta soupe !
> Range tes affaires !
> Tais-toi un peu !
> Va te coucher !

**4.** Dans des situations hiérarchiques (mais ce n'est pas obligatoire) :

> Apportez-moi le dossier informatique !
> Téléphonez à l'agence de voyage !

Dans ce genre de situation il est toujours possible de dire :

> S'il vous plaît, mademoiselle Lambert, apportez-moi le dossier informatique.

ou :

> Mademoiselle Lambert, est-ce que vous pourriez m'apporter le dossier informatique ?

Dans le cas d'une énumération de tâches à accomplir, il est courant d'utiliser l'impératif :
> — Excusez-moi Monsieur, mais il n'y a plus de place sur le vol Paris-Genève de 13 heures.
> — Bon alors, téléphonez à Air France, dites-leur de m'inscrire sur une liste d'attente, réservez-moi une place sur le vol suivant et prévenez-moi dès que vous avez une réponse.

**5.** À l'écrit, pour une notice explicative, le mode d'emploi d'un objet, pour une recette de cuisine :
> Faites chauffer un peu de beurre au fond d'une casserole, ajoutez 2 cuillères de farine, remuez doucement...

REMARQUE : L'infinitif est également utilisé dans ce type de texte :
> **Faire** chauffer un peu de beurre, **ajouter** 2 cuillères de farine...

**6.** À l'oral, si vous voulez expliquer une recette de cuisine ou donner des explications sur le fonctionnement d'un objet vous utiliserez le présent :
> Tu fais (ou vous faites) chauffer un peu de beurre, tu ajoutes (ou vous ajoutez)...

# LE PRÉSENT

Pour les formes du présent, voir chapitre Conjugaisons p. 258.

**1.** Emplois dans les phrases non interrogatives :

Le présent est souvent employé pour donner un ordre, une directive. Vous pouvez dire à quelqu'un :
> Tais-toi !

ou bien utiliser le présent :
> Tu te tais !

| | | |
|---|---|---|
| Dépêche-toi ! | ou | Tu te dépêches ! |
| Donne-moi ça ! | ou | Tu me donnes ça ! |
| Ferme la porte ! | ou | Tu fermes la porte ! |
| Ne touche pas ça ! | ou | Tu ne touches pas ça ! |
| Ne mange pas ça ! | ou | Tu ne manges pas ça ! |

Vous pouvez donner plus de force à un ordre (si vous êtes en colère par exemple) en détachant chaque syllabe :
> Tu-te-tais !
> Tu-fer-mes-la-porte !

**2.** Emplois dans des phrases interrogatives :

Les mêmes phrases, si elles sont dites sur un ton interrogatif (intonation montante), ont un sens complètement différent et expriment la surprise ou une demande d'explication :
> Tu ne manges pas ça ! (ordre, interdiction)
> Tu ne manges pas ça ? (étonnement, = pourquoi est-ce que tu ne manges pas ça ?)

Tu ne manges pas ça ? (amènera votre interlocuteur à donner une explication, une justification)
— Tu ne manges pas ça ?
— Non, je n'ai plus faim.

— Tu fermes la porte ?
— Oui, il ne fait pas très chaud.

Avec *pouvoir*, selon l'intonation on peut donner des sens différents à une même phrase :
    a) Tu peux partir ! (autorisation)
    b) Tu peux partir ? demande d'information simple qui amènera comme réponse :
        — Oui, c'est possible.
        ou :
        — Non, ce n'est pas possible.
    c) — Tu peux partir ? (=je te demande de partir).

On pourra dans ce cas ajouter une formule de politesse :
    — S'il te plaît, tu peux partir ?

Réponse possible :
    — D'accord, je pars.

# 6 LE FUTUR

Pour les formes du futur, voir les chapitres : Faire des projets p. 157 et Conjugaisons p. 282.

■ Le futur est fréquemment employé pour <u>donner des consignes</u>, pour dire à quelqu'un ce qu'il doit faire dans un avenir plus ou moins proche :
    Vous prendrez un cachet de... matin et soir (chez le médecin).
    Demain, vous me préparerez le dossier informatique (dans un bureau).
    Vous passerez me voir demain à 18 heures précises.

■ Le futur peut servir à <u>exprimer une mise en garde, un conseil</u> :
    Tu feras attention !
    Vous vous méfierez, le chien est très méchant.

■ Employé à la forme négative, le futur peut servir à <u>donner une consigne</u>, à <u>faire une mise en garde</u>, à <u>exprimer un souhait</u> :
    Tu ne rentreras pas trop tard !
    Tu ne prendras pas froid.
    Tu n'oublieras pas d'acheter du pain.

■ Le futur avec *aller* + *infinitif*

Pour <u>formuler une mise en garde, un conseil</u> :

> Tu vas te couper un doigt (sous-entendu : lâche ce couteau, ces ciseaux).
> Tu vas prendre froid (sous-entendu : mets un vêtement chaud).

■ À la forme négative pour <u>formuler un conseil, une réprobation, un refus</u> :

> Tu ne vas pas sortir en chemise ! (sous-entendu : tu vas prendre froid).
> Tu ne vas pas lui téléphoner à cette heure (sous-entendu : tu vas le réveiller = réprobation)
> Tu ne vas pas me raconter toujours la même histoire ! (sous-entendu : Tu m'ennuies, tais-toi = refus)
> Tu ne vas pas me faire croire ça (sous-entendu : tu es un menteur = incrédulité).

# 7 LE CONDITIONNEL

On le rencontre surtout avec les verbes *pouvoir* et *vouloir*, pour exprimer une demande de façon polie, courtoise.

■ Quand vous utilisez *pouvoir*, vous demandez plutôt à votre interlocuteur s'il a la possibilité de faire quelque chose, quand vous utilisez *vouloir*, vous lui demandez plutôt s'il est d'accord.

> Est-ce que **vous pourriez** m'aider ?
> Est-ce que **tu voudrais** m'expliquer ?

■ Avec *devoir*, vous conseillez à quelqu'un de faire quelque chose, vous exprimez votre opinion sur ce que doit faire votre interlocuteur :

> **Je crois que vous devriez** consulter un médecin.

■ Avec *devoir* vous pouvez souligner qu'il s'agit d'une opinion personnelle en utilisant *à mon avis, je pense que, je crois que* :

> **À mon avis, tu devrais** lui téléphoner

■ Avec *aimer, avoir envie de, plaire, dire*, vous demande l'accord de votre interlocuteur (comme avec *vouloir*) et en plus vous lui demandez son sentiment sur votre demande. Vous utiliserez surtout ces verbes pour formuler une proposition, voir chapitre : Proposer quelque chose à quelqu'un p. 129.

> Est-ce que ça **vous plairait** de passer une soirée ensemble ?
> Est-ce que **vous aimeriez** rencontrer des amis ?

■ Avec *avoir* au conditionnel vous pouvez demander une chose poliment

> Est-ce que **vous auriez** des bananes ?
> Est-ce que **tu aurais** le numéro de téléphone de Jean-Pierre ?

*Avoir + nom + à + infinitif*

> Auriez-vous 5 minutes à m'accorder ?
> Est-ce que tu aurais quelque chose à manger ?

■ *Il faut + nom*

pour demander une chose dont vous avez besoin (quand vous faites des achats, par exemple)

> Il me faudrait 2 kilos de tomates et un litre de lait.
> Il me faudrait votre rapport sur les activités de 1987.

Quelques formules très polies :

> **Auriez-vous l'obligeance** de passer à mon bureau ?
> **Auriez-vous l'amabilité** de m'apporter le courrier ?
> **Je vous serais très reconnaissant** de m'accorder un rendez-vous.

# 8  LE SUBJONCTIF

Pour les formes du subjonctif, voir le chapitre Conjugaison p. 286.

## 1 *Il faut*

Pour dire à quelqu'un de faire quelque chose, vous pouvez utiliser *il faut* au présent (il faut), au futur (il faudra), au conditionnel (il faudrait). Ce verbe est impersonnel, vous ne pouvez pas l'utiliser avec *je, tu, elle, nous, vous, ils, elles.*

Avec *il faut*, vous devrez choisir entre 2 constructions :

      *il faut + infinitif*
      *il faut + subjonctif*

Comment choisir entre l'*infinitif* et le *subjonctif* ?
Si vous dites :

      Il faut partir.

Le problème qui se pose est le suivant : qui doit partir ? Vous ? Votre ou vos interlocuteurs ? Tout le monde (vous y compris) ?

**1.** Quand il n'y a pas d'ambiguïté, vous pouvez utiliser *il faut + infinitif*.

■ **Situation 1**
Vous mangez avec un ami. Vous, vous mangez, mais votre ami ne mange pas. Si vous lui dites :

      Il faut manger.

votre ami sait que c'est à lui que cette phrase s'adresse (en fonction de la situation). Dans ce cas, il faut manger = tu dois manger.

■ **Situation 2**
Vous êtes avec un ami, c'est l'heure du repas. Si vous lui dites :

      Il faut aller manger.

votre ami sait que cette phrase vous concerne tous les deux (vous êtes tous les deux dans la même situation, vous prenez toujours votre repas ensemble). Dans ce cas, il faut aller manger = nous devons aller manger.

■ **Situation 3**
Un professeur entre dans sa classe, les élèves font du bruit. Si le professeur dit :

      Il faut se taire.

les élèves savent que c'est eux qui doivent se taire. Dans ce cas, il faut se taire = vous devez vous taire.

■ **Situation 4**
Vous êtes employé dans un bureau. Quand vous arrivez, vos collègues sont déjà au travail. Si vous dites :

      Bon, il faut se mettre au travail.

vos collègues savent que cette phrase vous concerne. Dans ce cas il faut se mettre au travail = je dois me mettre au travail.

**148**

ATTENTION : Pour chacune de ces 4 situations vous pouvez également utiliser le *subjonctif* et dire :

      Il faut que tu manges.
      Il faut que nous allions manger.
      Il faut que vous vous taisiez.
      Il faut que je me mette au travail.

ou utiliser le verbe *devoir + infinitif* :

      Tu dois manger.
      Nous devons aller manger.
      Vous devez vous taire.
      Je dois me mettre au travail.

**2.** S'il y a un risque d'ambiguïté, le subjonctif avec *il faut* sera obligatoire :

■ Situation 5
Vous êtes en présence de plusieurs personnes. Vous devez sortir. Si vous dites :
> Il faut sortir.

Vos interlocuteurs peuvent comprendre que tout le monde doit sortir. Dans ce cas vous devrez préciser :
> Il faut que je sorte.

Vous pouvez bien entendu dire :
> Je dois sortir.

■ Situation 6
Vous êtes professeur. Tous vos élèves travaillent, sauf Pierre. Si vous dites :
> Il faut travailler.

vos élèves penseront que cette phrase s'adresse à tous. Dans ce cas vous devrez préciser :
> Il faut que Pierre travaille.

Mais vous pouvez aussi dire :
> Pierre, il faut travailler.
> Pierre, il faut que tu travailles.

## 2 *Autres verbes ou expressions pour demander de faire*

*Il est + adjectif + que + subjonctif*
> **Il est indispensable que vous arriviez** à l'heure.
> **Il est souhaitable que vous me consultiez** avant de prendre une décision.
> **Il est exclu que vous preniez** tout seul les décisions.
> **Il est important que vous me préveniez** de tout changement de situation.

Toutes ces expressions expriment des nuances autour de l'idée de « devoir »
> Vous devez arriver à l'heure (c'est indispensable).
> Vous devez me consulter (c'est souhaitable).
> Vous ne devez pas prendre de décision tout seul (c'est exclu).
> Vous devez me prévenir (c'est important).

# 9 AUTRES VERBES AVEC LE SUBJONCTIF

## *Infinitif ou subjonctif ?*

Comme *il faut*, ces verbes peuvent être suivis de l'infinitif ou du subjonctif, mais à la différence de *il faut* ces verbes se conjuguent avec *je, tu, il, nous, vous, ils*, ce qui élimine tout risque d'ambiguïté :

si vous dites :

> Je veux partir (cela signifie que c'est vous qui partez).

si vous dites :

> Je veux que vous partiez (cela signifie que vous demandez à votre interlocuteur de partir).

Chaque fois que l'action ou l'idée exprimée par le deuxième verbe concerne la même personne que le premier verbe, vous devrez obligatoirement utiliser l'infinitif. Une phrase du type « je veux que je parte » est totalement impossible. Par contre si vous dites « il veut qu'il parte », cela signifie que chaque *il* utilisé représente une personne différente.

Si vous dites :

> Pierre veut partir.

les deux verbes (vouloir et partir) concernent la même personne (Pierre).

Vouloir exprime une volonté, une décision, un ordre)
— pour celui qui veut : *vouloir + infinitif* :

> Je veux dormir.
> Il voudrait te parler.

— dirigés vers le ou les interlocuteurs : *vouloir + que + subjonctif*

> Je veux que vous ayez terminé ce travail avant midi.
> Je voudrais que vous m'expliquiez votre point de vue.

L'utilisation du conditionnel (je voudrais) permet de limiter le sens impératif, autoritaire de *vouloir*.

*Souhaiter, désirer* (sens plus modéré que *vouloir*)

> Je souhaite que votre voyage soit agréable.
> Je désirerais que vous me remettiez ce travail dans les plus brefs délais.

*Espérer* qui a un sens proche de *désirer et souhaiter*, ne se construit pas avec le subjonctif, mais généralement avec le futur ou l'infinitif :

> J'espère arriver à temps.
> J'espère que vous aurez terminé avant lundi.
> J'espère qu'il ne lui arrivera rien.

# LES PRONOMS

Les pronoms peuvent changer de place ou quelquefois de forme en fonction des constructions adoptées :
— présent, imparfait, passé composé, conditionnel, futur...
— impératif
— verbe + infinitif

## *1  Verbe + nom (chose ou personne)*

> — Tu as téléphoné à Pierre ?
> — Non, je l'appelle tout de suite (*l'* = Pierre : j'appelle Pierre).

> — C'est à toi ce portefeuille ?
> — Je le cherche depuis une heure ! (*le* = le portefeuille : je cherche mon portefeuille).

Avec ce type de verbes (construction directe, sans préposition), le pronom (*le*, *la*, *l'* ou *les*), normalement placé avant le verbe quand il est conjugué avec un pronom personnel (*je*, *tu*, *il*, etc.) , est placé après le verbe à l'impératif.

| Présent | Impératif |
|---|---|
| Tu **le** prends ! | Prends-**le** ! |
| Tu **la** prends ! | Prends-**la** ! |

■ Si dans la construction *verbe + nom*, le nom est déterminé par *un* ou *une* (ou un chiffre : deux, trois, quatre, etc.), cela donne :

| | |
|---|---|
| Tu **en** prends **un**. | Prends-**en un** ! |
| Tu **en** prends **une**. | Prends-**en une** ! |

> — Vous voulez **un** billet de loterie ?
> — Non.
> — Mais si, prenez-**en un** !
> — D'accord j'**en** prends **un**, et puis non, j'**en** prends **deux**.

■ Si dans la construction *verbe + nom*, le nom est déterminé par *du*, *de la* ou *des*, cela donne :

> Tu **en** prends ?    Prends-**en** !
> — J'ai préparé **du** café. Tu **en** prends ?
> — Non merci.
> — Mais si, prends-**en** !

REMARQUE : Pour les verbes en ER, suivis de en, il faut ajouter un s à l'impératif (singulier).
> Mange !

mais :
> Manges-**en** (prononcer « mange-z-en »)

■ Avec la construction verbe + infinitif, *le, la, l', les*, sont normalement placés entre le verbe et l'infinitif :
> Tu peux **le** prendre ?
> Vous voulez **le** prendre ?
> Vous devez **le** prendre.

sauf s'il s'agit du verbe *laisser + infinitif* ou du verbe *faire + infinitif* :
> Tu **le** laisses manger tranquille !
> Vous **la** faites patienter.

## 2 *Verbe + nom de personne + pronom*

(sans préposition)

| Présent | Impératif |
|---|---|
| Tu **me** regardes. | Regarde-**moi** / regardez-**moi** |
| Il **te** regarde. | |
| Je **le** regarde. | Regarde-**le** / regardons-**le** / regardez-**le** |
| Il **nous** regarde. | Regarde-**nous** / regardez-**nous** |
| Elle **vous** regarde. | |
| Je **les** regarde. | Regardez-**les** / regardons-**les** / regardez-**les** |

Le verbe et le pronom peuvent représenter deux personnes ou la même personne ; dans ce cas, le verbe est utilisé à l'impératif sous sa forme pronominale.

| | |
|---|---|
| **Tu te** regardes. | Regarde-**toi** ! |
| **Nous nous** regardons. | Regardons-**nous** ! |
| **Vous vous** regardez. | Regardez-**vous** ! |

(voir Verbes pronominaux p. 153)

## 3 *Verbe + à + nom (de personne)*

> — Tu as téléphoné à ta mère ?
> — Oui, je **lui** ai téléphoné ce matin (*lui* = à ma mère)

Avec ce type de verbes (construction indirecte, avec la préposition *à + nom de personne*), le pronom, normalement placé avant le verbe quand il est conjugué avec un pronom personnel (*je, tu, il, etc.*), est placé après le verbe à l'impératif. Il y a un changement de forme pour *me*, qui devient *moi* à l'impératif :

| Présent, etc. | Impératif |
|---|---|
| Tu **me** donnes ça ! | Donne-**moi** ça ! |
| Tu **lui** donnes ça ! | Donne-**lui** ça ! |
| Tu **nous** donnes ça ! | Donne-**nous** ça ! |
| Tu **leur** donnes ça ! | Donne-**leur** ça ! |

Avec la construction verbe + infinitif, *me, lui, nous, leur,* sont normalement placés entre le verbe et l'infinitif :
> Tu peux **me** donner ça ?
> Tu peux **lui** donner ça ?
> Tu peux **nous** donner ça !
> Tu peux **leur** donner ça ?

Avec *faire* + *infinitif* + *nom* le pronom qui représente une personne se trouve entre le sujet et les deux verbes :

> Tu fais prendre un bain aux enfants ?
> Allez, les enfants, je **vous** fais prendre un bain.

> Je **lui** fais écouter un bon disque.

## 4 *Verbe* + *à* + *nom (de chose ou de lieu)*

Avec cette construction, le pronom se trouve entre les deux verbes.

> — Je ne veux pas aller à l'école.
> — Tu ne veux pas **y** aller ?
> — Non.
> — Sois sage, vas-**y** !
> — Bon, j'**y** vais.

Cela concerne également des verbes du type *penser* + *à* + *quelque chose* :

> — Tu penses à ton rendez-vous ?
> — Oui, j'**y** pense.

| Présent | Impératif | (verbes en ER) |
|---|---|---|
| J'**y** vais. | Vas-**y** ! | Penses-**y** ! |
| Tu **y** vas. | Allons-**y** ! | |
| | Allez-**y** ! | |

*Verbe* + *infinitif*

> Tu pourrais **y** aller ?
> Tu peux **y** penser.

REMARQUE : Pour les verbes en *ER*, suivis de *y*, il faut ajouter un *s* à l'impératif (singulier) :
> Pense à moi !

mais :
> Penses-**y** ! (prononcer « pense-z-y »)

## 5 *Les verbes pronominaux*

| Présent | Impératif |
|---|---|
| Je me dépêche. | |
| Tu te dépêches ? | Dépêche-toi ! |
| Il se dépêche. | |
| Nous nous dépêchons. | Dépêchons-nous ! |
| Vous vous dépêchez. | Dépêchez-vous ! |
| Ils se dépêchent. | |

À l'impératif, changement de forme pour *te* qui devient *toi*.

ATTENTION : Ne pas confondre verbes pronominaux et verbes non pronominaux :

| Verbes non pronominaux | Verbes pronominaux |
|---|---|
| il **me** dit | je **me** lève |
| je **te** dis | tu **te** lèves |
| il **lui** dit | il **se** lève |
| il **nous** dit | nous **nous** levons |
| nous **vous** disons | vous **vous** levez |
| elle **leur** dit | ils **se** lèvent |

Lorsqu'il s'agit d'un verbe pronominal, les deux pronoms utilisés représentent la même personne.

**Je me** couche (me = je).         1 personne
**Tu te** couches (te = tu).
**Il se** couche (se = il).
**Il se** lave.

Lorsqu'il s'agit d'un verbe non pronominal, les deux pronoms représentent deux personnes différentes :

**Il me** regarde (il ≠ me).
**Vous me** regardez (vous ≠ me).     2 personnes
**Elle le** lave (elle ≠ le).

Certains verbes normalement non pronominaux peuvent être employés à la forme pronominale :

| non pronominal | pronominal |
|---|---|
| Je lui dis | Je me dis |
| Il me dit | Tu te dis |
| Ils vous disent | Il se dit |

Employé à la forme pronominale, le verbe *dire* signifie à peu près *penser*

    — À quoi tu penses ?
    — Je me **dis** qu'il faudrait trouver une solution à ce problème.

## VERBE + INFINITIF

Tu vas te dépêcher !
Nous devons nous lever.
Vous pouvez vous lever.

| Avec laisser | À l'impératif |
|---|---|
| Je vous laisse vous habiller. | Laisse-moi m'habiller ! |
| Tu le laisses s'habiller. | Laisse-le s'amuser ! |
| Tu les laisses se laver. | Laissons-les se lever ! |
| | Laissez-nous nous amuser ! |

# *6* *Les doubles pronoms*

Lorsqu'il y a deux pronoms (en dehors du pronom personnel), le premier correspondant à une personne, le second à une chose ou éventuellement à une autre personne ; leur ordre, leur forme ne sont pas toujours les mêmes.
Tous les verbes ne se construisent pas avec deux pronoms. Ceux qui se construisent avec deux pronoms se présentent généralement de la manière suivante :

> Il me **le** donne.
> Je te **le** donne.
> je **le** lui donne.
> Il nous **le** donne.
> Je vous **le** donne.
> Il **le** leur donne.

*LE, LA, L', LES* peuvent représenter soit quelque chose :

> Si tu veux cette photo, je te **la** donne,

soit une personne :

> Tu ne connais pas Marie ?
> Si tu veux, je te **la** présente.

Avec *me, te, nous, vous,* les pronoms *le, la, l', les* sont placés en deuxième position.

Avec *lui, leur,* c'est l'inverse : *le, la, l', les* sont placés en première position.

REMARQUE : En français familier, vous entendrez peut-être une chose bizarre :
> Il te lui a donné un de ces coups de poing.
cela signifie tout simplement : « il lui a donné un violent coup de poing »
Le *te* supplémentaire s'adresse à l'interlocuteur (pour le prendre à témoin, pour solliciter son attention).

## *EN*

*En* est toujours placé derrière *me, tu, lui, nous, vous, leur* :

| Présent | Impératif |
|---|---|
| Tu m'**en** donnes | donne-m'**en** |
| Il t'**en** donne | |
| Je lui **en** donne | donne-lui **en** |
| Tu nous **en** donnes | donne-nous **en** |
| Il vous **en** donne | |
| Elle leur **en** donne | donne-leur **en** |

## *Y*

Les constructions où l'on rencontre un pronom (*me, te, le, nous, vous, les*) suivis de *y* sont rares.
En théorie, vous pouvez dire :

> — Tu m'emmènes rue Victor-Hugo ?
> — D'accord, je t'y emmène.

En pratique, cela se passe plutôt comme ça :

> — Tu m'emmènes rue Victor-Hugo ?
> — D'accord, je t'emmène.

## À l'impératif

Faites commes les Français, évitez l'usage de deux pronoms :

> — Il ne veut pas me prêter sa bicyclette.
> — Prête-lui ! (prête-lui ta bicyclette !)

REMARQUE : Les usages du double pronom sont très incertains pour les Français, vous entendrez souvent dire « Donne-moi-z-en » au lieu de :
> Donne m'en.
qui est la forme correcte à employer dans ce cas.

# 10<sup>ème chapitre</sup>

ème chapitre

## FAIRE DES PROJETS, DES PRÉVISIONS PARLER DE L'AVENIR

Dans ce chapitre, vous sont présentés les outils linguistiques nécessaires
pour formuler des prévisions, des projets dans l'avenir : présent, futur,
aller + infinitif, indicateurs de temps, etc. ainsi que les critères vous
permettant de choisir entre ces différents outils,
en fonction de ce que voulez exprimer.

157

# 1 PARLER DU FUTUR

## *1 Parler d'une chose sûre, prévisible, calculée*

Pour parler d'une chose sûre, que l'on peut prévoir par des calculs, il faut généralement utiliser le futur :

> En l'an 2000, Mexico **sera** la plus grande ville du monde.
> En l'an 2000, j'**aurai** 53 ans.
> Dans 10 ans, on ne **pourra** plus circuler dans Paris.

Même si une prévision est discutable, si vous êtes convaincu, ou si vous estimez qu'il y a plus ou moins de probabilité que cette prévision se réalise, c'est le futur qui sera utilisé :

> Dans 10 ans, avec la pollution, l'air **sera** irrespirable.
> Dans dix ans il y **aura** deux fois plus de chômage.

Si l'on veut modérer une prévision, dire qu'elle est probable mais pas sûre, on pourra utiliser le conditionnel :

> Dans deux ans, il **pourrait** y avoir 4 millions de chômeurs.
> En l'an 2000, Mexico **devrait** être la plus grande ville du monde.

Si vous utilisez *devoir*, votre prévision a de plus grandes chances d'être vraie que si vous utilisez *pouvoir*.

## *2 Faire une prévision soumise à une condition (si...)*

En utilisant *si*, accompagné du présent, on peut émettre une prévision qui ne se réalisera que si une condition est remplie :

> **Si** la croissance de Mexico **se poursuit** au rythme actuel, Mexico aura 30 millions d'habitants en l'an 2000.
> **Si** la crise économique **continue**, dans 5 ans, il y aura 4 000 000 de chômeurs.

ATTENTION : Il est totalement impossible d'utiliser le futur après *si* dans ce type de phrase. « Si la crise économique continuera » est une construction incorrecte.

## *3 Parler d'une chose que l'on a décidé de faire dans un avenir plus ou moins proche*

**1.** En utilisant présent et futur
Pour ce type d'information, le français oral hésite entre l'usage du futur et celui du présent

ou
> L'année prochaine, je **prendrai** mes vacances en septembre.
> L'année prochaine, je **prends** mes vacances en septembre.

ou
> Je **passerai** le voir demain.
> Je **passe** le voir demain.

Question : Y a-t-il une différence de sens selon que l'on emploie le futur ou le présent ?
Réponse : Pas vraiment, il s'agit plutôt d'une différence de fréquence, le présent est plus
utilisé que le futur, dans les situations quotidiennes de communication.

Dans le cas d'un futur vraiment immédiat, on utilisera surtout le présent :
Qu'est-ce que tu **fais** ce soir ?
Cette semaine, je me **repose**.
Ce week-end, je **vais** chez mes parents.

Par contre, si l'on reporte une activité à plus tard c'est plutôt le futur que l'on utilisera :
Je **terminerai** ça plus tard (je ne termine pas ça aujourd'hui).
On en **reparlera** demain (on ne parle plus de ça aujourd'hui).
On **verra** ça la prochaine fois (on ne voit pas ça aujourd'hui).

Si l'action à venir n'est pas localisée de façon précise dans le temps (absence d'indicateur
de temps, on emploiera plutôt le futur :
Je t'**écrirai**.
Je te **donnerai** de mes nouvelles.
Je **ferai** le nécessaire.

**2.** En utilisant *aller + infinitif*
Cette construction est souvent appelée à tort *futur proche*.

Certains emplois de *aller + infinitif* évoquent effectivement un événement proche dans
le temps :
Il est tard, je **vais** y **aller**.
Qu'est-ce que tu **vas** lui **dire** ?
Soyez patient, il **va arriver**.
Dépêche-toi, le train **va partir** !

Dans ces exemples, si vous utilisez le présent vous évoquez un moment lié immédiate-
ment au moment où vous parlez :
C'est tard, je **pars** (tout de suite)
C'est tard, je **vais partir** (dans très peu de temps, dans quelques minutes)
Qu'est-ce que tu lui **dis** ? (en ce moment, maintenant)
Qu'est-ce que tu **vas** lui **dire** ? (dans quelques instants, tout à l'heure)
Il **arrive** (en ce moment, à l'instant)
Il **va arriver** (dans quelques minutes)
Dépêche-toi ! Le train **part** (il est en train de partir, il commence à rouler)
Le train **va partir** (dans quelques secondes, il est sur le point de partir)

Si vous utilisez un indicateur de temps précis, vous pouvez généralement utiliser indiffé-remment le présent ou le « futur proche » *aller + infinitif* :

L'année prochaine, je **vais chercher** du travail.
L'année prochaine, je **cherche** du travail.
Demain, il **va faire** beau.
Demain, il **fait** beau.

Pour plus d'informations, voir le chapitre « Se situer dans le temps » p. 205.

## 4 *Relations entre deux événements dans le futur*

Pour s'exprimer dans le passé, il existe une forme verbale qui permet de parler d'un événe-ment qui a eu lieu avant un autre événement, le *plus-que-parfait*. Son équivalent existe dans le futur : le *futur antérieur*, construit sur la forme du passé composé (le verbe *être* ou *avoir* est mis au futur).

passé composé de *finir* : j'**ai** fini
futur antérieur de *finir*  : j'**aurai** fini

passé composé de *sortir* : je **suis** sorti
futur antérieur de *sortir*  : je **serai** sorti

| Futur antérieur avec *avoir* | | | Futur antérieur avec *être* | | |
|---|---|---|---|---|---|
| j' | aurai | fini | je | serai | parti |
| tu | auras | fini | tu | seras | parti |
| il | aura | fini | il | sera | parti |
| nous | aurons | fini | nous | serons | partis |
| vous | aurez | fini | vous | serez | partis |
| ils | auront | fini | ils | seront | partis |

On en parlera quand il **sera parti**.

Ordre de déroulement des événements dans le temps :
   1. Il part (futur antérieur).
   2. On en parle (futur).
L'action n° 2 est conditionnée par la réalisation de l'action n° 1.

*Verbe au futur + quand + futur antérieur*
Si l'on veut indiquer une succession rapide, immédiate entre l'action n° 1 et l'action n° 2, l'on utilisera *dès que* de préférence à *quand*.

Je te téléphonerai **dès que** j'aurai fini.
   (Action 2)        (Action 1)

1. Je finis.
2. Je te téléphone **tout de suite, sans attendre**.

L'action n° 1 peut quelquefois être évoquée à l'aide d'un nom :
Je te téléphonerai **dès mon retour**. (je te téléphonerai dès que je serai revenu).
Je te téléphonerai **à mon arrivée**. (je te téléphonerai quand je serai arrivé).

Si le premier événement correspond à une situation plutôt qu'à une action, on utilisera le futur à la place du futur antérieur :
Je te téléphonerai dès qu'il **sera** là.
   action 2        situation 1
Dans ce cas la situation 1 continue à exister au moment où l'action 2 se déroule.

Dans les exemples précédents, il s'agissait d'une succession d'actions. Le fin de l'action n° 1 provoquait le début de l'action n° 2.

Dans notre dernier exemple, l'existence d'une situation 1 provoque le début d'une action n° 2.

Il existe enfin une possibilité d'utilisation autonome du futur antérieur dans une phrase, et ceci chaque fois que l'action n° 2 peut être évoquée à l'aide d'un nom, ou d'une expression non verbale :

J'**aurai fini** avant cinq heures.
**Lundi, je serai parti**.
Demain, j'**aurai pris** une décision.

L'action exprimée à l'aide d'un futur antérieur sera terminée avant le moment indiqué par un indicateur de temps (*cinq heures*, *lundi*, *demain*, etc.)

## 5 *Parler de quelque chose que l'on va faire si un événement a lieu ou si une situation particulière existe*

*Si + présent → présent ou futur*
Pour toutes les phrases construites sur ce modèle, cela signifie que si la situation n° 1 ou l'action n° 1 n'a pas lieu, l'action n° 2 ne se réalisera pas :

Demain, s'il fait beau on va se baigner
Demain, s'il fait beau on ira se baigner
(s'il ne fait pas beau, on ne va pas se baigner).
Si ça continue comme ça, je m'en vais
(si ça ne continue pas, je reste, je ne m'en vais pas).

Si le verbe utilisé derrière *si* est négatif et l'autre verbe positif :

Si je ne trouve pas de solution, j'arrête (si je trouve une solution, je n'arrête pas).

Si le verbe utilisé derrière *si* et l'autre verbe sont négatifs :

S'il ne m'écrit pas, je ne lui parle plus (s'il m'écrit, je continue à lui parler).

PREMIÈRE REMARQUE : Il est possible, par rapport au futur d'utiliser le passé composé :
Dans un an, si je n'ai pas trouvé de travail en France, je pars à l'étranger.
Si je n'ai pas terminé dans une semaine, j'abandonne.
Avec *si*, lorsque vous vous exprimez par rapport à l'avenir, vous ne pouvez pas utiliser le *futur antérieur* (ni le futur), la seule possibilité qu'il vous reste d'exprimer une idée d'antériorité est le *passé composé*.
Par rapport à un moment précis dans le futur (dans un an, dans une semaine), le *passé composé* permet de transmettre une notion d'antériorité.

DEUXIÈME REMARQUE : Le temps est une notion très subjective. Lorsque l'on s'exprime par rapport au passé, il est possible de « projeter » un récit dans le présent, voir le chapitre Raconter quelque chose, le récit, p. 167, à condition, bien entendu que l'on ait bien situé le moment par rapport auquel l'on parle (à l'aide d'indicateurs de temps par exemple).
Dans le futur, les notions de temps sont encore plus subjectives puisque l'on parle de choses qui n'ont pas encore eu lieu et qui peut-être n'auront jamais lieu. Dans le futur, il est possible de considérer un moment « zéro » à partir duquel ce qui se déroulera avant sera considéré comme du passé par rapport à ce moment « zéro ».
En français familier, il n'est pas rare d'entendre :
Demain, j'ai fini.
*Demain* étant considéré comme un « moment-zéro » et *j'ai fini* comme un moment passé par rapport à ce « moment-zéro ».

*TANT QUE*
*Tant que* a un emploi un peu parallèle à *quand* :

Je ne partirai pas **tant qu'**on n'aura pas répondu à ma question.
signifie :
Je partirai **quand** on aura répondu à ma question.
ou :
Si vous répondez à ma question, je partirai.

*Tant que* à la différence de *quand* et *si* met l'accent sur une situation bloquée. Pour débloquer cette situation (dans notre exemple : ne pas partir), il y a une condition : la situation exprimée après *tant que* (dans notre exemple : pas de réponse à une question) doit changer, s'inverser.

*Tant que* ne fonctionne pas seulement avec deux verbes négatifs.

> Je resterai ici **tant que** vous n'aurez pas pris de décision (Je partirai quand vous aurez pris une décision).

> Je resterai en France **tant que** j'aurai de l'argent (Je quitterai la France quand je n'aurai plus d'argent).

REMARQUE : Là encore, deux constructions sont possibles :
*Futur + tant que + futur*
ou
*Futur + tant que + futur antérieur*

## JUSQU'À CE QUE

> Je suivrai des cours **jusqu'à ce que** je parle français (j'arrêterai de suivre des cours quand je parlerai français).
> Je resterai là jusqu'à ce que vous ayez fini. (subjonctif passé)

ce qui signifie :

> Je partirai quand vous aurez fini (futur antérieur)

*Jusqu'à ce que* met l'accent sur un événement qui va provoquer la fin de l'autre événement évoqué :
« parler français » dans le premier exemple provoque un changement de situation (fin du séjour en France).
« finir » dans le deuxième exemple provoque la fin d'une situation (rester).

REMARQUE : Avec *jusqu'à ce que*, il faut utiliser le subjonctif présent (ou éventuellement le subjonctif passé s'il s'agit d'une action antérieure à l'autre action.

## 6 *Exprimer l'intention de faire quelque chose dans l'avenir*

Lorsque l'on parle de quelque chose que l'on va faire dans le futur, plus ce futur est lointain, moins il y a de chance que cela se produise réellement. Si vous dites :

> Dans 3 ans, je visite la Chine.

À moins d'être vraiment obstiné, il y a de fortes chances que ce projet ne se réalise pas.

Le français dispose d'un certain nombre d'outils linguistiques qui permettent de moduler, nuancer vos intentions en ce qui concerne l'avenir.

> L'année prochaine, **je pense** visiter les États-Unis.
> Dans 2 ou 3 ans **j'ai l'intention** de faire le tour du monde.
> **J'espère** faire un grand voyage au cours des années prochaines.

*Penser, espérer + infinitif*
*Avoir l'intention de + infinitif*
Si le projet est plus proche du souhait, du désir que de l'intention réelle, d'autres moyens linguistiques sont à votre disposition :

> **J'aimerais beaucoup** visiter les États-Unis.
> **Ça me plairait** beaucoup de visiter les États-Unis.
> **J'ai envie de** passer quelques temps en Afrique.
> **Je voudrais** déménager.

Si vos intentions, projets, désirs concernent une autre personne que vous-même, vous devrez utiliser le subjonctif avec les verbes ou expressions verbales suivants :
*Conditionnel d'aimer, vouloir + infinitif*
*Conditionnel de plaire, avoir envie + de + infinitif*

> **J'aimerais** qu'il fasse ses études en Angleterre.

Mais si c'est vous-même que ce souhait concerne vous direz :

> **J'aimerais** faire mes études en Angleterre.
>
> **Ça me plairait** qu'il fasse des progrès en français.
> **Ça me plairait** de faire des progrès en français.
>
> **Je voudrais** qu'il visite les États-Unis.
> **Je voudrais** visiter les États-Unis.

# 2 INDICATEURS DE TEMPS POUR PARLER DU FUTUR

## 1 *Point de départ : le moment où l'on parle*

*Dans* + une quantité de temps précise
> — 30 secondes
> — un quart d'heure
> — une heure
> — une semaine
> — un mois
> — 10 ans

Il arrive **dans 5 minutes**.
Je suis en vacances **dans quinze jours**.
Je pars **dans une semaine**.
Je vais terminer **dans un mois**.
On se revoit **dans une semaine**.

*DANS* + une quantité de temps imprécise :
— un instant, quelques instants, un petit instant
— un moment, un petit moment
— quelques jours, semaines, mois, années
— plusieurs jours, semaines, mois, etc.

Il vous reçoit **dans un instant**.
Il sera là **dans un petit moment**.
Je vous en reparlerai **dans quelques jours**.

Avec *dans*, c'est le présent qui est le plus fréquent à l'oral. Vous pouvez également, mais ce n'est pas obligatoire, utiliser *aller + infinitif*, dans chacun des exemples cités ci-dessus. Si vous utilisez le futur, plutôt que le présent ou *aller + infinitif*, vous évoquez un fait qui est le fruit d'une décision ou d'une certitude :

Il **arrivera dans** 5 minutes (c'est sûr, je vous l'assure).
Je vous l'**apporterai dans** un mois (c'est sûr, je vous le promets).

*DEMAIN, APRÈS-DEMAIN* sont l'équivalent dans le futur de *hier* et *avant-hier* dans le passé.

Aujourd'hui, c'est dimanche, je te rappellerai **demain** (demain = lundi).
Nous sommes samedi, je le verrai **après-demain** (après-demain = lundi).

*Lundi prochain, la semaine prochaine, le mois prochain* sont l'équivalent dans le futur de *lundi dernier, la semaine dernière, le mois dernier* dans le passé.

Tu seras là **lundi prochain** ?
A l'**année prochaine** !

*BIENTÔT*

Vous commencez **bientôt** ?
Il vient **bientôt**.
Il aura **bientôt** 20 ans.
À **bientôt** !

*Bientôt* évoque un moment futur relativement proche. Il est possible d'utiliser *bientôt*, avec le futur antérieur avec des verbes comme *finir, terminer*, qui indiquent un changement de situation durable).

J'aurai **bientôt** fini.
Tu auras **bientôt** terminé ?

**164**

*PLUS TARD*

Je ferai ça **plus tard**.
Je te rappellerai **plus tard**.
A **plus tard** !

*Plus tard*, lorsqu'il est utilisé pour différer une action dans le futur, s'utilise avec le *futur* plutôt que le présent ou *aller + infinitif*.

## 2 *Événement « daté »*

Il arrive **le 25 février**.
Il sera là **en juin**.
Il va partir **le 15 mars**.
Les élections auront lieu **en juin 90**.

Les outils linguistiques utilisés sont les mêmes que pour le passé (date, mois, année).

## 3 *Limitation en durée d'un événement futur*

En août, je pars **15 jours** en Corse.
La semaine prochaine, je serai absent **pendant deux jours**.
Il devra rester **une semaine** à l'hôpital.

Les outils linguistiques cités ci-dessus peuvent également être utilisés pour s'exprimer dans le passé :

La semaine dernière, j'ai été absent **pendant deux jours**.

# 11

ème chapitre

# LE RÉCIT

Ce chapitre présente les outils verbaux (présent, passé composé, imparfait) et non verbaux (indicateurs de temps) nécessaires à la formulation d'un récit.
Vous y trouverez également des informations sur les relations temporelles mises en jeu dans un récit (simultanéité, antériorité, situationnelles, événementielles).

167

# 1 GÉNÉRALITÉS

Très souvent, quand on parle à quelqu'un, on est amené à parler d'un fait (ou d'une succession de faits).

La plupart du temps, ces faits sont ponctuels et ne constituent pas un récit :

     — Qu'est-ce que tu as fait ce week-end ?
     — Je suis resté à la maison. J'ai regardé la télévision.

Pour participer à ce type de dialogue, il faut savoir utiliser :

— des formules interrogatives (*qu'est-ce que...*, *quand est-ce que...*), voir chapitre : Poser une question, p. 50.
— des indicateurs de temps (*ce week-end, hier, samedi* etc.)
— Le passé composé.

L'imparfait peut être nécessaire, pour situer le décor, la situation :

     — Qu'est-ce que tu as fait ce week-end ?
     — Ben, **il pleuvait**, alors je suis resté à la maison.

     — Hier, je suis passé chez toi, tu n'**étais** pas là.
     — J'**étais** chez Jean-Louis.

Ces cas d'utilisation de l'imparfait se limitent en général à un petit nombre de verbes (*être, avoir, faire*, sont fréquemment utilisés, mais aussi des verbes correspondant à des activités de la vie quotidienne comme *travailler, dormir, manger*, etc.)

# 2 LE RÉCIT

Lorsque l'on procède à un récit, lorsque l'on raconte une histoire, c'est un petit peu plus compliqué, cela dépend du type d'information que l'on donne, mais aussi de la façon dont on considère ces informations.
Quand vous racontez une histoire vous devez donner des informations sur :
— la situation
— les actions

## 1 *La situation*

Dire où ça se passe (dans quel pays, quelle ville, quel endroit, quelle situation, quel contexte) :

Quand j'**étais** au Mexique, il m'est arrivé une drôle d'histoire...
En 66, je **faisais** mon service militaire, et un jour...
J'**étais** au lycée et j'avais un professeur qui...

Parler du temps qu'il fait :

Ce jour-là il **faisait** une chaleur insupportable...
L'autre jour il **pleuvait** et je n'avais pas de parapluie...

Dire quand :

C'**était** en 72...
C'**était** un jeudi...
C'**était** pendant l'été...

Dire ce que les personnages de votre histoire sont en train de faire :

Quand je suis arrivé, il **dormait**...
J'**étais** très inquiet quand le téléphone a sonné...

Faire une description des personnages, des objets, du décor :

Il **portait** toujours une cravate jaune...
Elle **était** très jolie...
Il y **avait** un grand jardin derrière la maison...

Pour parler de ce type d'informations, c'est **l'imparfait** qui domine.

Utilisé dans un récit, l'imparfait peut aussi permettre d'évoquer des événements qui se produisent de façon régulière, des événements qui se répètent, qui correspondent à une habitude :

Je **passais** le voir une fois par semaine.
Je me **levais** tous les jours à 6 heures.
Il **allait** toujours dans ce bar.

Ce type d'informations (événements répétés, réguliers, fréquents) est formulé avec des verbes très variés, correspondant généralement à des actions.

Si l'on établit une limite à ces actions répétées (indication de début et de fin ou indication d'une durée précise) c'est le passé composé qui sera utilisé :

Je **suis allé** tous les week-end chez mes parents pendant 10 ans.
Je lui **ai téléphoné** plusieurs fois par jour pendant 2 mois.
Du premier au quinze août, je **suis allé** le voir tous les jours.

## 2 Les actions

À l'intérieur des éléments situationnels décrits ci-dessus, vont se dérouler des actions, plus ou moins brèves selon le type d'action évoquée :

> Je dormais quand le téléphone a sonné.
> Je roulais tranquillement. Dans un virage, un gros camion est arrivé complètement à gauche...
> Je regardais la télévision. Il est entré sans faire de bruit.
> Quand je l'ai vu, j'ai fait un bond de 2 mètres...

En ce qui concerne les éléments « situationnels » d'un récit, les outils linguistiques à utiliser sont l'imparfait et les indicateurs de temps (*il y a 6 mois, en 66, hier,* etc.) et de fréquence (*tous les jours, souvent, une fois par semaine,* etc.)

En ce qui concerne les actions évoquées au cours d'un récit, les indications complémentaires de temps sont plus nombreuses :
— chronologie des événements : *d'abord, puis, ensuite, alors, après, enfin, à la fin,* etc.
— indicateurs de simultanéité entre deux événements :

### QUAND

> **Quand** je l'ai vu je lui ai fait signe.
> **Quand** il est arrivé, je lui ai dit...

### AU MOMENT OÙ

> **Au moment** où il a commencé à parler, tout le monde a ri...

### DÈS QUE

Si vous voulez indiquer un degré de simultanéité encore plus grand qu'avec *quand* et *au moment où* vous pourrez utiliser *dès que* :

> Ils se sont mis à rire **dès qu'**il a parlé.
> **Dès qu'**il est arrivé, je lui ai dit...

### EN + participe présent

> **En arrivant**, il m'a dit...
> Je l'ai vu **en partant**.

Lorsque vous utilisez *en + participe présent,* cela équivaut à dire :

> Quand je suis arrivé, il m'a dit...
> Au moment où je suis arrivé, il m'a dit...

ou :

> Quand j'arrivais, il m'a dit...

Mais vous perdez toutes les précisions fournies par l'imparfait, le passé composé ou des expressions du type *au moment où, à l'instant précis où, dès que.*
Vous utiliserez donc plutôt cette possibilité *(en + participe présent)* quand les précisions apportées par les autres constructions (simultanéité, succession d'événements, événement se produisant à l'intérieur d'un autre événement) ne seront pas nécessaires.
Il existe cependant un moyen de préciser une idée de simultanéité avec *en + participe présent* :

> Je l'ai vu **juste** en partant.

c'est-à-dire :

> Je l'ai vu **au moment précis où** je partais.

D'autre part la construction *en + participe présent* n'utilise pas de pronom personnel. Elle peut parfois prêter à confusion :

> **En arrivant**, Pierre m'a dit...

Qui arrive ? Vous ou Pierre ?
Normalement, dans ce type de phrase, votre interlocuteur attribuera à Pierre l'action d'arriver (quand Pierre est arrivé, il m'a dit...).
Si le verbe arriver vous concerne, vous devrez dire, afin d'éviter toute confusion :

> Quand je suis arrivé, Pierre m'a dit...

## 3 *Formation du participe présent*

Pour former le participe présent d'un verbe, il faut procéder de la même façon que pour former l'imparfait : partir du radical utilisé avec *nous* :

> nous *voy-ons* donne l'imparfait je *voy-ais* et le participe présent *voy-ant*.

Seules exceptions :

> être (nous *sommes*, nous *ét-ions*, *ét-ant*)
> avoir (nous *avons*, nous *av-ions*, *ayant*)
> savoir (nous *savons*, nous *sav-ions*, *sachant*)

À l'exception de ces trois verbes, le participe présent de tous les autres verbes peuvent se déduire du présent de ces verbes.
(voir Morphologie des verbes au présent, p. 261).

## 4 *Quelques constructions particulières*

■ Vous devrez quelquefois évoquer au cours d'un récit une action que vous avez voulu faire, mais qui n'a pas eu lieu à cause de quelque chose :

> J'allais partir quand le téléphone a sonné.
> Il était sur le point de terminer quand je lui ai dit...

*Aller* (à l'imparfait) *+ infinitif*
Cette structure est à rapprocher de celle du futur (dit « proche ») : *je vais y aller, je vais sortir* utilisé par rapport au moment présent.
Cette idée de futur « proche », transposée dans le passé est toujours utilisée à l'imparfait.

*Être sur le point de + infinitif* a un emploi et un sens parallèle à *aller + infinitif*.

■ Vous devrez quelquefois transposer dans le passé une idée de « passé récent ».

*Venir de + infinitif*
Lorsque vous vous exprimez par rapport au moment présent, vous pouvez dire pour parler de quelque chose qui a eu lieu il y a très peu de temps :

> Je **viens de rencontrer** Paul.
> Il **vient de sortir** (il y a quelques minutes).

Pour transposer cette idée de « passé récent » dans un récit, vous utiliserez également l'imparfait :

> Je **venais de fermer** la porte quand le téléphone a sonné.
> Je l'ai vu hier. Il **venait de sortir** de l'hôpital.

171

■ *Être en train de + infinitif*

Cette expression, utilisée au présent, indique, qu'au moment où l'on parle on se trouve dans une situation particulière :

>— Qu'est-ce que tu fais en ce moment ?
>— Je suis **en train de préparer** mon examen.

Transposé dans le passé *être en train de* devra être utilisé à l'imparfait (comme *venir de, aller + infinitif, être sur le point de*

>Quand elle est arrivée, j'**étais en train** de dormir.
>Il y a un an aujourd'hui j'**étais en train** de passer mon examen. (situation=préparation de l'examen)

## 5 *Le récit dans une situation de communication familière*

Lorsqu'au cours d'une conversation familière, l'on raconte une histoire, l'on fait un récit, le passé composé est souvent remplacé par le présent, tandis que l'imparfait, chaque fois qu'il doit être utilisé, lui, ne peut pas être remplacé par le présent :

>L'été dernier, j'étais en vacances en Espagne, et dans une rue de Madrid, je rencontre Pierre. On décide de dîner ensemble et l'on va dans un petit restaurant...

REMARQUE : L'imparfait ne peut être remplacé. Une phrase du type :
« L'an dernier, je suis en vacances en Espagne » est totalement impossible.

## 6 *Parler d'une action antérieure à une autre action*

En dehors du passé composé, il existe un autre temps du passé (que les grammaires appellent plus-que-parfait).
Pour former le *plus-que-parfait*, c'est très simple : il suffit de connaître le passé composé d'un verbe (avec *être* ou *avoir*) et d'utiliser le verbe *être* ou *avoir* à l'imparfait au lieu du présent).

>Je **suis** parti (passé composé du verbe *partir*).
>J'**étais** parti (plus-que-parfait du verbe *partir*).
>
>J'**ai** bu (passé composé du verbe *boire*)
>J'**avais** bu (plus-que-parfait du verbe *boire*)

**1.** Plus-que-parfait avec *être*

>J'**étais parti**(e), sorti(e), entré(e) etc.
>Tu **étais parti**(e)
>Il **était parti**, elle était partie
>Nous **étions parti**(e)s
>Vous **étiez parti**(e)s
>Ils **étaient partis**, elles étaient parties

Ces verbes sont conjugués avec le verbe *être*, il est donc nécessaire de réaliser les accords masculin/féminin, singulier/pluriel.

**2.** Plus-que-parfait avec avoir

    J'**avais compris**, vu, rencontré, etc.
    Tu **avais compris**
    Il **avait compris**
    Nous **avions compris**
    Vous **aviez compris**
    Ils **avaient compris**

Le plus-que-parfait permet de parler d'un événement qui a eu lieu avant un autre événement :

    Hier je suis allé voir un film, **je l'avais déjà vu**.

    Chronologie des événements :
    1. J'ai vu un film (il y a un an, un mois...).
    2. Je suis allé voir ce film hier (pour la deuxième fois).

    Quand je suis passé chez lui, **il était déjà parti**.

    Chronologie des événements :
    1. Il est parti (depuis une heure, 5 minutes).
    2. Je suis passé chez lui.

Vous pouvez bien entendu préciser quand chacun des événements a eu lieu :

    Tiens, hier, j'ai rencontré Jean-Pierre, **je ne l'avais pas vu** depuis plus d'un an.

Dans des conversations courantes, il est fréquent que le plus-que-parfait soit utilisé de façon isolée, sans être mis en relation avec un autre événement (formulé avec un verbe au passé composé) :

    Je t'**avais donné** rendez-vous à midi.
    Je n'**avais** pas **compris** ça.

Dans ce cas, le plus-que-parfait fait référence à un moment antérieur au moment où l'on parle.

## **7** *Le passé simple, temps du récit écrit*

Si vous lisez des romans, des récits (presse, magazines), vous rencontrerez un autre temps du passé : le *passé simple*.

    Quand il **arriva** à Paris, **il téléphona** à Paul pour avoir de ses nouvelles...

Mais vous n'aurez jamais à utiliser ce temps dans des situations de communication courantes et orales.

Il arrive cependant que le passé simple soit utilisé oralement, mais cela correspond toujours à un oral littéraire (récits lus ou dits à la radio, à la télévision, face à un public).

## 8 Comment raconter une histoire drôle ?

Un motard de la gendarmerie siffle un automobiliste qui roule à 130 km à l'heure dans la traversée d'un village. Il poursuit la voiture qui finit par s'arrêter sur le bas-côté de la route. Alors le chauffeur passe la tête par la portière et dit :
— Excusez-moi, Monsieur l'agent, mais comme je n'ai plus de freins, je me dépêche de rentrer chez moi avant d'avoir un accident.

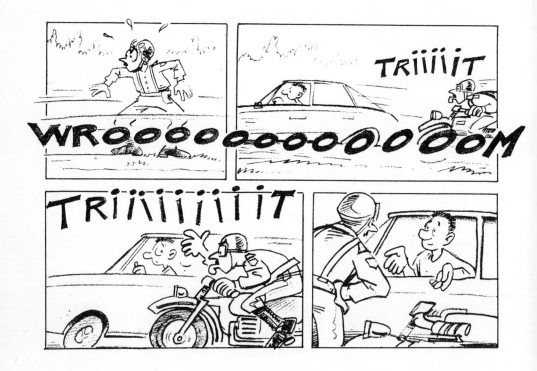

Dans ce type d'histoires, on utilisera le présent, l'histoire est mise « hors du temps » (voir aussi ci-dessus, Le récit dans une situation de communication familière, p. 172).

# 12

# RAPPORTER LES PAROLES DE QUELQU'UN

Comment rapporter, interpréter ce que quelqu'un a dit, la façon dont il l'a dit, la manière dont il a organisé son discours.

## 1 Généralités

Lorsque vous voulez rapporter les paroles de quelqu'un, vous disposez de différents outils, essentiellement de verbes ; le verbe *dire* est le plus fréquemment utilisé. Vous pouvez rapporter les paroles de quelqu'un, vos propres paroles ou celles de votre interlocuteur :

> Il m'a dit que Paul était parti.
> Je lui ai dit qu'il ne comprenait rien.
> Tu as dit à Jacques que tu aimais Julie !

## 2 Les temps

Lorsque vous rapportez les paroles de quelqu'un, vous devez appliquer certaines règles de concordance des temps.

Ainsi si votre verbe (*dire* ou un autre verbe) est au passé composé :

| Ce qui est dit | Sera rapporté |
|---|---|
| au présent : <br> Je **vais** bien. | à l'imparfait : <br> Il m'a dit qu'il **allait** bien. |
| au passé composé : <br> J'**ai téléphoné** à Pierre. | au plus-que-parfait : <br> Il m'a dit qu'il **avait téléphoné** à Pierre. |
| au futur : <br> Je **téléphonerai** à Pierre. | au conditionnel : <br> Il m'a dit qu'il **téléphonerait** à Pierre. |
| au futur antérieur : <br> J'**aurai fini** avant samedi. | au conditionnel passé : <br> Il m'a dit qu'il **aurait fini** avant samedi. |

Mais si ce qui est dit est à l'imparfait, au plus-que-parfait, au conditionnel présent ou passé, vous ne changerez pas le temps du verbe :

> Je n'**ai** pas **pu** venir, j'**avais** du travail.
> — Il m'a dit qu'il n'**avait** pas **pu** venir parce qu'il **avait** du travail.
> J'**aimerais** voir Pierre.
> — Il m'a dit qu'il **aimerait** te voir.

REMARQUE : Dans la langue familière, on n'applique pas toujours ces règles.
> J'arriverai par le train de 11 heures.
> — Il m'a dit qu'il **arrivera** par le train de 11 heures. (au lieu de « Il m'a dit qu'il **arriverait**...)

## 3 Les différentes constructions

Il existe d'autres verbes que le verbe *dire* pour rapporter les paroles de quelqu'un. Ces verbes se construisent de différentes façons :

*Verbe + que + phrase* (présent)
*dire, penser, estimer, exiger* par exemple,
> Il pense que c'est inutile.

*Verbe + que + phrase* (subjonctif)
*regretter*
> Il a regretté que vous n'ayez pas plus travaillé.

*Verbe + nom*
*approuver quelque chose* ou *quelqu'un, contredire quelqu'un, préciser quelque chose,*
>        Il a approuvé ta décision.

REMARQUE : Certaines constructions sont un peu plus complexes :
*féliciter quelqu'un pour quelque chose,*
>        Il a félicité Julie pour son courage.

*Verbe + infinitif*
*oser, daigner,*
>        Il a daigné me parler.

*Verbe + de + infinitif*
*refuser, accepter, interdire,*
>        Il lui a interdit de sortir.

*Verbe + de + nom*
*se défier de quelqu'un, s'effrayer de quelque chose, menacer quelqu'un de chose,*
>        Il les a menacés de sanctions.

Verbe seul
*se fâcher, se justifier, s'énerver,*
>        Il ne m'a pas écouté, il s'est fâché.

Vous devrez vérifier la construction des verbes que vous utilisez, pour certains plusieurs constructions sont possibles.
Par exemple *estimer* :
>        Il **s'est estimé** satisfait du résultat.
>        Il **s'est estimé** heureux d'avoir trouvé du travail.
>        Il **a estimé** ma proposition intéressante.
>        Il **a estimé** qu'il était trop tôt pour conclure ce marché.
>        Il **a estimé** avoir fait du bon travail.

Certains verbes sont utilisés dans plusieurs expressions pour rapporter les paroles de quelqu'un comme *prendre* :
>        *prendre la parole*
>        *prendre la défense de quelqu'un*
>        *prendre le contrepied*
>        *prendre en considération*

## 4 *À quoi ça sert ?*

Lorsque vous rapportez les paroles de quelqu'un, vous allez choisir de reprendre certains éléments.

Vous pouvez rapporter :
une phrase,
>        Il m'a dit qu'il aimait Julie.

le déroulement d'une conversation,
>        Elle m'a dit que Jacques était bête, elle a ajouté qu'il n'aurait jamais ce travail.

le résultat d'une conversation,
>        Il a accepté toutes nos propositions.

la conversation dans sa globalité,
>        Il a examiné nos propositions une par une.
l'attitude de l'interlocuteur,
>        Elle l'a exaspéré.
>        Il s'est fâché.

l'intention de l'interlocuteur,
>> Il a essayé de nous convaincre par la douceur.

le jugement que vous portez sur votre interlocuteur,
>> Il a parlé pour ne rien dire pendant deux heures.
>> Il a prétendu qu'il connaissait bien Anne.

# 5 *Comment ça marche ?*

Vous allez trouver dans cette partie différents verbes qui vous permettront de rapporter les paroles de quelqu'un ; les listes de verbes ne sont pas exhaustives, mais vous disposerez d'outils. En effet, lorsqu'on rapporte les paroles de quelqu'un, on choisit toujours d'éclairer un aspect de la conversation ou l'élément qui semble le plus important (le résultat de la conversation, la manière dont elle s'est passée, l'attitude de l'interlocuteur, sa façon de parler...).
(Les verbes avec une * peuvent se construire avec un nom :
>> Il a confirmé son attachement au parti d'extrême droite.)

**Un des interlocuteurs a dit quelque chose... :**

* *dire que*
* *affirmer que*
* *confirmer que* (c'est sûr)
*assurer que*      (c'est sûr)
*certifier que*      (c'est certain)
* *déclarer que* (c'est officiel)
*constater que*      (c'est comme ça)

**Un des interlocuteurs a dit quelque chose plusieurs fois... :**

* *répéter que*
* *rappeler que*
*renouveler quelque chose*    (ses promesses par exemple)

**Un des interlocuteurs a donné une information
pour que l'autre l'apprenne rapidement :**

*avertir* { *que* / *quelqu'un de quelque chose*
>> Il nous a averti de son départ.

*prévenir* { *que* / *de quelque chose*
>> Il nous a prévenu qu'il partait.

*aviser de quelque chose*
*alerter*
>> La situation est grave, il nous a alertés.

**Un des interlocuteurs a donné une information :**

*renseigner*
>> Il m'a renseigné, je ne savais pas où aller.

* *indiquer que*
*informer que*

## Un des interlocuteurs a utilisé son autorité... :

*commander de* }
*ordonner de* } (c'est un ordre)
*prescrire quelque chose*
*exiger que* (c'est une exigence)
*convoquer quelqu'un* (dire à quelqu'un de venir)
*congédier quelqu'un* (dire à quelqu'un de partir)
*autoriser* { *quelque chose*
{ *quelqu'un à faire quelque chose*
*permettre à quelqu'un de faire quelque chose*

## Un des interlocuteurs a exprimé une intention :

*s'attacher à*
*s'efforcer de*
*chercher à*
*essayer de*     +*verbe à*     Il tente de faire des efforts
*tenter de*     *l'infinitif*     pour arriver à faire quelque chose.
*entreprendre de*
*s'ingénier à*
*tâcher de*

*invoquer quelque chose* }
*prétexter quelque chose* } (donner un faux argument)
*feindre de + verbe à l'infinitif* (faire semblant de)
*prétendre que* (dire quelque chose de faux)

## Un des interlocuteurs a rapporté un avis :

*estimer que*
*penser que*
*croire que*
*considérer que*
      Il pense que la situation est désespérée.
*caractériser* }
*qualifier* } *quelque chose de + adjectif*
      Il qualifie la situation de désespérée.
*juger quelque chose + adjectif*
      Il juge la situation désespérée.
*préconiser*
*conseiller*
*recommander* { *quelque chose* (donner un conseil)
{ *quelqu'un*
      Il recommande la prudence.
      Il conseille la prudence (il me conseille d'être prudent).
*prôner quelque chose*

> Un des interlocuteurs a pris position par rapport à quelqu'un
> ou par rapport à ce qu'il a dit :

• De façon très favorable

bien accueillir
applaudir
apprécier
approuver
complimenter } quelqu'un ou quelque chose
féliciter
glorifier
louer
saluer
féliciter

REMARQUE : Autre construction possible : verbe + quelqu'un pour quelque chose.

• Pour quelqu'un dans une situation difficile

défendre quelqu'un ou quelque chose
témoigner pour
plaider pour } quelqu'un ou quelque chose
intervenir en faveur de

• En montrant une préférence

préférer
privilégier } quelqu'un ou quelque chose
pencher pour

• De façon très négative

désapprouver
critiquer
contester } quelqu'un ou quelque chose
démolir

condamner
blâmer quelqu'un ou quelque chose
accuser quelqu'un de quelque chose

désavouer quelqu'un ou quelque chose
discréditer quelqu'un

reprocher à quelqu'un { quelque chose
de + infinitif

> Un des interlocuteurs n'a rien dit :

s'abstenir de + verbe à l'infinitif
censurer quelqu'un, se censurer
ignorer quelqu'un ou quelque chose

## Un des interlocuteurs a parlé sans résultat :

bavarder  
papoter    } (très long sans résultat ou inutile)  
palabrer  

divaguer  
radoter    (à la limite de la folie)  
rabâcher  

monologuer    (parler tout seul)

## Un des interlocuteurs a limité le sujet :

délimiter

se limiter à  
se cantonner à  } quelque chose ou verbe à l'infinitif

contourner  
détourner  
éviter    } quelque chose  
déplacer  

éviter de + verbe à l'infinitif  
se démarquer de quelqu'un ou quelque chose

## Un interlocuteur a procédé de façon rationnelle :

analyser  
examiner  
expliquer  
argumenter  
formuler  

démontrer  
prouver    } (c'est obligatoirement vrai)

noter  
remarquer    } (souligner un élément)

citer  
commenter  
mentionner    } (parler de quelqu'un ou d'un texte  
illustrer       pour appuyer une démonstration)  
se référer à  

résumer

récapituler  
recenser    } (synthèse)  
synthétiser  

181

## Un des interlocuteurs a précisé ou nuancé une opinion :

assouplir
adoucir
atténuer        } (rendre ses paroles plus douces)
affiner

préciser
détailler                                            } (détail)
apporter des précisions, des détails

mettre l'accent sur
souligner               } (insistance)
insister sur

## Un des interlocuteurs a traité un problème :

• de façon claire
clarifier
simplifier   } (rendre clair, simple un problème)
éclairer
éclaircir

• de façon complexe
compliquer      (rendre plus complexe)

masquer
cacher
obscurcir   } (cacher)
occulter

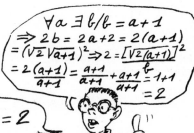
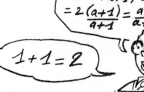

## Un des interlocuteurs est intervenu de différentes manières :

prendre la parole
garder la parole
écourter l'échange
commencer par
conclure par
clore l'échange
interrompre l'autre

## La façon de parler de l'un des interlocuteurs :

crier
clamer
vociférer   } (très fort)
hurler

bafouiller
bredouiller
bégayer      } (de façon peu compréhensible)
hésiter

murmurer
confier    } (pour dire un secret)
confesser

avouer
hausser le ton      (se mettre en colère)

## Le résultat de l'échange est un accord :

*se mettre d'accord*
*parvenir à un accord*
*aboutir à un accord*
*accepter*
*accorder*
*admettre*
*adopter*

## L'échange a été difficile : l'un des interlocuteurs a gagné ou perdu :

*triompher*      (gagner)

*céder*
*capituler*  } (perdre)
*renoncer à*

## L'échange a été comme une bataille :

• pour un des interlocuteurs
*attaquer*
*agresser*  } *quelqu'un*
*harceler*

• pour les deux interlocuteurs
*confronter quelque chose*

*débattre*  } (l'échange n'est pas très violent)
*discuter*

*s'affronter*
*lutter*
*rediscuter*
*se chamailler*

*se réconcilier*      (faire la paix)

## L'effet produit sur l'autre interlocuteur :

Il est possible de rapporter les paroles de quelqu'un en insistant uniquement sur l'effet produit sur l'autre :

M. Dupont était en forme. Il a fait rire son auditoire. Il a beaucoup amusé le public.

effet plutôt positif
*amadouer* (essayer de convaincre)
*apaiser*
*calmer*
*rassurer*
*réconforter*
*amuser*
*distraire*
*enthousiasmer*
*emballer*

effet plutôt négatif
*exciter*
*agacer*
*énerver*
*exaspérer*
*hérisser*
*inquiéter*
*ennuyer*
*endormir*
*affoler*
*alarmer*
*épouvanter*

## Les attitudes (ou intentions) de l'un des interlocuteurs :

*s'intéresser à*
*se préoccuper de* } (marquer son intérêt)

*exulter*
*jubiler*
*pavoiser*
*s'enflammer* } (marquer sa joie, son triomphe)
*s'enthousiasmer pour*
*se réjouir de*

*regretter*
*déplorer* } *quelqu'un ou quelque chose*

*se lamenter*
*se plaindre*
*s'indigner* } (marquer un mécontentement)
*râler*

*se rassurer*
*s'apaiser*

*s'exciter*
*s'affoler*
*s'énerver* } (marquer son excitation)
*s'impatienter*

*s'offenser*
*se vexer* } (marquer la désapprobation)

*protester*
*se révolter* } (ne pas être d'accord)

*oser*
*daigner*

*implorer*
*supplier*

*injurier*
*insulter* } (être très violent)

*flatter*

*se moquer de*
*ironiser*
*persifler* } (utiliser l'humour ou la moquerie)
*plaisanter*

*s'enfermer*
*menacer*
*fulminer*
*exploser*
*se défier*
*se méfier*
*crâner*
*mentir*

# 13

## RELATIONS CAUSE / CONSÉQUENCE, HYPOTHÈSE

Ce chapitre présente les nombreux moyens
d'exprimer une relation de cause / conséquence
en français et passe en revue les différents outils
linguistiques que vous devrez utiliser pour
établir une relation logique entre des faits réels
ou hypothétiques.

# 1 RELATIONS CAUSE / CONSÉQUENCE DANS LE PASSÉ

## 1 *Relations entre un événement et une situation*

Lorsque l'on parle d'un événement, d'une situation qui ont eu lieu dans le passé, ou qui ont lieu, qui existent dans le présent, qui auront lieu dans le futur, cet événement ou cette situation peuvent être à l'origine d'autres événements ou de situations nouvelles.

Lorsque l'on évoque deux événements qui ont un lien entre eux (le premier événement provoquant le second), ces événements sont liés par des relations de cause/conséquence :
> Je suis sorti **parce que** je ne supporte pas la fumée.

« Je suis sorti » (conséquence) s'explique par « je ne supporte pas la fumée » (cause).

Si nous reprenons l'exemple cité ci-dessus (je suis sorti parce que je ne supporte pas la fumée), cette phrase met en relation :

1. Un événement, un fait ponctuel (je suis sorti). Le verbe est au passé composé : c'est le temps du passé qui permet de parler d'un événement ponctuel, d'une action qui a eu lieu.

2. Une situation, un état (je ne supporte pas la fumée). Le verbe est au présent, car il évoque quelque chose qui existe depuis longtemps et qui existe toujours au moment où l'on parle.
> Je suis sorti **parce que** je ne supportais pas la fumée.

Formulé avec l'imparfait, la cause évoquée (je ne supportais pas la fumée) évoque également une situation, un état, mais plus limité dans le temps : je ne supportais pas la fumée (ce jour-là, à ce moment-là).

Selon que l'on relie dans des relations de cause/conséquence des événements et des situations, plusieurs combinaisons sont possibles :

## 2 *Passé composé - Imparfait*

| Conséquence<br>Un événement passé | | Cause<br>Une situation passée |
|---|---|---|
| Il **est mort** | parce qu' | il **buvait** trop. |
| Je **suis rentré** | parce qu' | il **faisait** froid. |
| Je lui **ai téléphoné** | parce que | j'**étais** inquiet. |

Dans ces trois exemples, la cause (une situation durable, répétée) s'exprime à l'imparfait, et la conséquence (un événement ponctuel, bref, non répété) s'exprime au passé composé.

## 3 *Passé composé - Présent*

|  | Conséquence<br>Un événement passé |  | Cause<br>Une situation actuelle |
|---|---|---|---|

| Mon frère m'**a écrit** | parce qu' | il **cherche** du travail. |
| Je **suis parti** | parce que | je n'**aime** pas les disputes. |
| J'ai **pardonné** à Jean | parce que | c'**est** mon ami. |

Dans ces trois exemples, la cause qui a provoqué un événement continue à exister au moment où l'on parle :
« mon frère » continue à chercher du travail, « je » continue à ne pas aimer les disputes. « Jean » est toujours mon ami.

## 4 *Passé composé - Passé composé*

|  | Conséquence<br>Un événement passé |  | Cause<br>Un événement passé |
|---|---|---|---|

| Je **suis allé** le voir | parce qu' | il me l'**a demandé**. |
| Je **suis rentré** à pied | parce que | tu ne m'**as** pas **attendu**. |
| Je n'ai pas **pu** venir | parce que | j'**ai eu** un accident. |

Dans ces trois exemples, cause et conséquence sont exprimées au passé composé car deux événements ponctuels sont mis en relation.

Cependant, dans ce type de phrases, construites avec *parce que*, il est très fréquent que l'un des deux verbes soit à la forme négative :
> Tu **ne** m'as **pas** attendu.
> Je n'ai **pas** pu venir.

Lorsque l'on utilise un verbe au passé composé négatif, on évoque un « non-événement », c'est-à-dire une période de temps, une situation sans événement. Dans ce cas, l'événement évoqué correspond la plupart du temps à une situation.

## 5 *Imparfait - Imparfait*

|  | Conséquence<br>Une situation |  | Cause<br>Une situation |
|---|---|---|---|

| Je n'**étais** pas là | parce que | je **travaillais**. |
| Je **lisais** beaucoup | parce que | j'**étais** en vacances. |
| Il me **téléphonait** souvent | parce que | j'**étais** malade. |

**187**

Cette combinaison entre deux verbes à l'imparfait est plus rare. En général, l'un des deux verbes exprime une répétition (je lisais beaucoup, il me téléphonait souvent).

Il est quelquefois possible d'utiliser le plus-que-parfait pour évoquer un événement anté-rieur à une situation ou à un autre événement. On utilisera plutôt ce type de combinaison (imparfait ou passé composé/plus-que-parfait) dans le cadre d'un récit (oral ou écrit) :

> En juin j'**étais** à l'hôpital parce que j'**avais eu** un accident deux mois plus tôt. Un jour, Pierre **est venu** me voir parce qu'il **avait su** ce qui m'était arrivé,...

> Hier, vers midi, j'**étais** encore couché, parce que la veille, je m'**étais couché** très tard quand le téléphone **a sonné**...

# EXPRIMER UNE RELATION DE CAUSE / CONSÉQUENCE

## *1 Expressions : mais - alors - puisque - comme*

Dans tous les exemples cités ci-dessus, nous avons utilisé *parce que* pour indiquer qu'il y avait une relation cause/conséquence.

Dans la réalité, *parce que* a un usage moins fréquent. Lorsqu'on l'utilise, c'est en général pour fournir une explication (en réponse à une question formulée avec *pourquoi*)

> — **Pourquoi** est-ce que tu n'es pas venu hier ?
> — **Parce que** j'étais malade.

ou pour insister sur l'explication que l'on donne :

> — Elle te téléphone tous les jours. Elle est amoureuse de toi ?
> — Elle me téléphone **parce qu'**elle travaille avec moi.

(sous-entendu : c'est la seule explication à ses coups de téléphone)

La plupart du temps, il suffit de mettre en relation deux événements pour établir, sans mot spécial une relation cause/conséquence :

> — Hier, je ne suis pas venu, j'étais malade.
> — Pourquoi est-ce que tu ne m'as pas téléphoné ?
> — J'ai oublié.

*MAIS* (pour formuler une excuse, une explication)

> Tu m'excuses, je suis en retard, **mais** j'ai reçu un coup de téléphone juste au moment de partir.
> Je ne t'ai pas attendu, **mais** j'étais vraiment pressé.

*ALORS*

> Il n'y avait personne, **alors** je suis rentré.
> Je n'avais pas de nouvelles, **alors** j'ai téléphoné.
> Je ne me sentais pas très bien, **alors** je suis resté au lit.

REMARQUE : Avec *alors*, la cause précède la conséquence, avec *parce que*, c'est le contraire :
*Cause + alors + conséquence*
> Il n'y avait personne (cause), **alors** je suis rentré (conséquence).
*Conséquence + parce que + cause*
> Je suis rentré (conséquence) **parce qu'**il n'y avait personne (cause).

*COMME*

> **Comme** il n'y avait personne, je suis reparti.
> **Comme** personne ne m'a fait de proposition, j'ai pris moi-même la décision.
> **Comme** il n'a pas plu, nous avons pu manger dehors.

*Comme* est plus fréquent à l'écrit qu'à l'oral. Avec *comme*, c'est la cause qui précède la conséquence :

*Comme + cause + conséquence*

Les phrases construites avec *comme* ont à peu près le même sens que les phrases construites avec *alors* :

> **Comme** il pleuvait, on est rentré plus tôt que prévu.
> Il pleuvait, **alors** on est rentré plus tôt que prévu.

## **2** *Comment choisir entre parce que, et comme ?*

■ *PARCE QUE* sert à répondre à une demande d'explication de votre interlocuteur :
soit parce que votre interlocuteur a formulé une demande d'explication avec pourquoi :

> — Pourquoi est-ce que tu ne m'as pas téléphoné ?
> — **Parce que** je n'ai pas eu le temps !

soit parce que vous pensez que votre interlocuteur attend une explication (même s'il ne vous pose pas de question directe) :

> Je ne suis pas venu **parce que** j'avais un travail urgent à terminer.

■ *ALORS, COMME* servent à exposer les raisons, les circonstances, les conditions dans lesquels un événement a pu avoir lieu. Il s'agit plutôt d'un complément d'information donné à votre interlocuteur que d'une réponse à une demande d'explication.

> **Comme** il était occupé, je n'ai pas osé le déranger.

*Comme* sert à exprimer une cause (comme il était occupé)

> Il était occupé, **alors** je n'ai pas osé le déranger.

*Alors* sert à exprimer une conséquence (alors, je n'ai pas osé le déranger)

Il est impossible de répondre à une demande d'explication en utilisant *comme* ou *alors* :

> — Pourquoi est-ce que tu ne m'as pas téléphoné ?
> — Comme je n'avais pas le temps (**impossible**).

*Comme* et *alors*, lorsqu'ils expriment une relation de cause/conséquence, sont toujours utilisés en association avec un second verbe. Ils servent à fournir une relation *cause/conséquence* complète (cause + conséquence).

■ *PUISQUE* sert à expliquer les causes d'un événement, à condition que ces causes soient connues, évidentes pour votre interlocuteur :

> — Pierre s'est marié.
> — Ce n'est pas possible !
> — **Puisque** tu ne me crois pas, demande à Pierre.

> — Je vais chez Pierre.
> — **Puisque** tu vas chez Pierre, demande-lui ce qu'il fait ce week-end.

> — Ce matin, Pierre n'était pas là.
> — Il va bien ?
> — Je ne peux pas savoir, **puisque** je te dis que je ne l'ai pas vu !

Dans tous ces exemples, les informations exprimées derrière *puisque* sont évidentes, connues, en relation directe avec le moment où l'on parle.

*Puisque* est souvent utilisé avec le présent, dans une situation de communication en face à face, car l'information donnée avec *puisque* est la plupart du temps lié au contexte immédiat, partagée par votre interlocuteur, vérifiable, visible.

Vous direz à quelqu'un :

> **Puisqu'**il fait beau, on mange sur la terrasse.

car votre ou vos interlocuteurs peuvent vérifier que ce que vous dites (il fait beau) est vrai.

Mais vous écrirez à quelqu'un :

> Hier, **comme** il faisait beau, nous avons mangé sur la terrasse.

car votre interlocuteur ne peut pas vérifier ce que vous dites.

Mais vous pouvez écrire :

> **Puisque** tu n'as pas répondu à ma proposition, j'en conclus que tu n'es pas d'accord.

car votre interlocuteur sait qu'il ne vous a pas répondu.

Avec *comme*, vous donnez une information non connue de votre interlocuteur, avec *puisque*, vous utilisez une information connue de votre interlocuteur dans une relation de *cause/conséquence*.

# 3 AUTRES EXPRESSIONS CAUSE / CONSÉQUENCE :

## 1 *Sens voisins de parce que, comme, alors*

■ *ÉTANT DONNÉ* = sens voisin de comme :

> **Étant donné** qu'il y avait la grève des trains, je n'ai pas pu me rendre à Paris (comme il y avait la grève des trains, je n'ai pas pu me rendre à Paris).

*Étant donné + cause + conséquence*

■ *SI BIEN QUE, DE (TELLE) SORTE QUE* permettent de mettre l'accent sur la conséquence :

> Il y avait la grève des trains, **si bien que** je n'ai pas pu me rendre à Paris.
> Je suis arrivé en retard, **de telle sorte** que je n'ai pas pu prendre le train de 8 heures.

*Cause + si bien que + conséquence*
*Cause + de sorte que + conséquence*

■ *CAR* sert à exprimer le même type de relation cause/conséquence que *parce que*, mais à la différence de parce que, vous ne pouvez pas utiliser *car* pour répondre à une demande d'explication (formulée avec *pourquoi*).

*Car* est plutôt utilisé à l'écrit et permet de relier deux faits dans une relation *cause/conséquence* :

> Je n'ai pas pu vous rencontrer à la date prévue, **car** j'ai été gravement malade.

*Conséquence + car + cause*

■ *DONC* permet de relier deux faits dans une relation logique :

> Je ne serai pas là demain, **donc** on se verra plus tard.

*Cause + donc + conséquence*

## 2 *Évoquer la finalité d'une action :*

■ *POUR*, indique une finalité :

> Je suis sorti **pour** ne pas le déranger. (je ne voulais pas le déranger : conséquence : je suis sorti).

*Pour + infinitif* (positif ou négatif) :

> Je suis allé à Paris **pour** le voir.
> Je n'ai pas fait de bruit **pour ne pas le réveiller.**

*Pour + nom* :

> Je suis allé à Paris **pour** mon travail.

*Pour que + subjonctif* :

> Je vous ai convoqué **pour que** vous me fassiez le bilan de la situation.

Vous utiliserez *pour que* et le *subjonctif*, chaque fois que le premier verbe et le verbe utilisé avec *pour* concernent des personnes différentes :

convoquer : **je** (**je** vous ai convoqué)
faire : **vous** (pour que **vous** fassiez)

■ *DE FAÇON À* indique également une finalité

> J'ai décroché le téléphone **de façon à** ne pas être dérangé. Je ne voulais pas être dérangé. Conséquence : j'ai décroché le téléphone).

*De façon à + infinitif* :

> Je me suis dépêché **de façon à pouvoir** partir le plus rapidement possible.

*De façon à ce que + subjonctif* :

> Je leur ai envoyé une convocation **de façon à ce qu'ils soient tous là.**

Vous utiliserez le subjonctif chaque fois que les deux verbes utilisés concernent des personnes différentes.

■ *FAIRE, AGIR EN SORTE QUE + SUBJONCTIF*
Sens voisin de *de façon à*.

> J'ai fait **en sorte qu'**ils soient tous là.

## 3 *Événements soumis à condition (qui se réalisent si un autre événement se réalise)*

■ *QUAND + FUTUR ANTÉRIEUR* :
Utilisé avec le futur antérieur, *quand* permet d'évoquer un événement dont la réalisation permet à un autre événement d'exister :

> Je lui parlerai **quand** il m'aura fait ses excuses (s'il ne me fait pas ses excuses, je ne lui parle pas).

■ *DÈS QUE* = sens voisin de *quand* :

Je le recevrai **dès qu**'il m'aura fait parvenir son rapport (je ne le reçois pas s'il ne me fait pas parvenir son rapport).

■ *TANT QUE...*

Dans une relation cause/conséquence, *tant que*... permet d'évoquer une situation qui rend impossible l'existence d'un autre événement :

Je ne lui prêterai pas un centime **tant qu**'il ne m'aura pas rendu ce qu'il me doit.
          (2)                                                    (1)

Cette phrase signifie :

Je lui prêterai de l'argent quand il m'aura rendu ce qu'il me doit.
          (2)                                    (1)

ou :

S'il me rend ce qu'il me doit, je lui prête à nouveau de l'argent.

Si la situation actuelle (il ne me rend pas ce qu'il me doit) persiste, l'action (je lui prête de l'argent) ne peut pas exister.

Je ne partirai pas (2) d'ici **tant que** vous ne m'aurez pas donné ce renseignement (1).

Pour que la situation 2 existe (je pars) il faut que la condition 1 soit réalisée (vous me donnez ce renseignement)

Je ne ferai pas de déclaration (2) **tant que** je ne connaîtrai pas tous les détails de cette histoire (1).

Vous ne sortirez pas d'ici (2) **tant que** vous ne m'aurez pas dit qui a fait ça (1).

1) *Futur (forme négative) + tant que + futur antérieur (forme négative)*

C'est la construction la plus fréquente. Les deux verbes évoquent deux événements dont l'un (verbe au futur antérieur) est antérieur à l'autre (verbe au futur)

Je ne partirai pas **tant que** vous ne m'aurez pas rendu mon argent.

2) *Futur (forme négative) + tant que + futur (forme négative)*

Cette construction est plus rare et n'est possible que si le deuxième verbe (après *tant que*) évoque une situation et non un événement :

Vous ne sortirez pas de l'hôpital **tant que** vous ne serez pas guéri.

Il est possible également d'utiliser des verbes à la forme positive.

Je resterai ici **tant que** je vivrai.

Je resterai en Espagne **tant que** j'aurai de l'argent.

Après *tant que*, il n'est pas possible d'utiliser un verbe à la forme affirmative si ce verbe est au futur antérieur.

■ *JUSQU'À CE QUE + SUBJONCTIF*

*Jusqu'à ce que* permet d'évoquer un événement qui permettra la réalisation d'un autre événement.

Je resterai **jusqu'à ce que** vous ayez terminé.

À la différence de *tant que*, *jusqu'à ce que* doit se construire avec le subjonctif (passé ou présent)

L'équivalent de l'exemple cité ci-dessus avec *tant que* est :

Je resterai ici **tant que** vous n'aurez pas terminé.

# 4 Pour indiquer une alternative, pour émettre des réserves

■ *À MOINS QUE + NE + SUBJONCTIF* permet (comme *ou, ou bien*) d'évoquer une alternative :

> On se retrouve à la gare, **à moins que tu ne préfères** que je passe te prendre (on se retrouve à la gare, ou bien, si tu préfères, je passe te prendre).

L'alternative exprimée derrière *à moins que* est prioritaire sur l'autre alternative.
Si votre interlocuteur choisit la seconde solution, la première solution est annulée.

> Demain, on va se baigner, **à moins qu'il ne pleuve**.

Même chose, si la deuxième alternative se réalise, la première est annulée :

> S'il pleut, on ne vas pas se baigner.

REMARQUE : Dans le langage familier, le *ne* a tendance à disparaître. *À moins que* peut être utilisé de façon isolée :
> — On va se baigner demain ?
> — Oui, **à moins qu'**il pleuve...

■ *SAUF + SI + VERBE AU PRÉSENT*

*Sauf* permet d'évoquer une éventualité (généralement peu probable) qui, si elle se réalise, annule un autre événement (sens voisin de *à moins que*) :

> Demain je serai là à 8 heures précises, **sauf** bien entendu **si** ma voiture tombe en panne. (si ma voiture ne tombe pas en panne, ce qui est peu probable, je serai là à 8 heures).

*Sauf* peut se construire avec des noms qui évoquent des cas d'annulation des événements ou des situations citées :

> **Sauf** erreur de ma part, cela fait 1 214 francs.
> Je serai là vers midi, **sauf** contretemps.

■ *MÊME SI* sert à affirmer qu'un événement aura lieu en écartant une éventualité qui pourrait en empêcher la réalisation (contrairement à *sauf*, *à moins que* qui servent précisément à évoquer de telles éventualités) :

> Demain je vais me baigner, **même s'**il pleut (s'il ne pleut pas, je vais me baigner, s'il pleut je vais me baigner).

■ *MALGRÉ, BIEN QUE* servent à indiquer qu'un événement, une situation n'empêche pas la réalisation d'un autre événement :

> Je lui ai téléphoné **malgré** l'heure tardive (l'heure tardive ne m'a pas empêché de lui téléphoner).

Si l'événement n'a pas lieu, on se retrouve dans une relation cause/conséquence classique, que vous pouvez exprimer avec *comme, parce que, si bien que*, etc.

> Comme il était tard, je ne lui ai pas téléphoné

*Malgré que* + *subjonctif* est peu utilisé dans le langage oral. Vous le rencontrerez surtout à l'écrit.

*Bien que* + *subjonctif*

> Il était au courant, **bien que je ne lui en aie pas parlé**. Je ne lui en ai pas parlé, mais cela ne l'a pas empêché d'être au courant).

*Quoique* + *subjonctif* a un sens voisin de *bien que* :

> Il était là **quoique personne ne l'ait prévenu**.

■ *QUAND MÊME* indique qu'un obstacle a été surmonté et que cet obstacle n'a pas empêché la réalisation d'un événement :

> Il est malade, mais il est venu **quand même** (sa maladie ne l'a pas empêché de venir).

*Quand même* est utilisé chaque fois qu'une conséquence normale d'un fait (quand on est malade, on reste au lit) n'est pas respectée :

> Il pleuvait mais je me suis baigné **quand même** (normalement, quand il pleut on ne se baigne pas).
>
> J'avais beaucoup de travail, mais je suis venu **quand même**.

■ *QUE + SUBJONCTIF + OU + QUE + SUBJONCTIF*

Même sens que *même si*, mais à la différence que cette construction permet d'évoquer une double éventualité :

> Je vais me baigner, **qu'il fasse beau** ou **qu'il pleuve**.
>
> **Que tu sois d'accord** ou **que tu ne sois pas d'accord**, c'est pareil, tu vas te coucher !

■ *QUOI QUE + SUBJONCTIF*

Cette construction permet d'écarter toutes les éventualités qui pourraient annuler un événement, une situation :

> Je ne changerai pas d'avis, **quoi qu'il dise**, **quoi qu'il fasse** (il peut dire n'importe quoi, faire n'importe quoi, je ne changerai pas d'avis, il ne pourra pas me faire changer d'avis).

■ *QUEL QUE SOIT, QUELLE QUE SOIT + NOM*

Mêmes fonctions que *même si, quoi que*. Cette construction sert à écarter (dans le domaine précis évoqué par le nom qui suit *quel que soit*) toute éventualité qui pourrait annuler un événement ou une situation :

> Tu peux me téléphoner **quelle que que soit** l'heure.

« Quelle que soit l'heure » évoque un domaine précis pour lequel il n'y a pas de réserve, pas de condition pouvant empêcher l'événement évoqué : « téléphoner ».

S'il y avait une réserve, il faudrait utiliser *sauf* :

>Tu peux me téléphoner à n'importe quelle heure, **sauf** entre midi et 14 heures.
>Je peux t'aider, **quel que soit** ton problème.
>Je ne céderai pas, **quels que soient** leurs arguments.

REMARQUE : *Quel que soit* s'accorde avec le nom qui suit (masculin, féminin, singulier, pluriel) :
>**Quel que soit** ton problème (masculin singulier).
>**Quels que soient** tes problèmes (masculin pluriel).
>**Quelle que soit** l'heure (féminin singulier).
>**Quelles que soient** ses remarques (féminin pluriel).

■ *À N'IMPORTE QUEL*
sens voisin de *quel que soit* :

>Tu peux me téléphoner **à n'importe quelle** heure (tu peux me téléphoner quelle que soit l'heure, l'heure n'a pas d'importance).
>Je te l'achète **à n'importe quel** prix.
>Il peut arriver **à n'importe quel** moment.

# 4 PARLER D'ÉVÉNEMENTS QUI N'ONT PAS EU LIEU

## 1 *Faire des hypothèses sur un événement passé*

Lorsque l'on évoque des événements, des situations situés dans le passé, il y a deux possibilités :

**1.** Parler, d'événements, de situations qui ont vraiment eu lieu :
>Hier, j'ai vu Pierre.

**2.** Parler d'événements de situations qui n'ont pas eu lieu :
>Hier, je n'ai pas vu Pierre.

Dans le premier cas, c'est très simple, vous devez situer ces événements en donnant des indications qui permettent de les situer dans le temps (moment, durée, chronologie, etc.). Dans le deuxième cas, c'est un peu plus complexe, car vous parlez de choses qui n'ont pas eu lieu.

En général, lorsque l'on parle d'un événement qui n'a pas eu lieu, c'est que cette information a de l'importance :

**1.** Soit parce qu'elle est anormale, dans ce cas on est souvent amené à en rechercher les causes :
>Hier je n'ai pas vu Pierre, il doit être malade.

**2.** Soit parce qu'elle a des conséquences :
>Hier je n'ai pas vu Pierre, je n'ai donc pas pu l'inviter.

Lorsque l'on évoque un événement, une situation qui n'a pas eu lieu, il est également possible d'imaginer ce qui se serait passé si cet événement avait eu lieu (c'est-à-dire de faire des suppositions, des hypothèses sur cet événement et ses conséquences) :
>Si j'avais vu Pierre hier, je l'aurais invité (je n'ai pas vu Pierre, donc je n'ai pas pu l'inviter).

195

## 2 *Que signifient ces hypothèses*

En général, on ne fait pas ce type de supposition, d'hypothèse sans raison : ces constructions, *si + imparfait ou plus-que-parfait + conditionnel présent ou passé* servent à formuler :

Une justification :
> Tu n'es pas gentil, tu n'as pas invité Pierre.
> **Si** je l'avais vu, je l'aurais invité. (ce n'est pas parce que je ne suis pas gentil que je ne l'ai pas invité, c'est parce que je ne l'ai pas vu).

Un regret :
> J'ai joué le 5, le 7 et le 15. **Si** j'avais joué le 5, le 7 et le 16, j'aurais gagné 5 000 francs.

Un reproche :
> — Pourquoi est-ce que tu n'as pas dansé avec moi hier soir ? (reproche).
> — **Si** tu m'avais invité, j'aurais dansé avec toi (reproche et justification).
> **Si** tu ne m'avais pas dérangé sans arrêt, j'aurais déjà terminé (je n'ai pas terminé à cause de toi).

Une excuse :
> **Si** j'avais su que tu dormais, je ne t'aurais pas téléphoné (excuse-moi de t'avoir réveillé, mais je ne savais pas que tu dormais).

Un raisonnement, une déduction :
> **S**'il était rentré, il y aurait de la lumière chez lui (il n'est pas rentré car il n'y a pas de lumière chez lui).

Un remerciement :
> **Si** tu ne m'avais pas aidé, je n'aurais jamais fini ce travail (j'ai terminé ce travail grâce à toi).

Une hypothèse :
> **S**'il était resté chez lui ce jour-là, il n'aurait pas eu cet accident.

# 5 LES CONSTRUCTIONS AVEC LE CONDITIONNEL

Immédiatement derrière *si*, vous ne pouvez utiliser ni le conditionnel, ni le futur (« si je serai », « si je serais » sont des constructions incorrectes).
*Si* ne peut être suivi que d'un verbe au présent, au passé composé, à l'imparfait, au plus-que-parfait.

> ATTENTION : Il ne faut pas confondre le *si* dont nous parlons dans ce chapitre et le *si* utilisé avec des verbes comme *demander*, ou *savoir* (à la forme négative) qui peuvent se construire avec le futur ou le conditionnel) :
> Je ne sais pas **si** je viendrai (futur).
> Il m'a demandé **si** je viendrais (conditionnel).

Avec si, il existe 4 possibilités de combinaison imparfait, plus-que-parfait/conditionnel présent, conditionnel passé :

| SI | | |
|---|---|---|
| **+** | **+ IMPARFAIT** | **+ CONDITIONNNEL PRÉSENT** |
| | **+ PLUS-QUE-PARFAIT** | **+ CONDITIONNEL PRÉSENT** |
| | **+ PLUS-QUE-PARFAIT** | **+ CONDITIONNEL PASSÉ** |
| | **+ IMPARFAIT** | **+ CONDITIONNEL PASSÉ** |

## 1 *Si + imparfait + conditionnel présent*

Si je pouvais, je prendrais quelques jours de vacances.
« si je pouvais », « je prendrais » se réfèrent au moment où l'on parle. Cet exemple exprime un regret, un désir et signifie :

Je ne prends pas de vacances **maintenant**, parce qu'**actuellement** je ne peux pas, ce n'est pas possible.

REMARQUE : *si + imparfait* évoque une situation qui rendrait possible (si elle existait), l'événement ou la situation formulée au conditionnel :
S'il **faisait** moins froid, on **pourrait** sortir.
**Si** j'**avais** de l'argent, je t'en **prêterais** volontiers.
**Si** j'**avais** moins de travail, je **lirais** plus.

## 2 *Si + plus-que-parfait + conditionnel présent*

S'il m'**avait écouté**, il ne **serait** pas à l'hôpital.
« s'il m'avait écouté » se réfère au passé, « il ne serait pas à l'hôpital » se réfère au présent. Cet exemple exprime un reproche, un regret, une critique et signifie :

Il ne m'a pas écouté (hier, la semaine passée), c'est pourquoi il se retrouve à l'hôpital (maintenant, en ce moment).

REMARQUE : *Si + plus-que-parfait* évoque un événement qui n'a pas eu lieu dans le passé (il ne m'a pas écouté), *si + imparfait* évoque la conséquence (il est à l'hôpital).
Si l'on change la place de la négation, on change le sens de la phrase :
S'il **ne** m'avait **pas** écouté, il serait à l'hôpital.
Il m'a écouté ——————— il **n'**est **pas** à l'hôpital
conséquence
ou :
Grâce à moi, il **n'**est **pas** à l'hôpital.
Formulée avec une double négation :
S'il **ne** m'avait **pas** écouté, il **ne** serait **pas** à l'hôpital (Il est à l'hôpital à cause de moi).

### 3 *Si + plus-que-parfait + conditionnel passé*

Si tu m'avais prévenu de ton arrivée, je t'aurais attendu à la gare.

« si tu m'avais prévenu », « je t'aurais attendu » se réfèrent à des événements qui n'ont pas eu lieu dans le passé. Cet exemple exprime un reproche, un regret ou une justification (si votre interlocuteur vous reproche de ne pas l'avoir attendu) et signifie :

Je ne t'ai pas attendu parce que tu ne m'as pas prévenu.

### 4 *Si + imparfait + conditionnel passé*

est plus rare et n'est possible que si le verbe à l'imparfait exprime une répétition, une habitude, une situation durable dans le temps, toujours vraie au moment où l'on parle.

*Si + imparfait* marque la répétition, l'habitude, il pourra être accompagné d'une expression qui indique la répétition, l'habitude :

Si tu ne **faisais** pas tout le temps des bêtises, je t'**aurais emmené** avec moi.

« si tu ne faisais pas tout le temps des bêtises » se réfère au passé et au présent, *tout le temps* indique qu'il s'agit d'une habitude.

Cet exemple exprime une explication, doublée d'un reproche et signifie :

Je ne t'ai pas emmené, parce que tu fais tout le temps des bêtises.
**Si** je ne t'**aimais** pas, je ne t'**aurais** pas **épousé**.
**Si** je ne te **connaissais** pas bien, je ne t'**aurais** pas **demandé** ce service.
**Si** tu n'**étais** pas mon ami, j'**aurais refusé**.

Dans ces trois exemples, *aimer, connaître, être ton ami* se réfèrent à des situations nées dans le passé et qui continuent à exister au moment où l'on parle (je t'aime toujours, je te connais bien, tu es toujours mon ami).
*Épouser, demander un service, refuser* se réfèrent à des événements passés.

### 5 *Phrases elliptiques ou formulées sans si*

Tu aurais pu me prévenir !
J'aurais dû lui en parler...
Si tu m'avais dit ça plus tôt !
Si j'avais su !

En situation de communication orale, il n'est pas toujours nécessaire de formuler une phrase complète :

Hier je t'ai attendu jusqu'à 5 heures.
Je n'ai pas pu venir, ma voiture était en panne.
Tu aurais pu me prévenir !

« tu aurais pu me prévenir » évoque un événement qui n'a pas eu lieu, exprime un reproche et signifie :

Si tu m'avais prévenu, je ne t'aurais pas attendu jusqu'à 5 heures.

— Qu'est-ce que tu attends ?
— J'attends Pierre.
— Il ne viendra pas, il est malade.
— Si tu m'avais dit ça plus tôt !

« si tu m'avais dit ça plus tôt ! » évoque un événement qui n'a pas eu lieu, exprime un reproche, un regret et signifie :

Si tu m'avais dit plus tôt que Pierre était malade je ne l'attendrais pas.

## 6 *Conditionnel + conditionnel sans si*

J'**aurais joué** le 5, le 8 et le 12, je **serais** riche (je ne suis pas riche car je n'ai pas joué ces numéros).

Ce type de phrase est fréquent dans le langage oral et peut être construit ainsi à condition de ne pas utiliser *si*. À l'écrit ou dans un registre de langue non familier, il est préférable d'utiliser une construction avec *si* :

**Si** j'avais joué le 5, le 8, et le 12, je serais riche.

Tu serais marié, tu paierais moins d'impôts (si tu étais marié, tu paierais moins d'impôts).

Il **ferait** beau, je **sortirais** (s'il faisait beau, je sortirais)

Je n'**aurais** pas de rendez-vous chez le médecin, je **resterais** plus longtemps (si je n'avais pas un rendez-vous, je resterais plus longtemps).

REMARQUE : Vous entendrez peut-être quelquefois un Français dire : « si j'aurais su, je serais resté »
Cette phrase est incorrecte, mais les Français eux aussi commettent des erreurs par rapport aux règles grammaticales. Ce type d'erreur est particulièrement fréquent chez les enfants.

# 6 PARLER D'UN ÉVÉNEMENT QUI AURA LIEU SI CERTAINES CONDITIONS SONT REMPLIES

## 1 *Avec si*

**Si** tu continues à me critiquer, je m'en vais.
« si tu continues à me critiquer » fait référence à ce qui se passe au moment où l'on parle, « je m'en vais » fait référence à la conséquence possible du premier événement (dans un futur plus ou moins proche).
Après avoir prononcé cette phrase les événements se dérouleront selon l'un ou l'autre de ces deux schémas :

| Tu continues à me critiquer ? | OUI | Je m'en vais. |
|---|---|---|
| | NON | Je reste. |
| **Si** tu lui dis ça, il va s'inquiéter... | OUI | Il s'inquiète. |
| Tu lui dis ça ? | NON | Il ne s'inquiète pas. |
| **Si** tu lui caches la vérité, il va se fâcher. | OUI | Il se fâche. |
| Tu lui caches la vérité ? | NON | Il ne se fâche pas. |

Dans les exemples cités ci-dessus, les verbes utilisés avec *si* étaient à la forme positive. Ils peuvent également être à la forme négative :

> **Si** tu ne manges pas, tu vas te coucher tout de suite.

Dans ce cas le schéma est le suivant :
ou : tu manges / conséquence / tu ne vas pas te coucher
ou : tu ne manges pas / conséquence / tu vas te coucher

Il existe d'autres moyens linguistiques de parler d'un événement futur soumis à conditions :

## 2 *Avec sinon*

> Tu manges, **sinon** tu vas te coucher.

Cette phrase est l'équivalent de :

> **Si** tu ne manges pas, tu vas te coucher.

> **Ne** fais pas de bruit, **sinon** tu vas le réveiller.
> Téléphone-lui, **sinon** il va s'inquiéter.
> Ne lui dis pas ça, **sinon** il va s'inquiéter.

Vous utiliserez *sinon* chaque fois que vous voudrez demandez à quelqu'un de faire quelque chose (à l'aide de l'impératif, du présent ou du conditionnel). Voir le chapitre « Dire à quelqu'un de faire quelque chose » p. 137.

---

ATTENTION : Toutes les phrases formulées avec *si + présent + présent (ou futur)*, n'ont pas leur équivalent avec *sinon* :
Quand vous dites :
> Si tu veux, on va au ciné.

Il n'y a pas d'équivalent de cette phrase avec *sinon*, car elle ne sert ni à formuler une menace, ni à demander à quelqu'un de faire quelque chose, ne propose pas d'alternative.
« Si tu veux » sert à formuler une proposition soumise à condition (tu veux ? ou tu ne veux pas ?).
Par contre vous pouvez compléter cette phrase de façon à fournir une alternative entre deux solutions :
> Si tu veux, on va au ciné, sinon on reste à la maison.
> Si tu veux on va au ciné
> Si tu ne veux pas aller au ciné, on reste à la maison

---

## 3 *En utilisant ou... ou..., ou bien... ou bien...*

Lorsque vous désirez évoquer une alternative en précisant bien chacune des possibilités de cette alternative vous pourrez dire :

> **Ou** on déjeune à la maison, **ou** on déjeune au restaurant.
> **Ou bien** on va au cinéma, **ou bien** on reste à la maison (si on ne va pas au cinéma, on reste à la maison).

Il est fréquent que l'on précise le nombre de possibilités offertes par cette alternative :

> Il y a trois solutions : **ou bien** on y va tout de suite, **ou bien** on y va plus tard, **ou bien** on n'y va pas.

Lorsque l'on formule une alternative, il est possible de préciser les conséquences de l'une ou l'autre des possibilités offertes :

> Il n'y a pas trente-six solutions : **ou bien** on reste à la maison, **ou bien** on va au cinéma, dans ce cas il faut se dépêcher.

REMARQUE : L'expression « il n'y a pas trente-six solutions » signifie « il y a seulement 2 solutions ». Les Français ont coutume d'utiliser le chiffre 36 dans cette expression.

Pour évoquer la conséquence de la deuxième solution vous utiliserez l'expression *dans ce cas*.

*DANS CE CAS* peut être utilisé sans *ou* ou *ou bien* :
> — Tu es d'accord ?
> — Non.
> — **Dans ce cas**, je m'en vais. (Puisque tu n'es pas d'accord, je m'en vais, si tu n'es pas d'accord, je m'en vais).

*PUISQUE C'EST ÇA, PUISQUE C'EST COMME ÇA*, sont l'équivalent de *dans ce cas* :
> **Puisque c'est ça**, je m'en vais.
> **Puisque c'est comme ça**, je m'en vais.

# 7 ÉVÉNEMENTS SOUMIS À CONDITIONS DANS LE FUTUR

## 1 *Si + présent, futur*

> S'il fait beau dimanche, je ne serai pas à la maison

« s'il fait beau dimanche » évoque un événement futur qui n'est pas sûr (il est possible qu'il pleuve), « je ne serai pas à la maison » évoque un événement futur qui est sûr (à condition que le premier événement se réalise).

On utilisera le futur dans ce type de phrase pour exprimer une affirmation, une décision, une promesse, pour évoquer une conséquence dont on est sûr :
> **Si** je n'ai pas de réponse, je lui **téléphonerai**.
> **S'il** ne pleut pas d'ici dimanche, il **faudra** arroser le jardin.
> **Si** la situation économique ne s'améliore pas, il y **aura** encore plus de chômage.

REMARQUE : S'il s'agit d'un verbe impersonnel on utilisera plutôt le futur :
> **S'il** ne va pas mieux, il **faudra** appeler le médecin.

**201**

Si le verbe implique une obligation on utilisera également plutôt le futur :
> **Si** ça ne va pas mieux la semaine prochaine, je **devrai** vous opérer.

*JAMAIS*
> **Si** tu ne lui expliques pas où tu habites, il ne trouvera **jamais**.
> **Si** tu ne l'invites pas, il ne viendra **jamais**.

## 2 Si + présent, futur proche

On pourra également utiliser le futur avec *aller* + *infinitif* (futur proche).

**Si** ça ne s'améliore pas, je **vais** vous **opérer**.

Par contre, s'il s'agit seulement d'un projet, d'une supposition, d'un désir, on se contentera du présent.

**S'**il pleut dimanche, je **dors** jusqu'à midi.
**Si** j'ai un moment, je **passe** te voir.
**Si** je trouve une petite maison à la campagne, je **déménage**.

## 3 Si + passé composé, présent ou futur

**Si je n'ai pas fini** d'ici ce soir, je t'appelle.

« si je n'ai pas fini » évoque un événement futur. Le verbe est au passé composé parce que l'événement qu'il évoque est antérieur à un autre moment (ce soir). Vous pourrez utiliser le passé composé dans ce type de phrase, à condition d'utiliser un indicateur de temps (*avant d'ici*, *heure*, *date*, etc.)

**S'**il n'a pas plu **d'ici quinze jours**, la récolte sera perdue.
**S'**il ne m'a pas fait d'excuses **d'ici demain**, je démissionne.
**Si** j'ai fini **avant lundi**, je pars en vacances.
**Demain** si je n'ai rien trouvé, j'abandonne.

## 4 Les constructions si + présent, présent ou futur, à quoi ça sert ?

Ces constructions servent à :

■ Demander à quelqu'un de faire (ou de ne pas faire) quelque chose en fournissant un argument :

Si tu continues, tu vas te faire mal.
Si tu ne fais pas attention, tu vas te tromper.

Dans ce cas, on pourra également formuler ces phrases avec sinon et utiliser, l'impératif :

Arrête, sinon tu vas te faire mal !
Fais attention, sinon tu vas te tromper !

■ Exercer une pression sur quelqu'un, formuler une menace :

Si vous continuez à faire du bruit, j'appelle la police.
Si vous ne m'écoutez pas, je vais me fâcher.

Dans ce cas, il est également possible d'utiliser *sinon* :

Arrêtez de faire du bruit, **sinon** j'appelle la police !
Écoutez-moi, **sinon** je vais me fâcher !

■ Exprimer une décision, évoquer un événement futur soumis à condition :

S'il n'est pas là à midi, je m'en vais.
Si je ne peux pas le voir personnellement, je téléphone à sa femme.

Dans ce cas, il n'est pas possible d'utiliser *sinon*.

■ Exprimer une obligation :

Si on habite à la campagne, il faudra acheter une voiture.
Si je ne retrouve pas mon passeport, je ne pourrai pas partir.
Si j'arrive en retard, je devrai donner une excuse.

■ Formuler un projet (dans l'avenir) :

        S'il fait beau, je vais me baigner.

        Si j'ai terminé avant ce soir, on va manger au restaurant.

Dans ce cas, il est impossible d'utiliser *sinon*.

■ Faire une prévision (par rapport à deux événements futurs) :

        Si le chômage augmente, il y aura des grèves.

        Si le gouvernement ne change pas de politique, il perdra les élections.

■ Exprimer un désir (dans l'avenir) :

        Si je gagne à la loterie, j'arrête de travailler.

        Si je rencontre la femme de ma vie, je déménage.

■ Convraincre :

        Si tu ne m'aides pas, je n'y arriverai jamais.

        Si tu ne me rends pas ce service, je ne te parle plus.

        Si tu fais ça, je ne l'oublierai jamais.

# 14

# SE SITUER
# DANS LE TEMPS

Ce chapitre récapitule les différentes manières de situer un événement ou une information dans le temps, ainsi que le fonctionnement des différents outils linguistiques que vous aurez à utiliser (temps verbaux, indicateurs de temps).

# LE TEMPS, NOTIONS GÉNÉRALES

## *1* *Généralités*

Pour situer une information, un événement dans le temps, vous disposez en français de plusieurs types d'outils linguistiques :

**Ça fait** deux heures que je t'attends.
Il est parti **il y a** 5 minutes.
C'**était** facile.
Je suis né **le 15 février 1953**.
On verra ça **plus tard**.
Je n'attendrai pas plus **longtemps**.
J'**arrive** !
J'**ai terminé**.
Je te téléphone **dimanche**.
**Hier, j'étais** malade.
J'**ai écrit** à Pierre.
Je te **préviendrai**.
Qu'est-ce que tu fais **demain** ?


■ Les temps verbaux
*passé composé*
*imparfait*
*présent*
*futur*

Ils permettent de situer d'une façon générale quelque chose dans le temps (passé, présent, futur).
L'information temporelle donnée par les temps verbaux est donc assez imprécise.


■ Les indicateurs de temps
*ça fait... que / il y a*
*depuis*
*dimanche*
*le 15 février 1953*
*hier/demain*
*dans*
etc.
Ils servent à donner une information temporelle plus précise. Ils permettent par exemple d'indiquer :
- à quel moment a eu lieu (passé), a lieu (présent), aura lieu (futur) un événement
- la durée de cet événement
- une fréquence concernant cet événement
- une limite ou un point de départ à l'existence de cet événement

Dans certains des exemples cités ci-dessus, il n'y a qu'une information temporelle, donnée par le temps verbal utilisé (présent, passé ou futur).

J'arrive !
J'ai terminé.
Je te préviendrai.
C'était facile.

En général, si vous n'apportez pas de précision lorsque vous utilisez un présent, un temps du passé ou du futur, c'est que cette précision n'est pas nécessaire ou n'a pas d'importance, ou, dans le cas du futur ne peut être déterminée au moment où l'on parle.

Dans les autres exemples cités, il y a deux informations temporelles, l'une donnée par le verbe (présent, passé ou futur), l'autre donnée par un « indicateur de temps » (*depuis, il y a, date*, etc.).

Dans certains de ces exemples, l'indication de temps donnée par le verbe (présent, passé ou futur), ne correspond pas à l'information temporelle donnée par l'indicateur de temps :

> Je te téléphone (présent) dimanche (futur).
> Qu'est-ce que tu fais (présent) demain (futur) ?

Il est très fréquent en français, lorsque l'on s'exprime par rapport au futur, d'utiliser le présent (à condition d'accompagner le verbe d'un indicateur de temps situant l'information donnée par l'indicateur de temps situant l'information donnée par le verbe au futur).

Ce phénomène existe également pour le passé, mais de façon plus limitée, dans le cas d'un récit oral :

> L'autre jour, j'étais dans un restaurant, au moment de payer l'addition, je m'aperçois que je n'ai pas d'argent. Quand je dis ça au garçon, il me dit qu'il va appeler la police. Heureusement, dans le restaurant, je vois quelqu'un que je connais un peu... etc.

Dans ce type de récit, on commence toujours par préciser à l'aide d'un indicateur de temps (*l'autre jour, la semaine dernière, il y a un mois*, etc.) quand l'événement a eu lieu. Le récit peut alors se poursuivre au présent (dans ce cas le présent remplace tous les passés composés que vous auriez normalement utilisés).

REMARQUE : Les verbes normalement utilisés à l'imparfait ne peuvent pas être remplacés par un présent.

## 2 *Temps et sens du verbe*

> Je t'ai attendu 5 minutes et je suis parti.
> J'ai dormi toute la journée.
> J'ai fini.

Il est possible pour la plupart des verbes de donner une information concernant la durée de l'événement ou de la situation exprimée par le verbe :

> J'ai dormi **pendant deux jours**.
> Je l'ai supporté **toute la semaine**.
> J'ai attendu **5 minutes**.

mais c'est impossible (ou peu fréquent) avec certains verbes :

> J'ai fini **pendant 5 minutes** (impossible).
> Je me suis marié **pendant 2 jours** (impossible).
> Je me suis réveillé **pendant 1 heure** (impossible).

En général, il est difficile de préciser la durée quand il s'agit d'un verbe qui signifie que l'on passe d'une situation à une autre situation.

Exemple de quelques verbes pour lesquels il est difficile de préciser une durée :

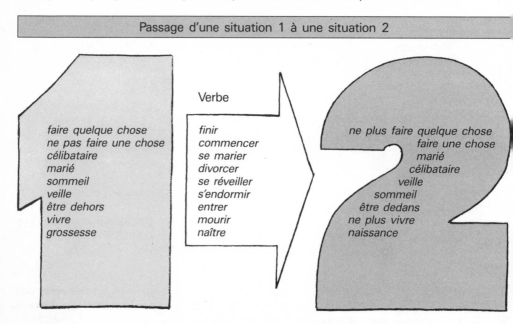

Passage d'une situation 1 à une situation 2

|  | Verbe |  |
|---|---|---|
| faire quelque chose | finir | ne plus faire quelque chose |
| ne pas faire une chose | commencer | faire une chose |
| célibataire | se marier | marié |
| marié | divorcer | célibataire |
| sommeil | se réveiller | veille |
| veille | s'endormir | sommeil |
| être dehors | entrer | être dedans |
| vivre | mourir | ne plus vivre |
| grossesse | naître | naissance |

# 2 TEMPS VERBAUX POUR PARLER DU PRÉSENT, DU PASSÉ, DU FUTUR

## 1 Le présent

C'est le temps verbal le plus employé, il peut sous certaines conditions, permettre de parler :

> du passé (récit oral familier)
> du présent
> du futur

**1.** Le présent pour parler du passé

Dans une situation d'expression orale (registre familier), il est fréquent que pour raconter une histoire, un récit, le présent soit utilisé plutôt que le passé composé, à condition qu'un indicateur de temps ait été utilisé au début du récit, de façon à ce qu'il n'y ait pas d'ambiguïté sur le moment dont on parle :

> **Hier**, dans la rue, je **rencontre** Pierre, et devine ce qu'il me dit... et à la fin, il me quitte en colère !

Dans une biographie écrite ou lue :

> **En 1950**, Pierre Dupont **vit** à Bordeaux. C'est là qu'il **fait** sa grande découverte... Il **meurt en 1980**.

**2.** Le présent pour parler du présent

Le présent est souvent utilisé pour parler du présent immédiat, c'est-à-dire de ce qui se passe au moment où l'on parle :

> — Qu'est-ce que tu **fais ?**
> — **Je travaille**.

Mais très souvent, le présent se réfère à une information qui a son début dans le passé et qui reste vraie au moment où l'on parle. Pour situer cette information dans le temps un *indicateur de temps* est nécessaire :

> J'habite en France **depuis 20 ans.**
> **Ça fait deux jours** que je suis malade.

**3.** Le présent pour parler du futur

On peut dire, qu'en ce qui concerne la langue parlée familière et standard, le présent est plus souvent utilisé que le futur verbal. Le problème, lorsque l'on apprend le français est de savoir quand le futur est absolument obligatoire, quand et comment on utilisera le présent plutôt que le futur en fonction de la situation de communication, ou du registre de langue que l'on a choisi d'adopter.

> Je pars **demain**.
> Je reviens **dans quinze jours**.

Là encore, c'est plus l'indicateur de temps (*demain, dans 15 jours*) que le temps verbal utilisé (*présent* ou *futur*) qui est porteur de l'idée de futur.

La langue est un reflet du réel. Dans la réalité lorsque l'on parle d'une chose qui n'a pas encore eu lieu, très souvent, il est difficile d'être sûr que cette chose aura vraiment lieu. C'est ce qui explique que l'usage du présent ou du futur, ou de ce que les grammaires appellent (à tort) le « futur proche », est relativement complexe. Ce temps n'exprime pas obligatoirement la proximité :

> Je vais acheter un appartement dans un an ou deux.

> Faut-il dire : Mon fils aura 20 ans en l'an 2000.
> ou : Mon fils a 20 ans en l'an 2000 ?

La première phrase (Mon fils aura 20 ans en l'an 2000.) est de toute façon correcte, vous pouvez l'utiliser sans risque d'erreur.
La deuxième phrase (Mon fils a 20 ans en l'an 2000.) est douteuse.

En conclusion, le futur verbal sera préféré au présent, lorsque l'information que l'on donne est concrète, calculable, ou prévue par des calculs.

> En France, en l'an 2000, il y aura 75 000 000 d'habitants.

ou si l'on pense que la prévision que l'on donne est probable, prévisible :

> Dans 20 ans, à cause de la pollution, l'air sera irrespirable.

Par contre, vous pouvez dire indifféremment :

> Mon fils a 20 ans cette année. Il doit songer à trouver du travail.
> ou :
> Mon fils aura 20 ans cette année. Il doit songer à trouver du travail.

car cette information a une relation avec le moment où l'on parle (cette année).

## 2 *Le passé composé*

Le passé composé évoque généralement le passé, il peut néanmoins dans certains cas évoquer :

■ le futur :

> Dans une heure j'ai terminé.
> Si je n'ai pas trouvé de solution d'ici demain, je te rappelle.

■ le présent :

> Ça y est, j'ai fini.

## 3 *L'imparfait*

L'imparfait, peut dans certains cas évoquer

■ le futur :

> — Qu'est-ce que tu fais demain ?
> — Rien.
> — Si on **allait** au cinéma ? (suggestion, proposition)

■ le présent :

> Si j'avais le temps je t'expliquerais cela en détail (sous entendu : mais je n'ai pas le temps).

## 4 *Le futur*

Le futur peut servir à évoquer des <u>événements passés</u> qui ont eu lieu après d'autres événements passés :

> Pierre Dupont a commencé sa carrière politique en 1962. 4 ans plus tard il **se présentera** aux élections législatives et sera élu député...

Le futur antérieur peut également évoquer un événement passé :

> — Il ne t'a pas téléphoné ?
> — Il aura oublié.

# 3 PARLER D'UN ÉVÉNEMENT PASSÉ QUI EXISTE OU NON AU MOMENT OÙ L'ON PARLE

REMARQUE PRÉLIMINAIRE : Lorsque l'on situe un événement dans le passé, il y a deux possibilités :
1. L'événement a existé dans le passé, mais n'existe plus à l'instant où l'on parle, cela signifie qu'il a eu un début et une fin.
2. L'événement est né dans le passé et existe toujours au moment où l'on parle. Cela signifie qu'il a eu un début mais pas de fin.
Dans le premier cas, l'événement est totalement situé dans le passé, sans lien avec le présent le passé composé s'impose donc.
Dans le deuxième cas, l'événement est lié au moment où l'on parle, on emploiera le présent ou le passé composé selon les cas. Ces cas seront précisés ultérieurement.

## 1 L'événement a existé, il n'existe plus au moment où l'on parle

Je suis arrivé en France, **il y a un mois**.
**Hier**, je suis allé chez Pierre.
Je suis né **en 1956**.
J'ai reçu une lettre de Jean-Louis.

Pour donner ce type d'information, on utilisera le *passé composé*, accompagné généralement d'un indicateur de temps permettant de situer l'événement par rapport au moment où l'on parle (*il y a un mois, hier, en 1956*). Si cet indicateur est absent (j'ai reçu une lettre de Jean-Louis), cela signifie que la localisation précise de l'événement dans le temps est sans importance (il s'agit en général d'un événement récent).

REMARQUE : En dehors des indications temporelles données par les temps du passé et les indicateurs de temps, il faut prendre en compte le sens du verbe : certains verbes se réfèrent à des événements brefs, ponctuels, qui ne durent pas (*naître, arriver, se réveiller*), d'autres se réfèrent à des événements qui impliquent une durée (*habiter, vivre*).
Les premiers, lorsque l'on s'exprime au passé, seront plutôt au passé composé tandis que les seconds seront plutôt utilisés pour donner des informations de type situationnel, donc conjugués à l'imparfait.

## 2 L'événement a son origine dans le passé et existe toujours au moment où l'on parle

Je vis en France **depuis** 2 ans
Je suis malade **depuis** deux jours
Je n'ai rien mangé **depuis** deux jours
**Cela fait** une semaine **que** je suis en vacances

Ce type d'événement implique une notion de durée. On remarquera l'emploi d'indicateurs de temps particuliers (*depuis, ça fait...que*) qui permettent de donner des indications de durée, donc de déterminer le moment où l'événement dont on parle a commencé (un petit calcul permettra à l'interlocuteur de déterminer la date du début de l'événement ou la durée de l'événement, à partir de la date du début de cet événement).

Si nous sommes le lundi 2 juin 1989 et si vous dites :

■ Je vis en France depuis 2 ans : cela signifie que vous êtes arrivé en France en 1987.

Il est malade depuis samedi : cela signifie qu'il est malade depuis 3 jours.

## 1. Présent ou passé composé ?

En règle générale, on pourra employer le passé composé pour parler d'un « non-événement ». On utilisera la forme négative :

Je n'ai **rien** mangé depuis deux jours.
Cela fait deux mois que je n'ai **pas** vu Martine.
Cela fait longtemps que je **ne** suis **pas** allé au cinéma.

REMARQUE : Les verbes cités dans les exemples ci-dessus sont des verbes qui, lorsqu'ils sont utilisés de façon positive, se réfèrent à des événements ponctuels, limités dans le temps. C'est la négation qui leur confère une notion de durée (qui porte sur le temps pendant lequel il y a absence d'événement) :
J'ai vu Martine il y a deux jours (événement ponctuel, limité dans le temps).
Cela fait deux jours que je n'ai pas vu Martine (absence d'événement dont la durée est précisée).

## 2. Donner des précisions sur la durée d'un événement ponctuel, fini au moment où l'on parle.

Lorsque vous donnez une information sur un événement passé, vous pouvez situer cet événement par rapport au moment présent, c'est-à-dire, dire quand il a eu lieu :

**Hier**, j'ai travaillé avec Pierre.

Vous pouvez également avoir à préciser la durée de l'événement dont vous parlez :

Hier, j'ai travaillé **toute la journée** avec Pierre.
Hier, j'ai travaillé **deux heures** avec Pierre.
Hier, j'ai travaillé **pendant plus de deux heures** avec Pierre.
Hier, j'ai travaillé **un petit peu** avec Pierre.
Hier, j'ai travaillé avec Pierre **jusqu'à deux heures du matin**.

En règle générale, lorsque vous précisez la durée d'un événement passé, c'est le passé composé qui sera utilisé et non l'imparfait.
Vous pouvez dire :

En 1980, je vivais aux États-Unis.

Si vous utilisez l'imparfait, vous n'apportez aucune information précise sur la durée exacte de votre séjour aux États-Unis. Vous vous limitez à donner une information de type situationnelle pour l'année 1987.

Par contre, si vous donnez des indications de durée, vous ne pouvez en aucun cas utiliser l'imparfait.

Le passé composé s'impose :

En 1987, j'ai vécu **6 mois** aux États-Unis.

MARS    AVRIL    MAI    JUIN    JUILLET    AOUT

Si vous voulez donner plus de précision, vous pourrez fixer des limites à cet événement :

En 1987, j'ai vécu 6 mois aux États-Unis, **de mars à septembre.**

En 1987, j'ai vévu 6 mois aux États-Unis, **jusqu'au mois de septembre** (ou je suis rentré en septembre).

# 4 LES INDICATEURS DE TEMPS : DEPUIS, ÇA FAIT... QUE, IL Y A

## 1 Généralités

1.

| Depuis... il y a... | **+** | que |

peuvent fonctionner sur le modèle de

| ça fait... | **+** | que |

*ça fait* est le seul de ces trois indicateurs de temps qui ne puisse pas fonctionner sans *que* (sauf dans le cadre d'une réponse elliptique) :

**Ça fait** longtemps que tu es là ?

Non, **ça fait** 5 minutes (plus économique que ça fait 5 minutes **que** je suis là).

Il existe une solution encore plus économique pour la réponse :

Non, 5 minutes.

**2.** Au niveau du sens, pour toute une catégorie d'emplois, *depuis*, *ça fait... que* et *il y a... que* sont équivalents, c'est-à-dire que l'on peut utiliser l'un ou l'autre de ces trois indicateurs de temps, sans différence notoire de signification :

J'habite en France **depuis** 3 ans.

**Il y a** 3 ans **que** j'habite en France.

**Ça fait** 3 ans **que** j'habite en France.

**3.** *Cela fait/ça fait*

À l'oral *ça fait* est la forme la plus utilisée de cet indicateur de temps.

À l'écrit ou dans une situation où l'on veut employer un registre de langue plus soutenu, on préférera la forme *cela fait*.

**4.** *Depuis*, *ça fait*, *il y a*, permettent de préciser la quantité de temps qui sépare un événement du moment où l'on parle. On retrouve l'alternative définie au chapitre précédent :

a) l'événement dont on parle a eu lieu, est terminé, son seul lien avec le moment où l'on parle est temporel (l'événement a eu lieu à un moment défini par rapport au moment où l'on parle)

Je suis allé aux USA **il y a** deux ans.

Pour schématiser, on pourrait dire que dans ce premier cas l'accent est mis sur <u>la date de naissance, de l'événement</u>.

b) l'événement dont on parle a son origine dans le passé, il continue à exister au moment où l'on parle. On précise la « durée de vie » qui sépare la naissance de l'événement du moment où l'on parle.

Pour schématiser, on pourrait dire que l'accent est mis sur <u>l'âge de l'événement</u> (sans donner d'information sur son espérance de vie).

J'habite à Lille **depuis** deux ans.

## **2** *Depuis, ça fait...que, il y a / À quoi ça sert ?*

À parler d'un événement né et mort dans le passé :

**Depuis** que je suis revenu de vacances, je suis en pleine forme.

**Depuis** qu'il s'est marié, on ne le voit plus.

Je lui ai écrit **il y a** 15 jours.

**Il y a** 5 minutes que je l'ai rencontré.

**Ça fait** un mois **qu'**il est parti.

*IL Y A*

*Il y a* sert à quantifier le temps qui sépare un événement du moment où l'on en parle. Il existe d'autres outils linguistiques pour le faire :

Il est parti hier (il est parti il y a un jour).

Il est parti avant hier (il est parti il y a deux jours).

Il est parti la semaine dernière (il est parti il y a une semaine).

Il est parti le mois dernier (il est parti il y a un mois).

## ÇA FAIT... QUE

est surtout utilisé pour dire depuis combien de temps dure une situation (par rapport au moment où l'on parle)

**Ça fait** deux heures **que** je t'attends.

**Ça fait** deux jours **qu'**il est parti.
**Ça fait** plus d'un an **que** je ne l'ai pas vu.

*Ça fait* a en général un emploi parallèle à *depuis*. Ce qui peut prêter à confusion, c'est le fait que de temps à autre on va rencontrer *ça fait* accompagné d'un passé composé. Si l'on examine les cas où *ça fait* est associé à un passé composé, on s'aperçoit de plusieurs choses :

Cela ne marche pas avec tous les verbes : une phrase du type « ça fait deux jours que j'ai travaillé » ou « ça fait deux jours que je suis allé au cinéma » est très improbable.

Par contre avec des verbes du type *partir, arriver, mourir, sortir*, on rencontrera fréquemment *ça fait* associé à un passé composé, car ces verbes impliquent, au niveau du sens, un changement de situation durable :

**Ça fait** deux jours **qu'**il est parti (ça fait deux jours qu'il n'est pas là).
**Ça fait** un an **qu'**il est mort.
**Ça fait** une heure **qu'**il est sorti.

REMARQUE : Ces verbes se conjuguent au passé composé avec le verbe *être*, ce qui fait que l'on peut plus facilement les considérer comme des présents du verbe *être* accompagné d'un adjectif (mort, sorti, parti, arrivé).
Sur le plan de la forme, peu de choses permettent de distinguer :

| Il est mort. | de : | Il est divorcé. |
|---|---|---|
| Il est sorti. | | Il est marié. |

Si l'on veut mettre l'accent sur le moment du passé où l'événement a eu lieu on utilisera *passé composé + il y a* :

Il est mort il y a 6 mois.
Il est sorti il y a 5 minutes.

### ■ IL Y A... QUE, IL Y A...

Il ne faut pas confondre *il y a...que* et *il y a*. Leurs emplois sont différents. *Il y a...que* a un emploi totalement parallèle à *ça fait...que* :

**Il y a** deux jours **que** je suis malade (présent).
**Il y a** un an **que** je ne l'ai pas vu (passé composé négatif).
**Il y a** 2 jours **que** j'ai terminé (passé composé de verbes impliquant un changement durable de situation).

Si l'on veut mettre l'accent sur la durée d'existence de l'événement, on pourra utiliser *ça fait* + *passé composé* (uniquement avec le type de verbe cité ci-dessus) :

    Ça fait 6 mois qu'il est mort.
    Ça fait 5 minutes qu'il est sorti.

D'autres verbes que ceux cités ci-dessus impliquent, au niveau du sens un changement durable de situation :

    Ça fait une heure que j'ai fini (finir).
    Ça fait six mois qu'il a quitté sa femme (quitter).
    Ça fait deux jours qu'il a arrêté de fumer (arrêter).
    Ça fait 5 minutes que le match a commencé (commencer).

Dernier cas d'utilisation possible de *ça fait* avec le *passé composé négatif* :

    Ça fait longtemps que je ne l'ai pas vu.
    Ça fait deux jours qu'il n'est pas venu.
    Ça fait trois jours qu'il n'a pas dormi.

Un passé composé négatif signifie une situation de « non-événement ».

■ *ÇA FERA... QUE, IL Y AURA... QUE*
*Ça fait... que, il y a... que* peuvent s'utiliser au futur :

    **Ça fera** un an demain **que** je me suis marié.
    **Il y aura** bientôt un an qu'il a été élu président.
    **Ça va** bientôt faire une heure que je l'attends.

On utilisera le futur chaque fois que la durée évoquée à propos d'un événement ou d'une situation n'est pas encore écoulée au moment où l'on parle.

REMARQUE : Il existe d'autres moyens linguistiques d'exprimer une durée non encore écoulée au moment où l'on parle :
    Ça fait **presqu'un an** qu'il a été élu président.
    Ça fait **un petit peu moins d'un an** que je me suis marié.

---

### DEPUIS

■ *Depuis* a un fonctionnement analogue à *ça fait... que*. On ne peut pas utiliser *depuis* pour parler d'un événement ponctuel qui n'existe plus au moment où l'on parle. Une phrase du type :

    J'ai rencontré Pierre **depuis** 2 heures
    est impossible. Il faudra dire :
    J'ai rencontré Pierre **il y a** 2 heures.

*Depuis* + présent : c'est certainement l'emploi le plus fréquent de *depuis*. Accompagné du présent, *depuis* sert à indiquer la durée d'une situation née dans le passé et qui existe toujours au moment où l'on parle :

    J'habite ici **depuis** un an.
    Il parle **depuis** une heure.
    Je suis en vacances **depuis** une semaine.

Pour chacun des exemples cités ci-dessus, on pourra utiliser indifféremment *depuis, ça fait... que* et *il y a... que* :

    **Il y a** un an **que** j'habite ici.
    **Ça fait** une heure **qu'**il parle.
    **Il y a** une semaine **que** je suis en vacances.

*DEPUIS + heure, date, année, jour, mois...*
**Depuis** est le seul des indicateurs de temps étudiés dans ce chapitre que l'on puisse utiliser avec une indication horaire (*9 h 25, 13 h 30* etc.) ou avec une date (*le 12 janvier, lundi, mai 85,* etc.)

> J'habite ici **depuis** le 15 janvier.
> Je ne l'ai pas vu **depuis** lundi.
> Je suis là **depuis** 10 h et quart.

> Je n'ai pas dormi depuis 2 jours.

■ *DEPUIS + passé composé négatif*
On retrouvera les mêmes emplois que *ça fait...que* :

> Je n'ai pas mangé **depuis** deux jours.
> Je ne l'ai pas vu **depuis** lundi, depuis une semaine.

■ *DEPUIS + certains verbes au passé composé*
Il s'agit des mêmes verbes que ceux que nous avons cité pour *ça fait...que*. Ces verbes impliquent un changement durable de situation :

> J'ai fini **depuis** 5 minutes.
> Il est parti **depuis** une heure.

■ *DEPUIS... QUE, DEPUIS + nom*
Il existe un autre moyen d'exprimer une durée. Dans les exemples précédents, la durée était quantifiée de façon plus ou moins précise (*une heure, deux jours, 6 mois, longtemps, un instant, peu de temps, etc.*)

La durée peut être exprimée à partir d'un point de départ dans le passé (un événement, une situation) :

> **Depuis qu'**il a gagné à la loterie, il évite tous ses amis.
> **Depuis qu'**elle est partie, il ne dort plus.

À travers ces deux exemples, il est évidemment impossible, de déterminer de façon précise la durée de la situation nouvellement créée (il évite tous ses amis, il ne dort plus).

REMARQUE : Ce type de formulation implique également une idée de *cause/conséquence* :
> Il évite ses amis **parce qu'**il a gagné à la loterie.
> Il ne dort plus **parce qu'**elle est partie.

*Depuis que...* peut être suivi du passé composé. Dans ce cas le point de départ d'une nouvelle situation est un événement.

*Depuis que* peut être suivi d'un présent. Dans ce cas, le point de départ d'une nouvelle situation est une situation :

> Depuis que je travaille, je me couche tôt.

*Depuis que*... peut être remplacé par *depuis* suivi d'un nom (quand il existe un nom évoquant l'action exprimée par le verbe) :

partir : *le départ*
arriver : *l'arrivée*
mourir : *la mort*
se marier : *le mariage*

> **Depuis son départ**, il ne dort plus (depuis qu'elle est partie, il ne dort plus).
> **Depuis le changement** de gouvernement, l'inflation a augmenté de 5 %.
> Il ne m'a pas écrit **depuis son départ**.
> Je ne l'ai pas vu **depuis son mariage**.

---

Question : est-ce qu'il y a une différence de sens entre *depuis, ça fait...que, il y a...que* ?

Réponse : au niveau de l'expression du temps (durée), pas de différence sensible, par contre ça *fait...que* et *il y a...que* donnent un peu plus d'importance à l'information temporelle fournie dans le mesure où ils sont placés en début de phrase.

Si vous êtes mécontent du retard de quelqu'un vous direz plutôt :

> **Ça fait** 2 heures **que** je t'attends !

qui met en avant l'information temporelle (2 h) de préférence à :

> Je t'attends **depuis** 2 heures.

plus neutre et qui peut prêter à confusion, « 2 heures » pouvant être interprété comme un horaire (14 h) et non comme une durée (120 minutes)

---

# 5 UNITÉS DE MESURE DE TEMPS AVEC DEPUIS, ÇA FAIT, IL Y A

En dehors des unités de mesure du temps (*secondes, minutes, jours, heures, semaines, etc.*), d'autres mots (*adverbes, noms, etc.*) permettent de donner des indications de durée pour indiquer la proximité, une durée très courte :

> Il est parti il y a **un instant**.
> Il est parti il y a **une minute** (deux minutes, une seconde)
> On se connaît **depuis peu** (peu de temps)

REMARQUE : Il existe un autre moyen linguistique d'exprimer la proximité d'une action par rapport au moment où l'on parle :
*venir de + infinitif*

> Il **vient de** partir (il est parti il y a un instant).
> Je **viens de** le voir (je l'ai vu il y a quelques minutes).

Il est possible de modifier (en plus ou en moins) les indications de temps utilisées :

> Il est parti **il y a moins** de 5 minutes, **il n'y a même pas** 5 minutes, **il y a à peine** 5 minutes.
> Il est venu **il y a une petite** heure.
> Il est parti **il y a plus** d'une heure.
> **Ça fait bien** une heure qu'il est parti.
> **il y a au moins** une heure qu'il est parti.
> **Il y a une bonne heure** qu'il est parti.

Pour évoquer une durée importante :

> **Cela fait longtemps** que je le connais.
> On se connaît **depuis toujours**.

ainsi que quelques expressions populaires :

> **Cela fait une éternité** que je ne suis pas allé au cinéma.
> **Ça fait des siècles** que je n'ai pas mangé une choucroute.
> **Ça fait « une paye »** que je ne l'ai pas vu (familier).
> On se connaît **depuis tout le temps**.

En dehors de l'emploi de *depuis*, *ça fait*, *il y a*, certaines expressions impliquent une idée de durée :

> C'est un ami **d'enfance** (c'est quelqu'un que je connais depuis que je suis enfant).
> C'est un **vieil** ami, un **vieux** copain.
> C'est un copain **de régiment**, **d'école**, **de lycée**.

# 6 DIRE QUAND UN ÉVÉNEMENT A EU LIEU

## 1 *Par rapport à un moment précis*

■ Dire à quelle heure :

> Je suis arrivé **à midi et demi**.
> L'accident a eu lieu **à 16 heures 30**.

■ Dire à quel moment de la journée (pour parler d'un événement qui a eu lieu aujourd'hui) :

> Je l'ai vu **ce matin**.
> Il est arrivé **cet après-midi**.
> Il est mort **ce soir**.
> Il m'a téléphoné **cette nuit**.

219

REMARQUE : L'utilisation d'un démonstratif (*ce, cet, cette*) lie la période de temps évoquée au moment où l'on parle.
*Ce matin, cet après-midi, ce soir, cette nuit*, cela signifie *aujourd'hui*.
Imaginons que nous sommes le samedi 7 juin 1989, vous dites :

> **Ce matin** (c'est le 7 juin 1989).
> **Ce mois** ou **ce mois-ci** (c'est le mois de juin).
> **Cette année** (c'est 1989).

■ Dire quand par rapport à aujourd'hui :

Continuons à imaginer que nous sommes le samedi 7 juin 1989, vous dites :
**Hier**, je suis allé au cinéma, (*hier*, c'est le vendredi 6 juin 1989).
**Avant-hier**, j'ai déjeuné avec Pierre, (*avant-hier* c'est le jeudi 5 juin 1989).

À partir et au-delà d'avant-hier, il faudra utiliser *il y a 2 jours*, *3 jours*, ou, si la précision n'est pas importante *il y a quelques jours*, *il y a 3-4 jours*, *il y a 2 ou 3 jours* :
**Samedi passé**, j'ai passé une très bonne soirée (*samedi passé*, c'est le samedi 31 mai 1989).

Au-delà d'une semaine, vous utiliserez *il y a* :
**La semaine passée** ou **la semaine dernière**, c'est la semaine du 26 mai au 1er juin.
**Il y a** deux semaines ou **il y a** quinze jours c'est un jour situé vers le 25 mai.
Je l'ai vu **il y a** 3 semaines.
Il s'est marié **il y a** 6 semaines.

Si votre unité de mesure est le mois, vous utiliserez :
*le mois passé*, *le mois dernier* (c'est-à-dire le mois de mai si nous sommes en juin).
*il y a 2 mois*, *6 mois* pour parler d'avril ou de décembre-janvier.

Si votre unité de mesure est l'année, vous utiliserez :
*l'année dernière* ou *l'année passée* pour parler d'un événement qui a eu lieu en 1988.
*Il y a 2 ans*, *3 ans* pour parler des années antérieures à 1988.

Bien entendu, vous avez toujours la possibilité d'évoquer un moment précis dans le passé (date, mois, année) :
L'année passée, j'ai pris mes vacances **le 15 mai**.
Je suis arrivé en France **le 5 janvier 1984**.
Je me suis marié en 1975.
Mon fils est né **en juillet** (au mois de juillet).

Chaque fois qu'une précision n'est pas obligatoire pour une bonne compréhension du message, vous pouvez dire :
Je l'ai vu jeudi.

(si l'on est samedi, cela signifie « je l'ai vu il y a deux jours, c'est-à-dire avant-hier, si l'on est mercredi cela signifie « je l'ai vu il y a une semaine »).

> Je suis rentré en février.

(si l'on est en juin, cela signifie « je suis rentré il y a 4 mois »).

Vous pouvez également évoquer une époque de l'année :

> On s'est connu au printemps (en automne, en été, en hiver).

et même une période dans une époque :

> Au début de l'hiver, à la fin de l'automne, en plein été, au milieu de l'hiver.

Dans un pays où il n'existe pas le même découpage en saisons, l'on pourra dire :

> Pendant la saison des pluies, pendant la saison sèche.

## 2 *Par rapport à un moment situé de façon approximative dans le temps :*

### Par rapport à une heure approximative :

*VERS + HEURE*

> Je lui ai téléphoné **vers midi**.
> Il m'a appelé **vers 3 heures**.

*AVANT, APRÈS + HEURE*

On emploie fréquemment *un peu*, *un petit peu*, pour préciser *avant* ou *après* :

> Je suis parti **un petit peu après trois heures**.
> Il est venu **un peu avant midi**.

### Par rapport à une quantité de temps approximative :

*Il y a + passé composé*, c'est la durée qui sépare un événement et le moment où l'on parle que vous pouvez évaluer de façon approximative :

*À PEU PRÈS + DURÉE*

> Je suis passé chez toi il y a **à peu près une heure**.
> Il m'a écrit il y a **à peu près une semaine**.

*ENVIRON + DURÉE*

> Je l'ai vu il y a **environ une heure**.
> Il est parti il y a **environ 6 mois**.

*PLUS DE, MOINS DE + DURÉE*

> Il y a **plus d'un an**, je suis allé au Mexique.
> Il y a **moins d'une semaine**, il a eu un accident.
> Je l'ai vu il y a **moins d'une heure**.

**221**

*VERS + DATE :*

> Il est passé **vers le 15 décembre**.
> Je l'ai vu **vers le mois de mai**.

# 7 IMPARFAIT / PASSÉ COMPOSÉ

## 1 Comment choisir entre imparfait et passé composé ?

Si vous voulez situer une série d'informations dans le passé, le problème du choix entre l'imparfait et le passé composé se posera :

Je **suis passé** chez toi hier, tu n'**étais** pas là.
Il **faisait** beau, alors j'**ai fait** des brochettes.
Je ne **travaillais** pas, alors j'**ai dormi** jusqu'à midi.

L'*imparfait* et le *passé composé*, c'est un peu comme au cinéma. Lorsque vous regardez un film, vous avez deux types de scènes :

Des plans d'ensemble, des panoramiques qui vous montrent le cadre dans lequel il va se passer quelque chose. Ces scènes décrivent une situation, des personnages peuvent y apparaître.

Des scènes d'action, qui montrent des événements qui ont lieu dans un cadre (montré par le premier type de scène).

Lorsque vous voulez situer un événement dans le temps, c'est un peu la même chose :

1. Vous devez donner quelques informations sur le cadre, la situation et pour cela vous utiliserez l'*imparfait*.

2. Vous devez ensuite évoquer le ou les événements qui se sont déroulés dans ce cadre, cette situation et pour cela, vous utiliserez le *passé composé*.

| Cadre, situation | Événements, actions |
|---|---|
| Tu n'**étais** pas là | Je **suis passé** chez toi |
| Il **faisait** beau | J'**ai fait** des brochettes |
| Je ne **travaillais** pas | J'**ai dormi** jusqu'à midi. |

Lorsque vous vous exprimez dans le cadre d'une conversation courante, ces informations (cadre, situation, actions, événements) sont ponctuelles (vous passez successivement à des informations concernant le présent, le futur, le passé).

Lorsque vous vous exprimez dans le cadre d'un récit, ces informations sont continues, forment un tout.

Vous trouverez ci-dessous une liste d'informations qui ont une certaine fréquence dans les conversations quotidiennes.

## Cadre, situation

■ Le temps qu'il fait

Il **pleuvait**.
Il **faisait** chaud.
Il y **avait** du vent.

■ L'endroit où ça se passe

J'**étais** dans la grande rue.
J'**étais** chez moi.
Je **sortais** de chez moi.

■ La description de l'endroit, de l'environnement

C'**était** désert.
J'**habitais** une grande maison au bord de la mer.
Il n'y **avait** presque personne dans les rues.
Il y **avait** plusieurs milliers de manifestants.

223

■ Les personnes présentes

Il y **avait** mon père et ma mère.
Pierre **était** au coin de la rue.

■ La description de ces personnes

Il **était** tout bronzé.
Il **était** en jean.
Il n'**avait** pas de cravate.

■ La situation dans laquelle se trouve
quelqu'un (ce qu'il est en train de faire)

Il **sifflotait**.
Je **dormais**.
Il **travaillait**.
Il **préparait** son départ.

■ Des indications sur l'attitude de
quelqu'un, sur son état physique,
psychologique

Il **était** content.
Il ne **voulait** pas me croire.
Il **était** fatigué.
Il ne **pouvait** plus marcher.

**224**

À l'intérieur de ces cadres situationnels pourront se dérouler des événements ponctuels, qui ont une durée limitée (même si vous ne précisez pas les limites de ces événements :

Hier j'**ai vu** Pierre (événement ponctuel), il **était** tout bronzé (cadre situationnel). L'information donnée par le verbe à l'imparfait est toujours plus grande en durée que l'information donnée par le verbe au passé composé.

Tous les verbes cités plus haut peuvent bien entendu être utilisés au passé composé, si on considère qu'ils évoquent non plus un cadre situationnel, mais plutôt des événements ponctuels :

> J'ai mal **dormi**.
> J'ai **été malade**.

Dans ce cas vous pouvez également préciser une limite à ces événements :

> Cette nuit, j'**ai** mal **dormi**.
> J'ai **été** malade pendant 3 jours.

ce que vous ne pourriez pas faire si ces verbes étaient à l'imparfait :

> Cette nuit je dormais mal (impossible).
> J'étais malade pendant 3 jours (impossible).

Par contre vous pouvez combiner dans une même phrase :

**1.** Indicateurs de temps qui précisent à quel moment se passe l'information que vous donnez :

> *hier*
> *lundi*
> *ce matin*
> *la semaine dernière*
> *en 1975*
> *Il y a 10 ans.*

**2.** Verbes à l'imparfait

pour fixer le cadre situationnel qui a existé *hier lundi, ce matin, la semaine dernière, en 1975, il y a 10 ans.*

**3.** Verbes au passé composé

pour évoquer les événements qui se sont produits *hier, lundi, la semaine dernière, en 1975, il y a dix ans*, à l'intérieur du cadre situationnel déterminé par les verbes à l'imparfait.

| | |
|---|---|
| Quand ? | hier |
| Situation : | j'étais fatigué |
| Événement : | je suis resté au lit |
| Quand ? | cette nuit |
| Situation : | je dormais mal |
| Événement : | alors j'ai pris un somnifère. |

## 2 *Relations entre passé composé et imparfait*

Il est fréquent que des relations cause/conséquence existent entre le cadre situationnel et le ou les événements évoqués :

> Cette nuit, comme je ne **dormais** pas, j'**ai pris** un somnifère.
> Cette nuit, je ne **dormais** pas, alors j'**ai pris** un somnifère.

*Cette nuit* permet de limiter dans le temps l'information donnée (je ne dormais pas, j'ai pris un somnifère).

Si le moment évoqué n'est pas limité dans le temps, les verbes utilisés à l'imparfait évoquent une succession, une répétition fréquente de situations :

> Autrefois, je **dormais** mal, alors je **prenais** des somnifères, depuis que je fais du sport, c'est fini, à 10 heures je suis au lit.

« Je dormais mal », « je prenais des somnifères » : sous-entendu : « chaque nuit ».

Mais si vous voulez quantifier de façon précise cette répétition de situation, vous devrez utiliser le passé composé :

> J'**ai** mal **dormi** pendant plusieurs jours, alors j'**ai pris** des somnifères

(et non « je dormais mal pendant plusieurs jours, alors j'ai pris des somnifères » : impossible).

Enfin si l'ensemble de l'information (dont une partie « mal dormir » est quantifiée de façon précise par « plusieurs jours ») se répète, vous pouvez dire :

> Chaque fois que j'**avais** un examen, je dormais mal pendant plusieurs jours, alors je pre-nais des somnifères et j'**arrivais** complètement endormi pour passer mon examen.

Lorsque vous voulez évoquer un événement qui s'est déroulé dans un cadre situationnel (exprimé par un verbe à l'imparfait) vous disposez de plusieurs constructions pour le faire :

> Je **suis passé** chez lui, mais il n'**était** pas là.

dans ce premier cas, pas de mot spécial à utiliser. Vous mettez bout à bout deux énoncés :

> Je **suis passé** chez lui + il n'**était** pas là.

Lorsqu'il existe une relation cause/conséquence entre la situation et l'événement évoqué, vous pouvez utiliser des expressions du type de *comme*, *alors*, *puisque*, *si bien que* (voir le chapitre Relations de cause et de conséquence, p. 185).

> Il **faisait** trop chaud pour travailler, alors j'**ai fait** une sieste. (comme il faisait trop chaud pour travailler, j'ai fait une sieste).

Vous pouvez également établir une relation de *cause/conséquence* par simple juxtaposition, sans mot spécial :

> Il faisait trop chaud pour travailler, j'**ai fait** la sieste.

---

## *QUAND* + passé composé + imparfait

indique qu'un événement survient, à l'intérieur d'une situation en cours. Cet événement provoque en général l'interruption ou le changement de la situation en cours.

> Quand je **suis arrivé**, il **partait**.
> Je **dormais** quand tout à coup le téléphone **a sonné**.
> Je **marchais** tranquillement dans la rue quand un coup de feu **a éclaté**.
> Je suis arrivé : il a interrompu son départ.
> Le téléphone a sonné : je me suis réveillé.
> Un coup de feu a éclaté : j'ai cessé de marcher (pour courir par exemple).

REMARQUE : Ce type de phrase *(imparfait + quand + passé composé)*, peut être remplacé par *être en train de + infinitif* :

> Quand je **suis arrivé**, il **était** en train de partir.
> J'**étais** en train de dormir quand le téléphone **a sonné**.
> J'**étais** en train de marcher quand un coup de feu **a éclaté**.

*Être en train de + infinitif* indique que quelque chose est en cours de réalisation dans le présent, le passé (ou plus rarement le futur) :

> Qu'est-ce que tu fais en ce moment ?
> — Je **suis en train de repeindre** mon appartement.

> — Pourquoi est-ce que tu ne m'as pas dit bonjour ?
> — J'**étais en train de discuter** avec Pierre.

> — Dans 2 jours, je **serai en train de passer** mon examen.

---

*QUAND + passé composé + passé composé*

indique une succession d'événements qui peuvent être liés par une relation de cause / conséquence :

> Quand je **suis arrivé**, il **est sorti** (possibilité d'interprétation : mon arrivée a provoqué son départ).

> Quand il m'**a vu**, il **a eu** l'air surpris (possibilité d'interprétation : il a eu l'air surpris de me voir).

Dans ces deux exemples, la chronologie des événements est la suivante :

| événement 1 : (avec quand) | événement 2 : |
|---|---|
| Je suis arrivé | Il est sorti |
| Il m'a vu | Il a eu l'air surpris |

REMARQUE : L'ordre des mots peut être différent :
Quand je **suis arrivé**, il **est sorti**
Il **est sorti** quand je **suis arrivé**

---

*QUAND + imparfait + imparfait*

indique à la fois une succession d'événements ou de situations et une répétition dans le temps de cette succession d'événements. Ces événements (ou situations) sont également liés par une relation de *cause/conséquence* :
L'événement 1 (avec quand) provoque l'existence de l'événement 2.

Si 1 n'existe plus, 2 n'existe plus.

> Quand il **venait** de me voir (1), je **débouchais** une bouteille de champagne (2).
> Quand j'**avais** un peu d'argent (1), je **faisais** une grande fête avec tous mes amis (2).

*Quand* peut être remplacé par *chaque fois que* :

> Chaque fois qu'il **venait** me voir, je **débouchais** une bouteille de champagne.

227

Ce type de construction (*quand + imparfait, imparfait*), signifie que la succession d'événements ou d'actions évoqués n'existe plus au moment où l'on parle :

> Quand il **venait** me voir (1), je **débouchais** une bouteille de champagne (2) (maintenant, il ne vient plus me voir et par conséquent, je ne débouche plus de bouteille de champagne *à l'occasion de sa venue*).

REMARQUE : Si cette succession de situations ou d'événements continue à exister au moment toù l'on parle vous utiliserez le présent :
> Quand il **vient** me voir, je **débouche** une bouteille de champagne.
> Quand j'**ai** un peu d'argent, je **fais** une grande fête avec tous mes amis.

■ Lorsque vous voulez parler d'une succession d'événements ponctuels, vous utiliserez le passé composé :
> Tiens, j'**ai rencontré** Pierre, il m'**a demandé** de tes nouvelles.
> Je **suis passé** chez Pierre, il m'**a présenté** sa fiancée.

À l'intérieur de cette succession d'événements, vous pouvez bien entendu insérer des informations situationnelles :
> J'ai rencontré Pierre, **il était content de me voir**, il m'a demandé de tes nouvelles.
> Je suis passé chez Pierre, il m'a présenté sa fiancée. **Elle est très jolie.**

■ Si l'information situationnelle que vous donnez est limitée au moment où se sont déroulés les événements, vous utiliserez l'imparfait :
> Il était content de me voir (au moment où je l'ai rencontré).

■ Si cette information est toujours vraie au moment où vous parlez, vous utiliserez le présent :
> Elle est très jolie (elle est toujours très jolie au moment où je parle).

# 8 PRÉSENT

Le présent n'existe pas vraiment. Chaque fois que vous utilisez un verbe au présent, l'information donnée par ce verbe déborde dans le passé et le futur :
> — Qu'est-ce que tu fais ?
> — Je réfléchis.

Il est possible de fixer des limites dans le passé (début) ou dans le futur (fin) à une information exprimée à l'aide d'un verbe au présent :
> Je réfléchis à ça **depuis quelques jours**, mais je n'ai toujours pas trouvé de solution.
> Je réfléchis à ça **jusqu'à lundi** et je prends une décision.

Le présent sert à donner des informations vraies *avant*, *pendant*, et *après* le moment où l'on parle :
> L'Italie est un pays méditerranéen.
> Je parle français.
> Je ne connais pas le Japon.

# 9 VENIR DE + INFINITIF
# ALLER + INFINITIF

Il **vient de** sortir.
Je **vais** partir.
*Venir de* (au présent) + *infinitif et aller* (au présent) + *infinitif* permettent d'évoquer des moments très proches du moment où l'on parle.

■ *VENIR DE* évoque toujours un événement très proche, qui s'est déroulé très peu de temps avant. Vous ne pouvez pas préciser quand a eu lieu cet événement si vous utilisez *venir de + infinitif* :

Il **vient de** partir il y a 5 minutes (impossible).

Si vous voulez donner une précision, vous devrez utiliser le passé composé :

Il est parti il y a 5 minutes.

Si vous voulez indiquer une proximité encore plus grande ou insister sur cette proximité, vous pouvez dire :

Il **vient** <u>juste</u> **de** partir.

■ *ALLER + INFINITIF*, évoque, s'il est utilisé sans précision de temps, un événement proche ou assez proche.
Si vous donnez une précision, *aller + infinitif* peut évoquer un événement relativement lointain :

L'année prochaine, je **vais déménager**.
Je **vais prendre** ma retraite en 1995.

*Venir de* et *aller + infinitif* peuvent être transposés dans le passé et dans ce cas indiquent une proximité dans le temps par rapport à un autre événement passé :

Je suis passé à son bureau, il venait de partir (il est parti quelques minutes avant que je passe à mon bureau).
Je suis passé à son bureau, il allait partir (il se préparait à partir quand je suis passé à son bureau).

Pour indiquer une proximité dans le futur, il existe d'autres possibilités :

■ *ÊTRE SUR LE POINT DE + INFINITIF*
Je suis **sur le point de terminer** ce travail (je vais bientôt terminer ce travail).

■ *PRESQUE + PASSÉ COMPOSÉ*
J'**ai presque terminé** ce travail.

# 10 PRÉSENT, ALLER + INFINITIF FUTUR SIMPLE

> Je me marie dans 6 mois.
> Je vais me marier.
> Je me marierai quand j'aurai terminé mes études.

*Le présent, aller + infinitif*, le *futur simple*, permettent de parler d'événements à venir. Le problème qui se pose est le suivant :

Comment choisir entre ces trois possibilités lorsque l'on désire parler d'un événement à venir ?

## 1 Présent

> Je ne peux pas.
> Je vais à Paris.
> Je me marie.
> Je me marie dans une semaine.
> Je travaille.
> Demain, je travaille.

Si on examine ces exemples (sans en connaître le contexte), les seules phrases que l'on peut situer dans le futur sans risque d'erreur sont celles qui comportent un indicateur de temps :

> Je me marie **dans une semaine**.
> **Demain**, je travaille.

Si on ajoute un contexte aux autres phrases elles peuvent (selon le contexte) évoquer soit le futur, soit le présent :

| Présent | Futur |
|---|---|
| — Lève-toi ! | — Tu viens **demain** ? |
| — Je ne peux pas. | — Je ne peux pas. |
| — Tu vas où avec cette valise ? | — Tu es là **demain** ? |
| — Je vais à Paris. | — Non, je vais à Paris. |
| — Quelle élégance ! | — Qu'est-ce que **tu vas faire** ? |
| — Je me marie. | — Je me marie. |
| — Tu as une minute ? | — Qu'est-ce que tu fais **cet été** ? |
| — Non, je travaille. | — Je travaille. |

Il est possible d'utiliser un présent pour parler du futur, à condition de préciser auparavant que l'on évoque un événement à venir (*demain*, *cet été*, etc.)

## 2 Aller + infinitif

Je **vais** lui téléphoner.

Utilisé sans indicateur de temps, *aller + infinitif* évoque un événement futur proche du moment où l'on parle.

Il n'y a pas d'indication temporelle précise, la seule information donnée est une proximité imprécise dans le futur.

Je lui téléphone **demain**.

Dans ce cas, le présent est suffisant car il est accompagné d'une précision temporelle (demain) :

Si vous utilisez le présent pour parler du futur, vous devez préciser *quand*.
Si vous utilisez *aller + infinitif*, vous n'êtes pas obligé de préciser *quand* (mais vous pouvez le faire) :

Je **vais** lui téléphoner **demain**.

## 3 Futur simple

Comme il existe d'autres moyens que le *futur simple* de s'exprimer dans le futur, les Français, dans les situations de communication courantes, ont tendance à préférer ces autres moyens (*présent* ou *aller + infinitif*).

Si vous dites :

Je lui téléphonerai demain.
votre phrase est correcte, mais un Français dirait plutôt :

Je lui téléphone demain.

Pourtant, il existe des circonstances où vous devrez plutôt utiliser le futur simple :
• Pour parler d'un événement à venir prévu (par des calculs, par exemple) :
D'après les experts, le chômage augmentera en 1988.
Demain, il fera beau sur l'ensemble du pays.
• Pour parler d'un événement fixé à l'avance :
Le concert aura lieu lundi à 21 heures.
À partir de la semaine prochaine les cours auront lieu de 9 heures à midi.
Le mois prochain, le prix du pain augmentera de 50 centimes.
• Dans une phrase avec *quand*, *dès que* :
Je ferai ça **quand** j'aurai le temps
Je te préviendrai **dès que** j'aurai terminé.
• Pour donner un ordre, une consigne :
Vous me taperez ce rapport en 3 exemplaires.
Tu feras attention en traversant !
• Avec *penser que*, *espérer que* :
Je pense qu'il ne viendra pas.
J'espère que ça te plaira.
• Pour remettre quelque chose à plus tard :
Je suis fatigué, je ferai ça demain
C'est trop tard, je lui téléphonerai demain
• Pour faire une promesse :
Je viendrai, je te le promets.
Ne t'inquiète pas, je ferai attention.

231

# 15

# QUANTIFIER

Ce chapitre présente les outils linguistiques
nécessaires pour quantifier une information
(chiffrer, comparer...).

# QUANTIFIER EN PARLANT DE QUELQUE CHOSE

## 1 Généralités

Lorsque l'on donne une information sur quelque chose, lorsque l'on demande quelque chose à quelqu'un, il est souvent nécessaire de donner des informations de type quantitatif.

Un des premiers moyens de quantifier est de dire *combien*. Nous avons souvent évoqué le principe d'économie. Il est également valable dans le cas qui nous intéresse, s'il n'est pas nécessaire de préciser une quantité, on ne dira pas combien :

> Tu veux du café ?

Dans certaines situations, si vous ne dites pas combien, on vous le demandera :
Chez le boulanger, si vous dites :

> — Je voudrais du pain.

le boulanger vous dira :

> — **Combien** ?

Chez le boucher c'est pareil :

> — Je voudrais du jambon.
> — Vous en voulez **combien** ?

et vous répondrez :

> — 5 tranches ou 200 grammes.

## 2 Les moyens de quantifier

Pour quantifier, pour dire combien, vous disposez des outils suivants :

**1.** Les chiffres :

> Je voudrais **deux** cafés.
> **Trois** bières, s'il vous plaît !

Selon le type de produit demandé, la façon de dire combien peut varier.
Exemple : pour les œufs, l'unité de quantification est la *douzaine (12)*, la *demi-douzaine (6)*. Dans certains pays, les œufs s'achètent au kilo, ce qui étonne toujours les Français. *Quinze jours* signifie deux semaines, c'est-à-dire 14 jours !

**2.** Des unités de mesure selon le type de produit demandé :

> Je voudrais un **demi-litre** de lait.
> Donnez moi **une livre et demi** de bœuf
> Achète **un kilo** de sucre !

Pour les liquides : *un litre, un demi-litre, un quart de litre*, et au-delà de 1 litre, *2 litres, 3 litres*, etc.
Pour les solides : *100 grammes, 600 grammes, un kilo* (un kilo = 1 000 grammes). *500 grammes* se dit *une livre*, *250 grammes* se dit *une demi-livre*, *750 grammes* se dit *une livre et demi*.
Si, dans un bar en France, vous demandez *un demi*, on vous servira 25 centilitres de bière et non un demi-litre. Si vous demandez *un quart*, on vous servira 12,5 cl de bière et non 25 cl, ce qui correspond à un quart de litre !

**3.** Des mots spéciaux pour désigner la partie d'un tout :

Une **tranche** de jambon.
Un **morceau** de pain.
Une **part** de gâteau.
Une **tête** de laitue.
Une **botte** de poireaux.

**4.** L'unité de mesure peut être donnée par l'objet qui contient le produit :

Un **verre** de lait.
Une **tasse** de café.
Une **assiette** de frites.
Une **bouteille** de vin.
Une **cuillère** de sirop.

# 2 UN MOYEN DE QUANTIFICATION PARTICULIER : DU, DE LA, DE L', DES

■ Lorsque l'on parle d'une chose, il n'est pas toujours nécessaire de préciser une quantité (un, deux, un litre, un kilo, une tranche) :

Donne-moi **du** pain, s'il te plaît...
Vous voulez **du** café ?
Je vais acheter **de** l'essence.
Tu as **des** cigarettes ?

On pourrait bien entendu préciser :

Donne-moi **un morceau** de pain.
Donne-moi **une tranche** de pain.

En fonction de ce que vous voulez dire, si vous utilisez *le*, *la*, *les* au lieu de *du*, *de la*, *des*, vous désignez le tout et non une partie indéfinie de ce tout.
Si vous dites :

Donne-moi **le** pain.

vous obtiendrez *tout* le pain.

Si vous dites :

Donne-moi **du** pain.

vous obtiendrez une *partie* du pain.

■ Pour certaines choses, vous ne pouvez pas dire *combien*

Aujourd'hui, il y a **du** soleil.
Hier, il y avait **du** vent.

Dans ce cas, l'utilisation de *du*, *de la*, *des*, indique l'existence de quelque chose, sans qu'il y ait d'élément qui permette de préciser l'importance de ce quelque chose.

■ Si vous voulez cependant donner plus de précisions, vous disposez d'un certain nombre d'outils linguistiques qui vous permettront de donner des renseignements plus précis sur l'importance (positive/négative) de la chose dont on parle :

Aujourd'hui, il y a **beaucoup de** vent, **peu de** vent, **un peu de** vent, **pas du tout de** vent.

Avec ces mots (*peu, un peu, beaucoup, pas du tout*, etc.), on n'utilise plus *du*, *de la*, *des*, mais une seule forme *de* :

Il y a **du** vent.
Il y a beaucoup **de** vent.

# 3 LES CHIFFRES / LES NOMBRES

## 1 L'écriture des chiffres

| | | | | | | | | |
|---|---|---|---|---|---|---|---|---|
| 1 | un | 13 | treize | 60 | soixante | 900 | neuf cents |
| 2 | deux | 14 | quatorze | 70 | soixante-dix | 1 000 | mille |
| 3 | trois | 15 | quinze | 80 | quatre-vingts | 2 000 | deux mille |
| 4 | quatre | 16 | seize | 90 | quatre-vingt-dix | 3 000 | trois mille |
| 5 | cinq | 17 | dix-sept | 100 | cent | 4 000 | quatre mille |
| 6 | six | 18 | dix-huit | 200 | deux cents | 5 000 | cinq mille |
| 7 | sept | 19 | dix-neuf | 300 | trois cents | 6 000 | six mille |
| 8 | huit | 10 | dix | 400 | quatre cents | 7 000 | sept mille |
| 9 | neuf | 20 | vingt | 500 | cinq cents | 8 000 | huit mille |
| 10 | dix | 30 | trente | 600 | six cents | 9 000 | neuf mille |
| 11 | onze | 40 | quarante | 700 | sept cents | | |
| 12 | douze | 50 | cinquante | 800 | huit cents | | |

1 000 000  (un million)
1 000 000 000 (un milliard)

Tous les nombres soulignés sont formés par une combinaison d'autres nombres :

70 est une combinaison de 60 et 10 : *soixante-dix* (60 + 10)
80 est une combinaison de 4 et 20 : *quatre-vingts* (4 × 20)
90 est une combinaison de 4, 20 et 10 : *quatre-vingt-dix* (4 × 20 + 10).

■ Pour 20, 30, 40, 50, 60, 80 la combinaison se fait de la façon suivante :

| | | |
|---|---|---|
| 21 *vingt et un* | 31 *trente et un* | 41 *quarante et un* etc. |
| 22 *vingt-deux* | 32 *trente-deux* | 42 *quarante-deux* etc. |
| 23 *vingt-trois* | 33 *trente-trois* | 43 *quarante-trois* etc. |
| 24 *vingt-quatre* | 34 *trente-quatre* | 44 *quarante-quatre* etc. |
| 25 etc. | | |

> ATTENTION à 81 : *quatre-vingt-un*
> Pour 81, on n'utilise pas *et* comme dans *vingt et un*, *quarante et un*.

■ Pour 70 et 90, la combinaison se fait de la façon suivante :

| | |
|---|---|
| 70 *soixante-dix* | 90 *quatre-vingt-dix* |
| 71 *soixante et onze* | 91 *quatre-vingt-onze* |
| 72 *soixante-douze* | 92 *quatre-vingt-douze* |
| 73 *soixante-treize* | 93 *quatre-vingt-treize* |
| 74 *soixante-quatorze* | 94 *quatre-vingt-quatorze* |
| 75 *soixante-quinze* | 95 *quatre-vingt-quinze* |
| 76 *soixante-seize* | 96 *quatre-vingt-seize* |
| 77 *soixante-dix-sept* | 97 *quatre-vingt-dix-sept* |
| 78 *soixante-dix-huit* | 98 *quatre-vingt-dix-huit* |
| 79 *soixante-dix-neuf* | 99 *quatre-vingt-dix-neuf* |

REMARQUE : Si vous allez en Belgique ou en Suisse, vous entendrez :
*septante* au lieu de *soixante-dix*
*octante* au lieu de *quatre-vingts*
*nonante* au lieu de *quatre-vingt-dix*

■ Au-delà de 100, c'est très simple, on ajoute au chiffre des centaines un chiffre compris entre 1 et 99 :

258 = 2 × 100 + 50 + 8 *deux cent cinquante-huit*
999 = 9 × 100 + 4 × 20 + 10 + 9 *neuf cent quatre-vingt-dix-neuf*

■ De 1 000 à 2 000, il y a deux solutions :

1 100 = 1 000 + 100 *mille cent*      ou 11 × 100 *(onze cents)*
1 200 = 1 000 + 200 *mille deux cents* ou 12 × 100 *douze cents*
1 900 = 1 000 + 90 *mille neuf cents* ou 19 × 100 *dix-neuf cents*

■ Au-delà de 2 000, les chiffres se composent de la façon suivante :

2 200 *deux mille deux cents*
3 600 *trois mille six cents*
8 500 *huit mille cinq cents*

■ Au-delà de 10 000 :

11 000 *onze mille*
12 000 *douze mille*
25 000 *vingt-cinq mille*

■ Pour composer un chiffre complexe (exemple : 1 546 721 francs) on procède de la façon suivante :

1. nombre de millions    un million
2. nombre de milliers    cinq cent quarante-six
3. nombre de centaines   sept cent
4. nombre d'unités       vingt et un
Ce qui donne :
1 546 721 = un million cinq cent quarante-six mille sept cent vingt et un francs !

## 2 L'écriture des nombres

Les règles d'écriture des nombres vous paraîtront un peu compliquées, mais ne vous inquiétez pas, elles le sont aussi pour les Français qui ne les respectent que très rarement. Ce n'est pas très grave, car aucune banque n'a jamais refusé un chèque sous prétexte qu'il y avait un trait d'union (-) ou un s mal placé ou oublié.

SI vous désirez être irréprochable dans l'écriture d'un nombre, sachez que :

**1.** Il faut un *trait d'union* (-) entre tous les chiffres composés inférieurs à 100 :
        quatre-vingt-dix-huit (98)
        quarante-six (46)
mais vous écrirez :
        cent quatre-vingt-dix-huit (198)
        mille deux cent quarante-six (1 246)
sans « - »
entre *cent* et *quatre-vingt-dix-huit*
entre *mille* et *deux cents*

**2.** Il faut ajouter un *s* (au pluriel) à *vingt*, *cent* lorsqu'ils terminent un nombre, mais *mille* ne prend jamais de s :

| | | |
|---|---|---|
| deux cents | mais | deux cent onze |
| quatre-vingts | mais | quatre-vingt-dix |
| deux mille | et | deux mille dix |

Tout cela n'est pas très logique, n'est-ce pas ? Vous pouvez l'oublier !

La prononciation de certains chiffres change s'ils sont suivis d'une voyelle ou à la fin d'une phrase.

■ 1, 2, 3 : la consonne finale se prononce s'ils sont suivis d'une voyelle
un enfant (un [n] enfant)
deux enfants (deux [z] enfants)
trois enfants (trois [z] enfants)

■ 4 : *quatre* ne varie pas, mais en français familier, le « R » final a tendance à disparaître s'il est suivi d'une consonne (quat'cents francs).

■ 5 : *cinq*, le [K] final ne se prononce normalement que s'il est suivi d'une voyelle cinq [K] heures), mais les Français ont tendance à le prononcer en toutes circonstances (cinq [K] cents francs).

■ 6 : *six* se prononce [si] lorsqu'il est suivi d'une consonne ([si] francs),
[sis] lorsqu'il termine une phrase (nous sommes [sis])
et [siz] lorsqu'il est suivi d'une voyelle ([siz] heures).

■ 7 : *sept* est toujours prononcé « set » (le [p] de « sept » ne se prononce pas).

■ 8 : *huit*, le « t » ne se prononce que s'il est suivi d'une voyelle ou en fin de phrase (huit [t] heures, nous sommes huit [t], mais hui jours).

■ 9 : *neuf*, le [f] final est toujours prononcé, mais il devient [v] dans des expressions comme « neuf ans » (neuv ans), « neuf heures » (neuv heures).

■ 10 : *dix*, même prononciation que « six ». Dans les chiffres composés, il se prononce de la façon suivante :

■ 17 : [di] sept

■ 18 : [diz] huit

■ 19 : [dis] neuf ou [diz] neuf

**238**

■ 20 : *vingt*, le [t] final se prononce si « vingt » est suivi d'une voyelle (vingt [t] ans) et dans les chiffres composés (vingt [t] neuf, vingt [t] cinq). Le [g] de « vingt » ne se prononce pas.

■ 100 : *cent*, le [t] final ne se prononce pas dans les chiffres composés (« cen » un, « cen » huit) mais il se prononce s'il est suivi d'un nom qui commence par une voyelle (cen [t] ans).

# 4 LIRE LES CHIFFRES DE LA VIE QUOTIDIENNE

## 1 *Les numéros de téléphone*

On lit les chiffres deux par deux, s'il y en a 7, on lit les trois premiers ensemble :

86 54 67 79 = quatre-vingt-six, cinquante-quatre, soixante-sept, soixante-dix-neuf
453 61 22 = quatre cent cinquante-trois, soixante et un, vingt-deux.

## 2 *Les pourcentages*

35 % = trente-cinq pour cent
48,5 % = quarante-huit virgule cinq pour cent (ou quarante-huit et demi pour cent)

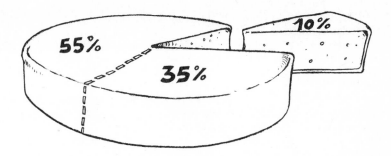

## 3 *Les francs*

50 francs = cinquante francs
40,65 francs = quarante francs soixante-cinq (ou quarante francs et soixante-cinq centimes).

REMARQUE : En France, vous entendrez certainement parler « d'anciens francs » et de « nouveaux francs ». Dans les années 60, la monnaie a changé : 100 francs d'avant 1960 sont devenus 1 nouveau franc. Beaucoup de Français (surtout les plus âgés) continuent à s'exprimer en « anciens francs » ou convertissent les francs actuels en « anciens francs ».

100 francs actuels = 10 000 anciens francs
10 francs actuels = 1 000 anciens francs

En français familier :

100 balles = 1 franc ou 100 francs (nouveaux)
10 sacs = 100 francs
1 brique = 10 000 francs

## 4 Les fréquences des radios

94.5 = quatre-vingt-quatorze point cinq

## 5 L'heure

(Voir chapitre Demande de renseignements p. 103)

## 6 Les chiffres dans quelques expressions populaires

- Il s'est déjà marié deux fois ! **Jamais deux sans trois.**
  (Si une chose a eu lieu deux fois, il y a beaucoup de chance pour qu'elle ait lieu une troisième fois.)

- **22** ! Voilà les « flics » ! (Attention, voilà la police !).
- Il n'y a pas 36 solutions. (il y a une seule solution, une seule possibilité).
- Il coupe les cheveux **en quatre**, (il complique tout, il se perd dans les détails).
- Il est tiré à quatre épingles (il est bien habillé, très élégant).
- Être plié **en deux**, **en quatre**, **en huit** (rire beaucoup).
- On est **treize** à table.
  se retrouver à 13 autour d'une table est considéré comme un signe de malheur par beaucoup de Français.

- Il était moins **une** ! (j'ai failli avoir un problème, un accident).
- Il s'est mis **en quatre** pour me recevoir (il a fait beaucoup d'effort pour bien me recevoir).
- Il est sur son **31**. (il est bien habillé, élégant).
- De deux choses l'une... (il y a deux possibilités)
- Couper la poire **en deux** (faire une proposition acceptable pour tout le monde, négocier).
- J'ai terminé **en moins de deux (j'ai terminé très vite).**
- Dites **33**. (Formule utilisée autrefois par les médecins pour vérifier l'état des poumons de leurs malades).
- **15** jours (2 semaines soit 14 jours).
- **8** jours (une semaine, soit 7 jours).
- **13** à la douzaine (idée d'abondance).
- Mettre quelqu'un **en quarantaine** (l'isoler, ne plus lui parler ou dans un sens médical, isoler quelqu'un qui est atteint ou qui pourrait être atteint de maladie contagieuse).
- C'est un **75** (il est de Paris, le numéro du département de Paris est 75).

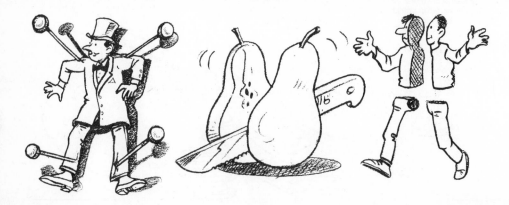

# 5 LES DIFFÉRENTES FAÇONS DE QUANTIFIER

## *1 Par rapport à une quantité chiffrée*

Quand on donne des informations de type quantitatif, on peut le faire de façon plus ou moins précise :

■ *PLUS DE / MOINS DE*

> C'est une ville **de plus de** 50 000 habitants.
> C'est une ville **de moins de** 50 000 habitants.

Il est possible de modérer le sens de *plus de* et de *moins de* :

> Je l'ai vu il y a **un peu moins** de 5 minutes (c'est-à-dire, il y a 3, 4 minutes).
> Je suis arrivé il y a **un peu plus de** 20 minutes (c'est-à-dire, il y a 25, 30 minutes).

Vous pourrez dire également :

> Un **petit peu plus**, un **petit peu moins**
> Un **tout petit peu plus**, un **tout petit peu moins**

■ *À PEINE*

> Il a **à peine** 15 ans (il a un tout petit peu plus de 15 ans, il vient d'avoir 15 ans).
> Il a **à peine moins de** 15 ans (il n'a pas tout à fait 15 ans).

■ *NE...PAS*

> Il n'a **pas** quinze ans (il a moins de 15 ans).
> Il est parti **il n'y a pas** 5 minutes (il est parti il y a moins de 5 minutes).

■ *ENVIRON, À PEU PRÈS, AUTOUR DE*

Ces expressions servent à exprimer une approximation, sans préciser si cette approximation est située au-dessus ou au-dessous du chiffre cité :

> C'est **à environ** 15 kilomètres (ça peut être à 8, 9, 10, 11, 12, 16 kilomètres).
> Il est **à peu près** dix heures, il est **environ** dix heures.
> Il a **autour de** 50 ans.

■ *AUX ALENTOURS DE*

> J'arriverai **aux alentours** de 10 heures (j'arriverai vers 10 heures).
> Il a **aux alentours de** 30 ans.

■ *PRESQUE*

indique que l'on est en dessous d'un chiffre, mais très peu en dessous :

> Il est **presque** 2 heures (il est un petit peu moins de deux heures, il sera 2 heures dans quelques minutes).
> Ça fait **presque** 100 francs (un petit peu moins de 100 francs).

■ *DANS*

peut entrer dans la construction de quelques expressions quantitatives (registre familier) :

> Ça coûte **dans** les 100 francs (ça coûte environ 100 francs).
> Il a **dans** les quinze ans (il a environ 15 ans).

■ *VERS*

> J'arriverai **vers** 10 heures (j'arriverai à 10 heures environ).
> *Vers* (dans ce sens) ne peut être utilisé qu'avec une indication d'heure)

■ *HUITAINE, DIZAINE, DOUZAINE, CENTAINE,* etc.

Ces expressions servent également à exprimer des quantités approximatives :

>Je pars dans une **huitaine** de jours (je pars dans environ huit jours).
>
>Il est venu une **dizaine** de personnes (environ 10 personnes).
>
>Il y avait une **dizaine** de milliers de manifestants (environ 10 000 manifestants).

Si vous achetez des œufs, *demi-douzaine* et *douzaine* correspondent à des quantités exactes (6 ou 12).

■ *PLUSIEURS*

évoque une quantité indéterminée, mais supérieure à 2 :

>Je l'ai vu il y a **plusieurs** jours (il y a plus de 2 jours).
>
>Je voudrais te dire **plusieurs** choses.

■ *QUELQUES*

sens voisin de *plusieurs* :

>Je l'ai vu il y a **quelques** minutes (il y a 5, 10 minutes).

## 2 *Sans utiliser de chiffres*

■ *TRÈS, EXTRÊMEMENT, PAS TRÈS, ASSEZ, PAS ASSEZ, TROP, PLUTÔT,* associées à un adjectif, ces expressions permettent de nuancer quantitativement le sens de cet adjectif :

>Il est **très** grand.
>
>Il est **assez** beau.
>
>Elle est **plutôt** jolie.
>
>Elle n'est **pas assez** grande.
>
>Elle est **trop** petite.

Voir également le chapitre Identification/présentation p. 43 pour les différentes nuances exprimables autour d'un adjectif.

Ces expressions peuvent également être utilisées dans des locutions verbales du type *il est tard, c'est loin, c'est bien* :

>Il est **extrêmement** tard.
>
>C'est **très** bien.
>
>C'est **trop** loin.

■ *ISSIME*

Le suffixe *issime* ajouté à quelques adjectifs permet d'évoquer une quantité très grande :

>Il est **richissime** (il est très riche).
>
>C'est **rarissime** (c'est très rare).
>
>C'est **grandissime** (c'est très grand).

■ *BEAUCOUP, PEU, TRÈS PEU, ASSEZ PEU, UN PETIT PEU, UN TOUT PETIT PEU, ÉNORMÉMENT*

Associées à un verbe, ces expressions permettent de nuancer quantitativement le sens de ce verbe :

>Il travaille **énormément**.
>
>Je le connais **un tout petit peu**.
>
>Il parle **beaucoup**.

■ *PRESQUE PAS, QUASIMENT PAS*

Ces expressions, associées à un verbe, évoquent une quantité voisine de zéro :

>Il ne parle **presque pas**.
>
>Je ne le connais **quasiment pas**.

*À peine* peut également être utilisé dans ce sens :

> Je le connais **à peine** (je ne le connais presque pas).

> ATTENTION : Au passé composé, ces expressions sont placées entre le verbe *être* ou *avoir* et le participe passé :
>
> > Il a **beaucoup** travaillé.
> > Je ne suis **presque** pas sorti.

■ *PAS DU TOUT, ABSOLUMENT PAS*
évoquent une quantité égale à zéro :

> Je ne le connais **pas du tout**.
> Je ne comprends **absolument pas**.

■ *RIEN, ABSOLUMENT RIEN*
évoquent (à propos d'une chose) une quantité égale à zéro :

> Je n'ai **rien** mangé.
> Il ne m'a **absolument rien** dit.

*Presque rien* évoque une quantité voisine de zéro :

> Je n'ai **presque rien** mangé (j'ai mangé un tout petit peu).

■ *TOUT*
évoque (en parlant de quelque chose), la totalité de cette chose :

> J'ai **tout** mangé.
> J'ai **tout** compris.

*Presque tout* évoque une quantité voisine de *tout* :

> J'ai **presque tout** compris.

# COMPARER

Vous disposez en français d'outils linguistiques qui servent à établir des comparaisons entre des personnes, des objets, des faits :

> Il est **plus** compétent **que** moi.
> Aujourd'hui, il fait **moins** froid.
> C'est **le plus** sympa de tous.
> Il travaille **plus que** toi.
> Tu es **aussi** distrait **que** moi.

## *1 Plus..que, moins...que, aussi...que*

■ La comparaison peut être effectuée à l'aide d'un adjectif et porter
— sur des personnes :

> Il est plus **gentil** que **toi**
> **Elle** est plus **jeune** que **lui**
> Il est aussi **compétent** que **toi**

— sur des choses, des faits :

Il **travaille** moins que moi.
Ta **voiture** consomme plus que la mienne.
Il **travaille** autant que moi.

REMARQUE : Vous utiliserez *aussi* avec un adjectif, et *autant* si vous utilisez un verbe :
Il est **aussi bavard** que toi.
Il **parle autant** que toi.

■ Le deuxième terme de la comparaison peut être :
une expression de temps :

Elle est plus jolie qu'**avant**.
Il est moins sympa qu'**hier**.

une expression de lieu :

Il est plus tranquille ici qu'**à Paris**.
Il fait plus chaud qu'**en France**.

■ Vous pouvez utiliser une négation pour établir une comparaison :

Il **ne** fait **pas** aussi chaud qu'en France (il fait moins chaud qu'en France).
Il **ne** fait **pas** plus chaud qu'hier (il fait aussi chaud, ou moins chaud qu'hier).
Il **ne** travaille **pas** plus que moi (il travaille autant, ou moins que moi).
Je **ne** suis **pas** moins compétent que lui (je suis aussi, plus compétent que lui)

■ Vous pouvez nuancer une comparaison :

Il travaille **beaucoup** moins que toi.
Il fait **un petit peu** plus chaud qu'hier.
Il est **presque** aussi grand que toi.
Il est **à peine** moins grand que l'autre.

■ Si vous établissez une comparaison à l'aide de *bon* et *bien* :

Son accent est **aussi bon que** le mien.
Son accent est **moins bon que** le mien.
Son accent est **meilleur que** le mien.

Vous pouvez dire *aussi bon* et *moins bon* ou *aussi bien* et *moins bien* ; mais vous ne pouvez utiliser *plus* avec *bon* et *bien*, vous devez utiliser *meilleur* et *mieux*.

## **2** *Plus..., moins..., aussi... (sans que)*

Il est fréquent que le deuxième terme de la comparaison ne soit pas mentionné, mais soit sous-entendu :

Aujourd'hui, il fait **plus** chaud (sous-entendu « qu'hier »).
Ici, c'est **plus** tranquille (sous-entendu « que là-bas »).
Ma voiture est **plus** rapide (sous-entendu : « que la tienne »).

Pour faire l'économie du deuxième terme de la comparaison, il est bien entendu indispensable que votre interlocuteur (en fonction de la situation, du contexte) sache exactement de quoi vous parlez.

## 3 Plus, moins, autant suivis d'un nom

Aujourd'hui, il y a **moins de** monde qu'hier.
Viens chez moi, il y a **moins de** bruit.
Cette année, il n'y a pas **autant de** touristes.
Il a eu un peu **plus de** chance **que** moi.

Lorsque *plus*, *moins* et *autant* sont suivis d'un nom, la construction est la suivante :
*plus de + nom... que..., moins de + nom... que..., autant de + nom... que...*

Vous pouvez également faire l'économie du deuxième terme de la comparaison (supression de *que*), nuancer la comparaison avec *un peu, un tout petit peu, presque, à peine, beaucoup*.

Il est **un peu plus** intelligent. (sous-entendu qu'avant)
Il est impossible d'utiliser *aussi* avec un nom.

## 4 Le plus, le moins

C'est **la plus** grande ville du monde.
C'est lui qui est **le plus** grand.

*Le plus*, *le moins*, permettent de distinguer quelque chose ou quelqu'un, d'autres choses ou d'autres personnes grâce à une caractéristique (le +, le − grand, petit, gentil, cher, etc.)

*Le plus et le moins* peuvent être suivis d'un nom :

C'est en été qu'il y a **le plus de touristes**.
C'est moi qui ai pris **le moins de retard**.

## 5 Autres moyens d'établir une comparaison

*COMME*

Ici, c'est **comme** en France.
Il est rusé **comme** un renard.
Il pense **comme** moi.

*LE MÊME...QUE..., LA MÊME CHOSE QUE...*

Il a dit **la même** chose **que** moi.
Il a pris **le même** train **que** moi.
Elle avait **la même** robe **que** moi.

Ces deux expressions permettent d'établir une égalité entre deux choses, deux personnes, deux faits.

## 6 Il existe de nombreuses expressions populaires construites avec comme

**1.** Comparaisons avec des animaux

Les Français attribuent à certains animaux des qualités ou des défauts :

Il est malin comme un singe (il est très malin).
Il est rusé comme un renard.
Il est fort comme un bœuf.
Elle jacasse comme une pie (elle parle beaucoup).
Je serai muet comme une carpe (je ne dirai rien, je me tairai).

Il est têtu comme un âne, comme une bourrique.
Il est comme un poisson dans l'eau (il est dans son élément, il est à l'aise).
Il est laid comme un pou.
Il est gras comme un cochon.
Il est myope comme une taupe (il a une très mauvaise vue).
Elle est gaie comme un pinson (le pinson est un oiseau qui chante toujours = elle est toujours de bonne humeur, joyeuse).
Je suis malade comme une bête (je suis très malade).
Elle est bête comme une oie (elle est très bête).
Ils sont comme chien et chat (ils se disputent sans arrêt).
Il est doux comme un agneau (il est calme, gentil).

D'autres expressions établissent (sans utiliser *comme*) une comparaison avec les qualités (ou les défauts) attribués à certains animaux :

Il a un regard d'aigle (il a le regard perçant).
C'est une tête de mule (il est têtu, obstiné).
C'est une tête de cochon (il est têtu, irritable).
C'est une tête de linotte (la linotte est un petit oiseau). (elle oublie tout, elle est étourdie, distraite).
Il a un œil de lynx (il a une vue perçante).
Il a versé des larmes de crocodile (il a fait semblant d'être triste, c'est un hypocrite).
C'est un troupeau de mouton (ils obéissent sans réfléchir, ils sont dociles, soumis).
Il a une fièvre de cheval (il a une très grosse fièvre).
J'ai une faim de loup (j'ai très faim).
Elle a un appétit d'oiseau (elle ne mange pas beaucoup).
Il fait un froid de canard (il fait très froid).
C'est une langue de vipère (il est médisant).
Ils jouent au chat et à la souris (ils s'évitent, se fuient).

Ces comparaisons ne se limitent pas aux animaux, elles peuvent porter sur :

**2.** Comparaisons avec des objets, des parties du corps

Elle est maigre comme un clou (elle est très maigre).
Il est gros comme une barrique (il est très gros).
C'est une armoire à glace (il est très fort, très robuste, de grande taille).
Il est gai comme une porte de prison (il est triste, pas très agréable à rencontrer).
Il est « con » comme un balai (très familier, péjoratif).
Il est beau comme un camion (il est très beau. Familier, ironique).
Elle est jolie comme un cœur (elle est mignonne).
Il est chauve comme une boule de billard (il n'a pas un seul cheveu sur la tête).
Il est rond comme un boulon (familier, il est complètement ivre).
Il est rond comme une queue de pelle (idem, familier).
Il est bourré comme une cantine (idem, familier).
Je suis raide comme un passe-lacet (familier : je n'ai pas un sou).
Il travaille comme un pied (il n'est pas très habile).
Il était blanc comme un linge (il était très pâle, il a eu très peur).
Il est rapide comme l'éclair (il est très rapide).

**3.** Comparaisons avec des fruits, des légumes, des aliments

C'est bête comme chou (c'est très facile, très simple).

Elle est rouge comme une tomate (elle a rougi, elle est intimidée, confuse).

Il est chauve comme un œuf (il n'a pas un seul cheveu sur la tête).

Je suis fauché comme les blés (familier : je n'ai pas un sou).

Il est haut comme trois pommes (il est tout petit).

Il m'a pris pour une poire (il a cru que j'étais naïf, pas très malin).

Il tremblait comme une feuille (il avait très peur).

Ça tient dans un mouchoir de poche (c'est très petit).

Il fait une chaleur d'enfer (il fait très chaud).

**4.** Comparaisons avec des personnes, des personnages (de l'histoire, de la mythologie)

Il est pauvre comme Job (il est très pauvre).

Il est riche comme Crésus (il est très riche).

Il est vieux comme Hérode (il est très vieux).

Il est fier comme Artaban (il est très fier).

Il est beau comme un Dieu (il est très beau).

Il est fort comme un Turc (il est très fort).

Il se débrouille comme un chef (il se débrouille très bien. Familier).

Il a un appétit d'ogre (il a très faim).

Il a ri comme un bossu (il a beaucoup ri).

# 16

ème chapitre

## LA LOCALISATION DANS L'ESPACE

Pour localiser des objets,
des personnes dans l'espace,
pour parler de déplacements,
vous allez utiliser divers outils
qui se regroupent en deux catégories :
■ les prépositions ■ les verbes

# LES PRÉPOSITIONS

## *1* *Situer dans un espace (pays, état, région, ville...)*

Pour situer quelque chose dans un pays, une région, un état, une ville, vous utiliserez :

*EN, AU, AUX*
>>> **En** Iran
>>> **En** France
>>> **Au** Japon

*EN, AU, DANS LE*
>>> **En** Louisiane
>>> **En** Bourgogne
>>> **Dans le** Minnesota
>>> **Au** Texas

*À, AU*
>>> **À** Paris
>>> **Au** Mans
>>> **À** La Havane

Pour les règles d'emploi de ces prépositions avec les noms de pays, de régions, de villes, voir le chapitre 2. Dire où, p. 62.

## *2* *Situer avec les points cardinaux*

Pour situer quelque chose à l'intérieur d'un espace (pays, région, ville, etc.) vous utiliserez les points cardinaux :

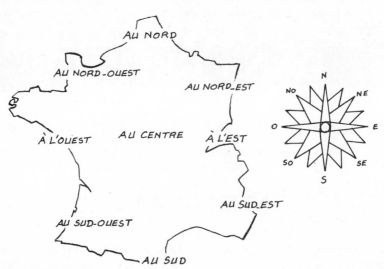

Lyon, c'est **au nord de** Marseille.
Strasbourg, c'est **à l'est de** Nancy.

*L'est, l'ouest, le nord*, peuvent être considérés comme des zones géographiques, dans ce cas vous utiliserez *dans* :

J'habite **dans** le Nord de la France

Si vous dites :

J'habite **au** nord de la France.

cela peut signifier que vous habitez dans un pays situé au nord de la France (la Belgique par exemple).

## **3** *Situer en utilisant une quantité*

Pour situer un lieu en indiquant une distance entre deux points, vous utilisez *à* + *une quantité* + *de* + *lieu* :

Lyon c'est à **400 kilomètres de Paris**.
La rue de la Poste, c'est **à 10 minutes d'ici**.
Le café du Commerce, c'est **à 200 mètres**.

Vous pouvez également préciser, lorsque vous situez une distance en utilisant une indication de temps (*à deux heures, à deux jours*), le moyen de transport correspondant à cette distance :

Lyon, c'est **à 2 heures de train** de Paris.
C'est à **une heure d'avion**.
C'est à **5 minutes à pied**.
C'est à **deux heures de voiture** d'ici.

Vous pouvez également situer une distance de façon approximative :

C'est **à environ** 5 minutes d'ici.
C'est **à une dizaine** de minutes d'ici.
C'est à 100 km **à peu près**.

Voir également le chapitre Quantifier, p. 233.

## **4** *Situer en utilisant des relations de proximité*

Pour situer 2 points en indiquant qu'ils sont proches ou lointains, vous utiliserez *près de*, *à côté de*, *loin de*. Ces prépositions peuvent être renforcées avec *tout près de*, *très loin de*, *juste à côté de* :

L'église, c'est **à côté de** la mairie.
Le théâtre, c'est **juste à côté de** la poste.
C'est **très loin d'**ici.

Vous pouvez également situer un point par rapport à un autre de façon approximative en utilisant *vers* :

Le théâtre, c'est **vers** la Faculté.

(*Vers* ne peut pas s'utiliser avec une personne).

## 5 Situer un élément par rappport à un autre

Pour situer des objets et/ou des personnes selon la place qu'ils occupent :

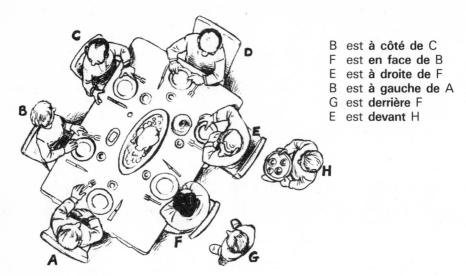

B est **à côté de** C
F est **en face de** B
E est **à droite de** F
B est **à gauche de** A
G est **derrière** F
E est **devant** H

A est **sur** B

B est **sous** A

B est **entre** A et C.

B marche **derrière** A
A marche **devant** B

## 6 *Situer un élément par rapport à un autre*

Pour situer un objet ou une personne

**1.** Par rapport à un espace défini pour indiquer que l'objet ou la personne se situent ou non dans cet espace :

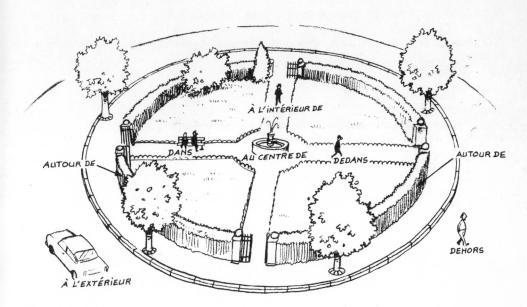

**2.** Par rapport à une ville :

> **Dans** la ville (vous pouvez dire aussi « en ville »).
> **Au centre de** Paris (vous pouvez aussi dire « au centre-ville »).
> **À l'extérieur de** Lyon.

**3.** Par rapport à une maison :

> **Dedans** (dans la maison)
> **Dehors**
> **À l'intérieur** (dans la maison)
> **À l'extérieur** (dehors)
> **Autour de** la maison, il y a un grand jardin.

Vous ne pouvez pas utiliser *en*.

## 7 *Situer dans un espace*

. Par rapport à une personne :
> **Chez** Pierre (au domicile de Pierre)
> **Chez** moi (à mon domicile)

. Par rapport à un objet :
> **Dans** le sac (vous ne pouvez pas utiliser *en*)

. Par rapport à un lieu :
Si le lieu est considéré comme fermé (par un mur, une barrière par exemple) vous emploierez *dans* :

> Il est **dans** la rue.
> Il est entré **dans** la maison.
> Il travaille **dans** une banque.
> Il est **dans** le parc.

Si l'espace est considéré comme ouvert, vous utiliserez *sur* :

> **Sur** la route.

À l'intérieur d'une ville, on utilise « rue » (dans la rue), à l'extérieur, on utilise « route » (**sur** la route).

> **Sur** le quai.
> **Sur** la place.
> **Sur** la terrasse.

Vous pouvez dire :

> J'ai un appartement qui donne **sur** la rue (idée d'ouverture).

Mais vous ne pouvez pas dire : « je marche sur la rue ».

#  2 LES VERBES QUI EXPRIMENT OU NON DES MOUVEMENTS

**1.** Verbes qui n'expriment pas de mouvements :

*ÊTRE* indique le lieu où l'on est.
*HABITER* indique le lieu où l'on vit.

Ces verbes n'indiquent pas de déplacement :

> Je **suis** à Paris (je fais un séjour à Paris).
> J'**habite** à Paris (j'ai un appartement, je vis, je travaille à Paris).

Quelques verbes ont un sens voisin de *vivre*, *être*, *habiter* :

> *résider* (habiter)
> *se trouver* (être)

**2.** Verbes qui expriment des mouvements :

■ *VENIR DE* indique l'origine
*ALLER À* indique la direction.
En français on utilise les mêmes prépositions qu'il y ait ou non mouvement, déplacement :

> J'habite **à** Bordeaux.
> Je vais **à** Bordeaux.

Si vous donnez une information concernant l'origine de quelqu'un ou quelque chose, vous utiliserez la préposition *de* :

> Je viens **de** Bordeaux.
> C'est un vin **de** Bordeaux.
> Je suis **de** Bordeaux (je suis originaire de Bordeaux).
> J'arrive **de** Paris.

■ *PARTIR* peut quelquefois indiquer l'origine :
> Le Tour de France part **de** Strasbourg.

mais il peut indiquer une destination :
> Je pars **à** Paris.
> Je pars **au** travail.

■ *ARRIVER* peut servir à indiquer une origine ou une destination :
> J'arrive **de** Paris.
> J'arrive **à** Lyon à 20 h 30.

■ *RETOURNER, REVENIR* ont le même sens qu'aller (destination) et venir (origine), mais ils supposent un déplacement antérieur à celui dont vous parlez :
> Je suis allé à Paris la semaine dernière, j'y **retourne** samedi.
> Je vais prendre un café, je **reviens** dans 5 minutes.

■ *RENTRER* implique qu'on retourne dans le lieu où l'on vit habituellement :
> Je rentre **à** la maison.
> Je rentre **aux** États-Unis (je vis aux USA).

■ *PASSER, TRAVERSER* signalent un point entre deux autres points dans un itinéraire :
> Pour aller à Lille, je **passe par** Paris.
> En venant ici, j'**ai traversé** Dijon.

Pour indiquer une direction dans un déplacement :
*aller tout droit*
*tourner à gauche*
*monter, descendre*

Voir également le chapitre Demande de renseignements, p. 103.

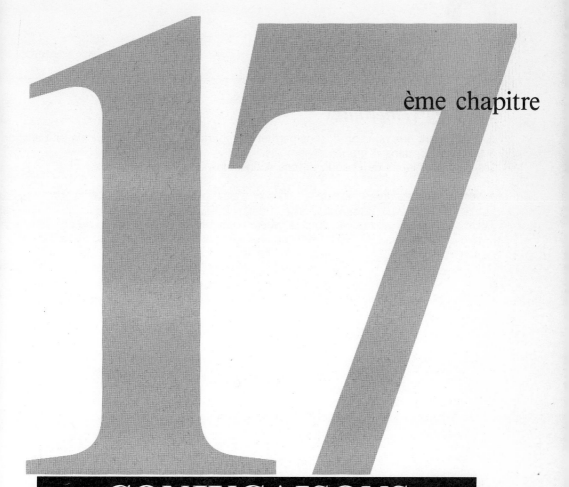

# 17 ème chapitre

# CONJUGAISONS

Comment utiliser ce chapitre ?

1. Vous voulez comprendre comment ça marche ?

Vous trouverez une analyse de la formation des conjugaisons, pour chacun des temps ou modes utilisés en français. Une place particulière est réservée au présent et au participe passé dont la formation est nettement plus complexe que celle des autres formes verbales (imparfait, futur, subjonctif, etc.)

2. Ce chapitre est conçu comme une base de données. Pour chaque modèle présenté, nous vous donnons la liste de tous les verbes qui fonctionnent sur le même modèle.

3. Vous désirez simplement rechercher une forme ?

Dans la deuxième partie de ce chapitre, vous trouverez un récapitulatif de l'ensemble des conjugaisons du français. Vous désirez savoir comment se conjugue le verbe *connaître* ? Recherchez-le dans la liste alphabétique et reportez-vous à la page indiquée.

# LE PRÉSENT

## 1 Généralités

Le classement que nous proposons permet de répartir les verbes du français, soit environ 8 000 verbes, dans 4 grands ensembles.
Les caractéristiques de chacun de ces 4 ensembles sont les suivantes :

---

### ENSEMBLE 1

Un seul radical utilisé avec *je, tu, il, nous, vous, ils*. Toutes les formes de ces verbes peuvent être déduites de l'infinitif. Ce premier ensemble regroupe tous les verbes en « er » et environ 80 verbes en « ir, dre, oir, etc. ».

Exemples :

| Parler | | Courir | |
|---|---|---|---|
| je | parl **e** | je | cour **s** |
| tu | parl **es** | tu | cour **s** |
| il | parl **e** | il | cour **s** |
| nous | parl **ons** | nous | cour **ons** |
| vous | parl **ez** | vous | cour **ez** |
| ils | parl **ent** | ils | cour **ent** |

---

### ENSEMBLE 2

Deux radicaux sont utilisés : le premier avec *je, tu, il*, le second avec *nous, vous, ils*. Les 2 radicaux peuvent être déduits de l'infinitif.

Exemples :

| Dormir | | Mettre | |
|---|---|---|---|
| radical 1 : dor | | met | |
| je | dor **s** | je | met **s** |
| tu | dor **s** | tu | met **s** |
| il | dor **t** | il | met |
| | | | |
| radical 2 : dorm | | mett | |
| nous | dorm **ons** | nous | mett **ons** |
| vous | dorm **ez** | vous | mett **ez** |
| ils | dorm **ent** | ils | mett **ent** |

---

### ENSEMBLE 3

Deux radicaux sont utilisés. Le premier radical (utilisé avec *je, tu, il*) peut être déduit de l'infinitif. Le second radical est obtenu en ajoutant un son au premier radical.

Exemples :

| Finir | | Conduire | |
|---|---|---|---|
| radical 1 : fini | | condui | |
| je | fini **s** | je | condui **s** |
| tu | fini **s** | tu | condui **s** |
| il | fini **t** | il | condui **t** |
| | | | |
| radical 2: fini+ss | | condui + s | |
| nous | fini ss **ons** | nous | condui s **ons** |
| vous | fini ss **ez** | vous | condui s **ez** |
| ils | fini ss **ent** | ils | condui s **ent** |

## ENSEMBLE 4

Les verbes classés dans cet ensemble utilisent 3 radicaux. L'un d'entre eux peut être déduit de l'infinitif et est généralement utilisé avec *nous* et *vous*. Les deux autres sont des formes nouvelles qui ne peuvent être déduites de l'infinitif, l'une de ces formes est utilisée avec *je, tu, il*, l'autre avec *ils*. Quelques verbes échappent en partie à ce schéma de formation (voir Ensemble 4).

Exemples :

|  | Venir |  | Vouloir |
|---|---|---|---|
| radical 1 : | vien | | veu |
| je | vien **s** | je | veu **x** |
| tu | vien **s** | tu | veu **x** |
| il | vien **t** | il | veu **t** |
| radical 2 : | ven | | voul |
| nous ven | **ons** | nous voul | **ons** |
| vous ven | **ez** | vous voul | **ez** |
| radical 3 : | vienn | | veul |
| ils | vienn **ent** | ils | veul **ent** |

REMARQUE : Pour effectuer ce classement, nous partons des formes écrites des verbes. Lorsqu'un changement de prononciation se produit (entre le singulier et le pluriel, par exemple, il est signalé.

## 2 *Les terminaisons*

La quasi totalité des verbes français se répartissent entre ces deux types de terminaisons :

```
je . . . . . . . e  ou  je . . . . . . . s
tu . . . . . . . es      tu . . . . . . . s
il . . . . . . . . e      il . . . . . . . . t
        nous . . . . . . . . . ons
        vous . . . . . . . . . . ez
        ils . . . . . . . . . . . ent
```

REMARQUE : Il s'agit de variations orthographiques car, en dehors de *ons* et *ez*, ces terminaisons ne se prononcent pas. Il est cependant possible de prononcer ces terminaisons lorsqu'elles sont suivies d'une voyelle (liaison). Mais les Français, dans les situations courantes de communications utilisent très peu cette possibilité de liaison sauf avec le verbe *être*, ou l'utilisation de la liaison est plus fréquente (il est-ici), mais non obligatoire (il est-t-ici ou il est ici).

Il existe quelques variantes à ces deux types de terminaisons, mais elles ne concernent que très peu de verbes :

|  | JE | TU | IL | NOUS | VOUS | ILS |
|---|---|---|---|---|---|---|
| vouloir | veu**x** | veu**x** | | | | |
| pouvoir | peu**x** | peu**x** | | | | |
| valoir | vau**x** | vau**x** | | | | |
| avoir | ai | | a | | | ont |
| être | | | | sommes | êtes | sont |
| dire | | | | | dites | |

| | JE | TU | IL | NOUS | VOUS | ILS |
|---|---|---|---|---|---|---|
| faire | | | | | faites | font |
| aller | | | va | | | vont |
| vaincre | | | vainc | | | |
| convaincre | | | convainc | | | |
| prendre(*) | | | prend | | | |

## 3 Cas des verbes en dre

### terminaison en « t » avec il :

Tous les verbes en *aindre, eindre, oindre* :

il peint
il craint
il joint
etc.

ainsi que les verbes :

absoudre      il absout
dissoudre      il dissout
résoudre      il résout

### terminaison en « d » avec il :

Tous les autres verbes en *dre* :

attendre      il attend
descendre      il descend
coudre      il coud
fondre      il fond
moudre      il moud
perdre      il perd
coudre      il coud
etc.

## _____ ENSEMBLE 1 _____

### 1. Règle générale

■ Terminaisons en *e, es, e*

| **Parler** | et... tous les verbes en *er* |
|---|---|
| je parl **e** | |
| tu parl **es** | sauf *aller* |
| il parl **e** | particularités pour les verbes en |
| nous parl **ons** | *cer, ger, yer, eler, eter* |
| vous parl **ez** | (voir ci-dessous) |
| ils parl **ent** | |

| **Cueillir** | et... 12 verbes en *ir* |
|---|---|
| je cueill **e** | |
| tu cueill **es** | accueillir*    découvrir** |
| il cueill **e** | assaillir*    entrouvrir** |
| nous cueill **ons** | défaillir*    offrir** |
| vous cueill **ez** | recueillir*    ouvrir** |
| ils cueill **ent** | tressaillir*    souffrir** |
| | couvrir** |

(*) participe passé en « i » : *accueilli, recueilli*
(**) participe passé en « rt » : *couvert, offert, souffert*

■ Terminaisons en *s, s, t*

| **Courir** * | et... 7 verbes en *ir* |
|---|---|
| je cour **s** | |
| tu cour **s** | accourir*    parcourir* |
| il cour **t** | concourir*    recourir* |
| nous cour **ons** | discourir*    secourir* |
| vous cour **ez** | encourir* |
| ils cour **ent** | |

| **Rire**\*** | et... 5 verbes en *ire* et *ure* |
|---|---|
| je ri **s** | |
| tu ri **s** | conclure*    inclure** |
| il ri **t** | exclure*    sourire*** |
| nous ri **ons** | frire**** |
| vous ri **ez** | |
| ils ri **ent** | |

participe passé en « u »*, en « us »**, en « i »***, en « it »****.

■ Terminaisons en *s, s*

| **Perdre** | et... 31 verbes en *DRE*, 3 en *PRE* | | | |
|---|---|---|---|---|
| je perd **s** | attendre | démordre | interrompre* | répandre | tordre |
| tu perd **s** | condescendre | détendre | mordre | répondre | vendre |
| il perd | confondre | distordre | (se) morfondre | revendre | |
| nous perd **ons** | correspondre | distendre | pendre | rompre* | |
| vous perd **ez** | corrompre* | entendre | pondre | soustendre | |
| ils perd **ent** | défendre | épandre | pourfendre | suspendre | |
| | dépendre | fendre | prétendre | tendre | |
| | descendre | fondre | rendre | tondre | |

| **Vêtir** | |
|---|---|
| je | vêt **s** |
| tu | vêt **s** |
| il | vêt |
| nous | vêt **ons** |
| vous | vêt **ez** |
| ils | vêt **ent** |

**et... 2 dérivés**

dévêtir
revêtir

Participe passé en « u » pour tous ces verbes : *pendu, rendu, tendu, répondu, rompu, interrompu,* etc.

REMARQUE : Lorsque le radical d'un verbe se termine par « d » ou « t », on ne rajoute pas de « t » avec *il.*
Dans le cas des verbes *rompre, corrompre, interrompre,* le « t » doit être ajouté, mais le « p » ne se prononce pas (il rompt).
À l'oral le « d » ne se prononce qu'au pluriel car, dans ce cas, il est suivi d'une voyelle. Même remarque pour le « t » de *vêtir* et le « p » de *rompre.*

## 2. Verbes en *YER, CER* et *GER*

| **Essayer** | | **Commencer** | | **Manger** | |
|---|---|---|---|---|---|
| j' | essai e | je | commenc e | je | mang e |
| tu | essai es | tu | commenc es | tu | mang es |
| il | essai e | il | commenc e | il | mang e |
| nous | essay ons | nous | commenç ons | nous | mange ons |
| vous | essay ez | vous | commenc ez | vous | mang ez |
| ils | essai ent | ils | commenc ent | ils | mang ent |

y devient i avec *je, tu, il, ils*
c devient ç avec *nous*
g devient ge avec *nous.*

## 3. Verbes en *ELER, ETER*

| **Jeter** | |
|---|---|
| je | jett e |
| tu | jett e |
| il | jett e |
| nous | jet ons |
| vous | jet ez |
| ils | jett ent |

**et... 24 verbes en *ETER***

| | | | |
|---|---|---|---|
| becqueter | déchiqueter | pailleter | trompeter |
| breveter | dépaqueter | piqueter | voleter |
| cacheter | empaqueter | pocheter | |
| caqueter | épousseter | projeter | |
| claqueter | étiqueter | rejeter | |
| cliqueter | feuilleter | souffleter | |
| décacheter | hoqueter | tacheter | |

| **Appeler** | |
|---|---|
| j' | appell e |
| tu | appell es |
| il | appell e |
| nous | appel ons |
| vous | appel ez |
| ils | appell ent |

**33 verbes en *ELER***

| | | | | |
|---|---|---|---|---|
| amonceler | craqueler | dépuceler | grommeler | renouveler |
| atteler | décerveler | dételer | morceler | ressemeler |
| bateler | décheveler | ensorceler | museler | ruisseler |
| bosseler | déficeler | épeler | niveler | |
| bourreler | démuseler | étinceler | panteler | |
| carreler | déniveler | ficeler | rappeler | |
| chanceler | denteler | fuseler | râteler | |

| **Acheter** | |
|---|---|
| j' | achèt e |
| tu | achèt es |
| il | achèt e |
| nous | achet ons |
| vous | achet ez |
| ils | achèt ent |

**et... 4 verbes en *ETER***

crocheter
fileter
fureter
racheter

| Geler | | | et... 17 verbes en *ELER* |
|---|---|---|---|

| | Geler | |
|---|---|---|
| je | gèl | e |
| tu | gèl | es |
| il | gèl | e |
| nous | gel | ons |
| vous | gel | ez |
| ils | gèl | ent |

**et... 17 verbes en *ELER***

| | | |
|---|---|---|
| ciseler | dégeler | receler |
| celer | démanteler | recongeler |
| congeler | écarteler | regeler |
| correler | marteler | remodeler |
| déceler | modeler | surgeler |
| décongeler | peler | |

## 4. Autres verbes en *E + consonne + ER*

*(semer, peser, dépecer, achever, mener, lever, sevrer, crever)*, et leurs dérivés *amener, relever*, etc. « e » devient « è » avec *je, tu, il, ils.*

| | Lever | |
|---|---|---|
| je | lèv | e |
| tu | lèv | es |
| il | lèv | e |
| nous | lev | ons |
| vous | lev | ez |
| ils | lèv | ent |

| | Mener | |
|---|---|---|
| je | mèn | e |
| tu | mèn | es |
| il | mèn | e |
| nous | men | ons |
| vous | men | ez |
| ils | mèn | ent |

## 5. Verbes en *é + consonne + ER*

Le « é » de l'infinitif devient « è » avec *je, tu, il, ils*

| | Révéler | |
|---|---|---|
| je | révèl | e |
| tu | révèl | es |
| il | révèl | e |
| nous | révél | ons |
| vous | révél | ez |
| ils | révèl | ent |

| | Céder | |
|---|---|---|
| je | cèd | e |
| tu | cèd | es |
| il | cèd | e |
| nous | céd | ons |
| vous | céd | ez |
| ils | cèd | ent |

REMARQUE : La différence de prononciation « é/è » a tendance à disparaître à l'oral, ce qui explique que les Français ne sont pas très sûrs de l'orthographe de ces verbes et hésitent entre « é » et « è » à l'écrit. Si vous commettez une erreur d'accent avec ces verbes, ce n'est pas très grave, car il y a de fortes chances que cette erreur passe inaperçue des Français qui vous liront.

## 6. Quelques verbes en *OIR, OIRE, AIRE* et *UIR*

| | Voir* | |
|---|---|---|
| je | voi | s |
| tu | voi | s |
| il | voi | t |
| nous | voy | ons |
| vous | voy | ez |
| ils | voi | ent |

**et... 10 verbes en *OIR***

| | |
|---|---|
| asseoir | pourvoir* |
| choir* | prévoir* |
| déchoir* | revoir* |
| dépourvoir* | surseoir |
| échoir* | |
| entrevoir* | |

| **Croire*** |
|---|
| je croi s |
| tu croi s |
| il croi t |
| nous croy ons |
| vous croy ez |
| ils croi ent |

| **Distraire** | et...  4 verbes dérivés |
|---|---|
| je distrai s | abstraire** soustraire** |
| tu distrai s | extraire** traire** |
| il distrai t | |
| nous distray ons | |
| vous distray ez | |
| ils distrai ent | |

| **Fuir** | et...  s'enfuir |
|---|---|
| je fui s | |
| tu fui s | |
| il fui t | |
| nous fuy ons | |
| vous fuy ez | |
| ils fui ent | |

Participe passé en « u » (*) pour tous les verbes en *oir* (*déchu, prévu, pourvu*, etc.) et pour *croire (cru)* sauf *asseoir* et *surseoir* (*assis, sursis*).
Participe passé en « ait » (**) pour tous les verbes en *aire* (*abstrait, distrait*, etc.).
Participe passé en « i » pour *fuir* et *s'enfuir*.

Ces verbes ont une conjugaison régulière proche des verbes de l'ensemble 1, avec une petite particularité orthographique avec *nous* et *vous*, où le « i » de l'infinitif se transforme en « y » (cela correspond à un changement de prononciation du radical).

# ENSEMBLE 2

| **Dormir** | |
|---|---|
| je | dor s |
| tu | dor s |
| il | dor t |
| nous | dorm ons |
| vous | dorm ez |
| ils | dorm ent |

**et... 14 verbes en *IR***

| | | |
|---|---|---|
| consentir* | pressentir* | servir* |
| démentir* | repartir* | sortir* |
| desservir* | (se) repentir* | |
| endormir* | ressentir* | |
| mentir* | ressortir* | |
| partir* | sentir* | |

| **Suivre** | |
|---|---|
| je | sui s |
| tu | sui s |
| il | sui t |
| nous | suiv ons |
| vous | suiv ez |
| ils | suiv ent |

**et... 5 verbes en *VRE***

| | |
|---|---|
| (s')ensuivre* | survivre** |
| poursuivre* | vivre** |
| revivre** | |

| **Mettre** | |
|---|---|
| je | met s |
| tu | met s |
| il | met |
| nous | mett ons |
| vous | mett ez |
| ils | mett ent |

**et... 13 verbes en *TTRE***

| | | |
|---|---|---|
| abattre** | débattre** | soumettre*** |
| admettre*** | démettre*** | |
| battre** | (s')ébattre** | |
| combattre** | émettre*** | |
| commettre*** | promettre*** | |
| compromettre*** | rabattre** | |

Participe passé en « i » (*) : *menti, senti, parti, suivi,* etc.
Participe passé en « u » (**) : *abattu, combattu, vécu, survécu,* etc.
Participe passé en « is » (***) : *admis, émis, mis,* etc.

La particularité des verbes de cet ensemble est l'utilisation de deux formules :
Infinitif − 3 lettres avec *je, tu, il* : DOR*mir*, MET*tre*, SUI*vre*
Infinitif − 2 lettres avec *nous, vous, ils* : DORM*ir*, METT*re*, SUIV*re*

# ENSEMBLE 3

## 1. Pluriel en *SS*

| **Finir** | | |
|---|---|---|
| je | fini | s |
| tu | fini | s |
| il | fini | t |
| nous | fini ss | ons |
| vous | fini ss | ez |
| ils | fini ss | ent |

**et environ 250 verbes en *IR***
qui font tous
leur participe passé
en « i »

| **Croître** | | |
|---|---|---|
| je | croî | s |
| tu | croî | s |
| il | croî | t |
| nous | croi ss | ons |
| vous | croi ss | ez |
| ils | croi ss | ent |

**et... 2 verbes en *OÎTRE***
accroître*
décroître*

| **Connaître** | | |
|---|---|---|
| je | connai | s |
| tu | connai | s |
| il | connaî | t |
| nous | connai ss | ons |
| vous | connai ss | ez |
| ils | connai ss | ent |

**et... 12 verbes en *AÎTRE***

| | |
|---|---|
| apparaître* | paraître* |
| comparaître* | reconnaître* |
| disparaître* | renaître* |
| méconnaître* | repaître* |
| naître | reparaître* |
| paître* | transparaître* |

Participe passé en « u » (*) : *connu, paru, accru*, etc.
Participe passé en « é » : un seul verbe *naître* (je suis né). *Renaître* est inusité au passé composé.

À cette liste, il faut ajouter le verbe *maudire* :

| **Maudire** | | |
|---|---|---|
| je | maudi | s |
| tu | maudi | s |
| il | maudi | t |
| nous | maudi ss | ons |
| vous | maudi ss | ez |
| ils | maudi ss | ent |

Participe passé : *maudit*.

## 2. Pluriel en *S*

| **Plaire*** | | |
|---|---|---|
| je | plai | s |
| tu | plai | s |
| il | plaî | t |
| nous | plai s | ons |
| vous | plai s | ez |
| ils | plai s | ent |

**et... 3 verbes en *AIRE***
complaire*
déplaire*
taire*

| | Lire* | |
|---|---|---|
| je | li | s |
| tu | li | s |
| il | li | t |
| nous | li s | ons |
| vous | li s | ez |
| ils | li s | ent |

**et... 9 verbes en *IRE***

circoncire          prédire**
confire**           relire*
contredire**        suffire**
élire*
interdire**
médire**

| | Conduire | |
|---|---|---|
| je | condui | s |
| tu | condui | s |
| il | condui | t |
| nous | condui s | ons |
| vous | condui s | ez |
| ils | condui s | ent |

**et... 17 verbes en *UIRE***

cuire**          luire***          reproduire**
déduire**        (se) méconduire**  séduire**
détruire**       nuire***          traduire**
éconduire**      produire**
enduire**        reconduire**
induire**        réduire**
introduire**     reluire***

Participe passé en « u » (*) : *plu, tu, lu, élu*, etc.
Participe passé en « it » (**) : *prédit, suffit, confit, cuit, produit,* etc.
circoncire = *circoncis*
Participe passé en « i » (***) : *nui, lui, relui*

Attention au verbe *dire* !

| je | di | s |
|---|---|---|
| tu | di | s |
| il | di | t |
| nous | di s | ons |
| vous | **dites** | |
| ils | di s | ent |

*Dire* fonctionne sur le modèle des verbes en *IRE* cités ci-dessus. Il a la particularité d'utiliser une forme originale avec *vous*.
Les Français (et les enfants en particulier) commettent fréquemment une erreur en conjuguant le verbe *dire*, et vous entendrez quelquefois « vous disez » au lieu de « vous dites ».

Attention aussi au verbe *coudre* !

| je | coud | s |
|---|---|---|
| tu | coud | s |
| il | coud | |
| nous | cou s | ons |
| vous | cou s | ez |
| ils | cou s | ent |

À l'oral, le verbe *coudre* se conjugue sur le modèle de *conduire* (en ajoutant un S au pluriel).
À l'écrit, le « D » de l'infinitif est maintenu avec *je, tu, il*, mais ne se prononce pas.

Participe passé : *cousu*.

## 3. Pluriel en V

### Écrire

| | | |
|---|---|---|
| j' | écri | s |
| tu | écri | s |
| il | écri | t |
| nous | écri v | ons |
| vous | écri v | ez |
| ils | écri v | ent |

**et... 10 verbes en *CRIRE***

| | |
|---|---|
| circonscrire | réécrire |
| décrire | retranscrire |
| inscrire | souscrire |
| prescrire | suscrire |
| proscrire | transcrire |

Participe passé en « it » pour tous ces verbes.

## 4. Pluriel en *GN* (verbes en *EINDRE, AINDRE, OINDRE*)

### Peindre

| | | |
|---|---|---|
| je | pein | s |
| tu | pein | s |
| il | pein | t |
| nous | pei **gn** | ons |
| vous | pei **gn** | ez |
| ils | pei **gn** | ent |

**et... 12 verbes en *EINDRE***

| | |
|---|---|
| astreindre | étreindre |
| atteindre | feindre |
| ceindre | geindre |
| déteindre | repeindre |
| enfreindre | restreindre |
| éteindre | teindre |

### Plaindre

| | | |
|---|---|---|
| je | plain | s |
| tu | plain | s |
| il | plain | t |
| nous | plai **gn** | ons |
| vous | plai **gn** | ez |
| ils | plai **gn** | ent |

**et... 2 verbes en *AINDRE***

| |
|---|
| contraindre |
| craindre |

### Joindre

| | | |
|---|---|---|
| je | join | s |
| tu | join | s |
| il | join | t |
| nous | joi **gn** | ons |
| vous | joi **gn** | ez |
| ils | joi **gn** | ent |

**et... 5 verbes en *OINDRE***

| | |
|---|---|
| adjoindre | poindre |
| disjoindre | rejoindre |
| enjoindre | |

Tous ces verbes (au total 22) présentent au pluriel une modification du radical issu de l'infinitif :

*ein* devient *eigne* (participe passé en « eint » : *peint, atteint, éteint*, etc.)
*ain* devient *aigne* (participe passé en « aint » : *plaint, craint, contraint*)
*oin* devient *oigne* (participe passé en « oint » : *joint, disjoint*, etc.)

## 5. Pluriel en *OLV* (verbes en *OUDRE*)

| **Résoudre\*** | et...   2 verbes en *OUDRE* |
|---|---|
| je     résou   s | absoudre\*\* |
| tu     résou   s | dissoudre\*\* |
| il      résou   t | |
| nous réso **lv** ons | |
| vous réso **lv** ez | |
| ils     réso **lv** ent | |

participe passé en « ous » (\*\*) : *absous, dissous*
participe passé en « olu » (\*) : *résolu*.

REMARQUE : Les Français commettent souvent une erreur en conjuguant au passé composé les verbes *absoudre* et *dissoudre* comme *résoudre*.

## 6. Pluriel en *L*

**Moudre**
je     moud   s
tu     moud   s
il      moud
nous mou **l** ons
vous mou **l** ez
ils     mou **l** ent

Participe passé : *moulu*

## 7. Pluriel en *QU* (*vaincre* et *convaincre*)

**Vaincre**
je     vainc   s
tu     vainc   s
il      vainc
nous vain **qu** ons
vous vain **qu** ez
ils     vain **qu** ent

Le « c » n'est pas prononcé avec *je, tu, il*.
Participe passé : *vaincu, convaincu*

Le point commun de tous les verbes classés dans cet ensemble est la formation du pluriel par adjonction d'un son *(ss, s, v, l, qu)*.

# ENSEMBLE 4

La particularité de tous les verbes classés dans ce quatrième ensemble est qu'ils forment leur présent en utilisant au moins un radical totalement différent de l'infinitif.

### 1. *Venir* et *tenir* et leurs dérivés

| **Venir** | | | | **et... 15 verbes dérivés :** | | |
|---|---|---|---|---|---|---|
| je | vien | s | | advenir | intervenir | (se) souvenir |
| tu | vien | s | | circonvenir | parvenir | subvenir |
| il | vien | t | | contrevenir | prévenir | survenir |
| nous | ven | ons | | convenir | provenir | |
| vous | ven | ez | | devenir | revenir | |
| ils | vien n | ent | | disconvenir | redevenir | |

| **Tenir** | | | | **et... 8 verbes dérivés** | |
|---|---|---|---|---|---|
| je | tien | s | | appartenir | retenir |
| tu | tien | s | | contenir | soutenir |
| il | tien | t | | détenir | |
| nous | ten | ons | | entretenir | |
| vous | ten | ez | | maintenir | |
| ils | tien n | ent | | obtenir | |

Tous ces verbes font leur participe passé en *venu* ou *tenu*.

### 2. Verbes en *CEVOIR*, verbe *devoir*

| **Apercevoir** | | | | **et... 5 verbes en *CEVOIR*** | | |
|---|---|---|---|---|---|---|
| j' | aperçoi | s | | concevoir | entrapercevoir | préconcevoir |
| tu | aperçoi | s | | décevoir | percevoir | |
| il | aperçoi | t | | | | |
| nous | apercev | ons | | | | |
| vous | apercev | ez | | | | |
| ils | aperçoi **v** | ent | | | | |

| **Devoir** | | |
|---|---|---|
| je | doi | s |
| tu | doi | s |
| il | doi | t |
| nous | dev | ons |
| vous | dev | ez |
| ils | doi **v** | ent |

Tous ces verbes font leur participe passé en « u » : *aperçu, déçu, perçu, dû,* etc.

---

**3.** Vérbes en *EU* au singulier :

| **Vouloir** | **Pouvoir** | **Mouvoir** | **Mourir** |
|---|---|---|---|
| je veu x | je peu x | je meu s | je meur s |
| tu veu x | tu peu x | tu meu s | tu meur s |
| il veu t | il peu t | il meu t | il meur t |
| nous voul ons | nous pouv ons | nous mouv ons | nous mour ons |
| vous voul ez | vous pouv ez | vous mouv ez | vous mour ez |
| ils veul ent | ils peuv ent | ils meuv ent | ils meur ent |

Participe passé en « u » : *voulu, pu, mu*
mourir : *mort.*

---

**4.** Verbes en *QUÉRIR*

| **Acquérir** | et 3 verbes en *QUÉRIR* |
|---|---|
| j' acquier s | conquérir |
| tu acquier s | s'enquérir |
| il acquier t | requérir |
| nous acquér ons | |
| vous acquér ez | |
| ils acquiè ent | |

Participe passé en « is » : *acquis, conquis, enquis, requis.*

---

**5.** Verbes qui utilisent un seul radical au pluriel :

| **Savoir** |
|---|
| je sai s |
| tu sai s |
| il sai t |
| nous sav ons |
| vous sav ez |
| ils sav ent |

| **Valoir** | et ses dérivés... |
|---|---|
| je vau x | équivaloir |
| tu vau x | prévaloir |
| il vau t | revaloir |
| nous val ons | |
| vous val ez | |
| ils val ent | |

Participe passé en « u » : *su, valu*

## 6. *Prendre* et ses dérivés :

■ Terminaisons en *e, es, e*

| | |
|---|---|
| je | prend s |
| tu | prend s |
| il | prend |
| nous | pren ons |
| vous | pren ez |
| ils | prenn ent |

et...

| | |
|---|---|
| apprendre | (s')éprendre |
| comprendre | (se) méprendre |
| entreprendre | surprendre |

Participe passé en « is » : *pris, appris, compris*, etc.

## 7. *Boire*

| | |
|---|---|
| je | boi s |
| tu | boi s |
| il | boi t |
| nous | buv ons |
| vous | buv ez |
| ils | boi v ent |

Participe passé : *bu.*

## 8. *S'asseoir*

Ce verbe peut être conjugué de deux façons :

| | | |
|---|---|---|
| je | m' | assoi s |
| tu | t' | assoi s |
| il | s' | assoi t |
| nous | nous | assoy ons |
| vous | vous | assoy ez |
| ils | s' | assoi ent |

| | | |
|---|---|---|
| je | m' | assied s |
| tu | t' | assied s |
| il | s' | assied |
| nous | nous | assey ons |
| vous | vous | assey ez |
| ils | s' | assey ent |

La première conjugaison rappelle celle du verbe *voir*. Le « e » présent à l'infinitif disparaît lorsque le verbe est conjugué.
La deuxième conjugaison fait appel à deux radicaux, que l'on ne peut pas déduire de l'infinitif *(assied/assey).*

Participe passé : *assis.*

# 2 LE PASSÉ COMPOSÉ, LA FORMATION DU PARTICIPE PASSÉ

## 1 Généralités

Le nom donné à ce temps verbal (« passé », « composé ») est justifié car :
— le passé composé permet de situer une information, un événement dans le passé,
— le passé composé est « composé » de deux mots :
   1) le verbe *être* ou le verbe *avoir*,
   2) une forme généralement dérivée du radical du verbe que les grammaires appellent « participe passé ».

*CHANTER*
Son passé composé est formé avec le verbe *avoir* et son participe passé est directement issu de son infinitif *(chant + é = chanté)* :

| j' | ai | chanté |
| tu | as | chanté |
| il | a | chanté |
| nous | avons | chanté |
| vous | avez | chanté |
| ils | ont | chanté |

*ARRIVER*
Son passé composé est formé avec le verbe *être* et son participe passé est directement issu de son infinitif *(arriv + é = arrivé)* :

| je | suis | arrivé (e) |
| tu | es | arrivé (e) |
| il, elle | est | arrivé (e) |
| nous | sommes | arrivés (ées) |
| vous | êtes | arrivé (ée, és, ées) |
| ils, elles | sont | arrivés (ées) |

REMARQUE : Ne pas oublier les accords masculin / féminin, singulier / pluriel pour les verbes qui se conjuguent avec *être*.

*BOIRE*
Son passé composé est formé avec le verbe *avoir* et son participe passé est très différent de l'infinitif (seule la première lettre « b » rappelle l'infinitif *boire / bu*).

| j' | ai | bu |
| tu | as | bu |
| il | a | bu |
| nous | avons | bu |
| vous | avez | bu |
| ils | ont | bu |

Le passé composé pose donc deux types de problèmes :

1. choix du verbe *être* ou *avoir*.
2. connaissance de la forme du participe passé.

Le problème de l'emploi, de la signification du passé composé, de ses relations avec d'autres notions de temps (exprimées avec des indicateurs de temps comme *depuis, ça fait, il y a*, etc.), de ses relations avec d'autres temps verbaux du passé (imparfait, plus-que-parfait) est traité dans le chapitre Se situer dans le temps p. 205.

**273**

## 2 *Choix du verbe* être *ou du verbe* avoir

Pour l'immense majorité des verbes français, c'est le verbe *avoir* qui domine. Ceux qui construisent leur passé composé avec *être* appartiennent à l'une des trois catégories :

**1.** Verbes dont le passé composé est toujours formé avec le verbe *être* :

| | | | |
|---|---|---|---|
| aller | je suis allé | entrer | je suis entré |
| arriver | je suis arrivé | rester | je suis resté |
| partir | je suis parti | tomber | je suis tombé |
| venir | je suis venu | mourir | je suis mort |
| sortir | je suis sorti | naître | je suis né |

ainsi que certains verbes (mais pas tous) formés avec le verbe *venir* :

| | | | |
|---|---|---|---|
| devenir | je suis devenu | parvenir | je suis parvenu |
| intervenir | je suis intervenu | survenir | il est survenu |

On ajoutera à ce groupe des verbes formés avec le préfixe « re » (qui signifie une idée de répétition de l'action exprimée par le verbe) :

| | | | |
|---|---|---|---|
| revenir | je suis revenu | retomber | je suis retombé |
| repartir | je suis reparti | redevenir | je suis redevenu |
| ressortir | je suis ressorti | rentrer | je suis rentré |

**2.** Verbes formant leur passé composé avec *être* ou *avoir*, selon leur sens et selon leur construction :

> monter
> descendre

Avec *avoir* :
Le passé composé de ces verbes sera formé avec *avoir* si l'action de monter ou de descendre s'effectue directement sur quelque chose. Dans ce cas, la construction est la suivante : *j'ai monté, descendu + quelque chose.*

> J'ai monté les escaliers.
> J'ai descendu l'avenue.
> Il a monté le courrier.

REMARQUE : Certains des verbes cités plus haut peuvent se conjuguer avec *avoir*, dans des sens particuliers ou familiers :
sortir :       Il a sorti son revolver.
              Il a sorti quelque chose de sa poche.
*rentrer* :      Tu as rentré la voiture ?
Utilisés avec *avoir*, *monter* et *descendre* peuvent avoir un sens familier :
              Il a monté un hold-up (= il a organisé un hold-up)
              Il a descendu quelqu'un (= il a tué quelqu'un).

**3.** Verbes dits « pronominaux » qui indiquent que le résultat d'une action s'applique sur celui qui effectue l'action :

> Pierre se lave = Pierre lave Pierre

Passé composé :

> Pierre s'est lavé

| | | | |
|---|---|---|---|
| je | me | suis | lavé |
| tu | t' | es | lavé |
| il | s' | est | lavé |
| nous | nous | sommes | lavés |
| vous | vous | êtes | lavés |
| ils | se | sont | lavés |

Beaucoup de ces verbes peuvent être utilisés dans un sens non pronominal, pour évoquer une action effectuée par quelqu'un sur quelqu'un ou quelque chose :

| action exercée sur soi-même (sens pronominal, conjugué avec *être*) | action exercée sur autrui (passé composé avec *avoir*) |
|---|---|
| Il s'est lavé. | Il lui a lavé les cheveux. |
| Il s'est habillé. | Il l'a habillé. |
| Il s'est levé. | Il l'a levé à bout de bras. |
| Ils se sont rencontrés par hasard. | Il l'a rencontré par hasard. |
| Je me suis réveillé en sursaut. | Je l'ai réveillé en sursaut. |

## **3** *Formation du participe passé*

### 1. Verbe en *ER*

Tous les verbes en *er*, soit plus de 8 000 verbes font leur participe passé en « é », y compris le verbe *aller* dont la conjugaison est irrégulière au présent :

| chant er | = chant é |
|---|---|
| parl er | = parl é |
| cré er | = cré é |
| appel er | = appel é |
| all er | = all é |

Font également leur participe passé en « é » :

| n aître | = n é |
|---|---|
| être | = été |

### 2. Verbes en *IR*

Ces verbes se répartissent en quatre groupes : participe passé en « *i, u, is, rt* » :

| fini r | = fin i |
|---|---|
| cueilli r | = cueill i |
| cour ir | = cour u |
| vêt ir | = vêt u |
| ven ir | = ven u |
| ouv rir | = ouv ert |
| off rir | = off ert |
| mourir | = mort |
| acqu érir | = acqu is |
| requ érir | = requ is |

### 3. Verbes en *IRE* et *URE*

Ces verbes se répartissent en 2 groupes principaux : participe passé en « i » (orthographié « *i, is, it* ») ou en « u » (orthographié « *u* » ou « *us* ») :

| | **I** | | | **U** | |
|---|---|---|---|---|---|
| I | ri re | = ri | U | conclu re | = conclu s |
| | nui re | = nui s | I | l ire | = l u |
| | lui re | = lui | | él ire | = él u |
| IS | circonci re | = circonci s | US | inclu re | = inclu s |
| IT | di re | = di t | | | |
| | écri re | = écri t | | | |
| | cui re | = cui t | | | |

**4.** Verbes en *AIRE*

Le participe passé de ces verbes se répartit en 2 groupes : participe passé en « u » ou en *« ait »* :

|  U  |  |  AIT  |
|---|---|---|
| t aire  = t u | | fai re  = fai t |
| pl aire  = pl u | | distrai re  = distrai t |

**5.** Verbes en *OIR* et *OIRE*

Tous les verbes en *oir* et *oire* font leur participe passé en « u ». Seules exceptions les verbes *s'asseoir* et *surseoir (assis, sursis)* :

| OIR | EVOIR/AVOIR | OUVOIR/EUVOIR | OIRE |
|---|---|---|---|
| v oir  = v u | d evoir  = d û | p ouvoir  = p u | cr oire  = cr u |
| déch oir  = déch u | s avoir  = s u | m ouvoir  = m u | b oire  = b u |
| voul oir  = voul u | recev oir  = reç u | ém ouvoir  = ém u | |
| fall oir  = fall u | aperc evoir  = aperç u | pl euvoir  = pl u | |

Le verbe *avoir* fait également son participe passé en « U »
avoir : eu

**6.** Verbes en *AÎTRE* et *OÎTRE*

| AÎTRE | | OÎTRE |
|---|---|---|
| conn aître  = conn u | | accr oître  = accr u |
| par aître  = par u | | décr oître  = décr u |

**7.** Verbes en *DRE* et *PRE*

Tous ces verbes font leur participe passé en u. Exceptions : *prendre* et ses dérivés : *pris, compris, surpris* etc. et *absoudre, dissoudre (absout, dissout)*

| DRE | PRE | OUDRE |
|---|---|---|
| attend re  = attend u | romp re  = romp u | cou dre (cous ons)  = cous u |
| tord re  = tord u | corromp re  = corromp u | mou dre (moul ons)  = moul u |
| mord re  = mord u | | résoud re (résol vons)  = résol u |
| perd re  = perd u | | |
| tond re  = tond u | | |
| pend re  = pend u | | |

| en **IS** | | en **OUT** |
|---|---|---|
| pr endre  = pr is | | absou dre  = abs out |
| compr endre  = compr is | | dissou dre  = diss out |

**8.** Verbes en *AINDRE, EINDRE, OINDRE*

Tous ces verbes font leur participe passé en *aint, eint, oint* :

| AINDRE | EINDRE | OINDRE |
|---|---|---|
| crain dre  = crain t | pein dre  = pein t | join dre  = join t |
| plain dre  = plain t | fein dre  = fein t | poin dre  = poin t |

**9.** Verbes en *ETTRE* et *ATTRE*

Les dérivés de *mettre* font leur participe passé en « is », les dérivés de *battre* font leur participe passé en « u » :

| | | | |
|---|---|---|---|
| m ettre | = m is | batt re | = batt u |
| adm ettre | = adm is | abatt re | = abbatt u |
| soum ettre | = sou mis | combatt re | = combatt u |

## 4 *Tableau récapitulatif des formes du participe passé*

Vous trouverez sur les pages suivantes un tableau regroupant la totalité des verbes non réguliers et qui met en relation les terminaisons de l'infinitif et les formes correspondantes du participe passé.

# Tableau récapitulatif des formes du participe passé

| | I | IT RT | IS | U |
|---|---|---|---|---|
| **IR**<br><br><br><br><br><br><br><br><br><br><br><br><br><br>**OIR** | verbes du type finir (fini)<br>+<br>accueillir (accueilli)   partir (parti)<br>assaillir (assailli)   pressentir (pressenti)<br>bouillir (bouilli)   recueillir (recueilli)<br>consentir (consenti)   ressentir (ressenti)<br>cueillir (cueilli)   (se) repentir (repenti)<br>défaillir (défailli)   sentir (senti)<br>démentir (démenti)   servir (servi)<br>desservir (desservi)   sortir (sorti)<br>dormir (dormi)   tressaillir (tressailli)<br>endormir (endormi)   faillir (failli)<br>(s') enfuir (enfui)<br>fuir (fui)<br>mentir (menti) | couvrir (couvert)<br>découvrir (découvert)<br>entrouvrir (entrouvert)<br>mourir (mort)<br>offrir (offert)<br>ouvrir (ouvert)<br>souffrir (souffert) | acquérir (acquis)<br>conquérir (conquis)<br>(s')enquérir (enquis)<br>requérir (requis)<br><br><br><br><br><br><br><br><br><br><br>s'asseoir (assis)<br>surseoir (sursis) | accourir (accouru)<br>advenir (advenu)<br>appartenir (appartenu)<br>circonvenir (circonvenu)<br>concourir (concouru)<br>contenir (contenu)<br>contrevenir (contrevenu)<br>convenir (convenu)<br>courir (couru)<br>détenir (détenu)<br>devenir (devenu)<br>dévêtir (dévêtu)<br>disconvenir (disconvenu) |
| **IRE** | luire (lui)<br>nuire (nui)<br>rire (ri)<br>sourire (souri) | bruire (bruit)   (se) méconduire (méconduit)<br>circonscrire (circonscrit)   médire (médit)<br>conduire (conduit)   maudire (maudit)<br>confire (confit)   prédire (prédit)<br>contredire (contredit)   produire (produit)<br>cuire (cuit)   proscrire (proscrit)<br>décrire (décrit)   reconduire (reconduit)<br>déduire (déduit)   réduire (réduit)<br>dire (dit)   reproduire (reproduit)<br>éconduire (éconduit)   séduire (séduit)<br>écrire (écrit)   souscrire (souscrit)<br>enduire (enduit)   suffire (suffit)<br>frire (frit)   traduire (traduit)<br>induire (induit)   transcrire (transcrit)<br>inscrire (inscrit)<br>interdire (interdit)<br>introduire (introduit) | circoncire (circoncis) | lire (lu)<br>élire (élu) |
| **URE** | | | | conclure (conclu)<br>exclure (exclu) |
| **VRE** | (s') ensuivre (ensuivi)<br>suivre (suivi)<br>poursuivre (poursuivi) | | | survivre (survécu)<br>vivre (vécu) |
| **DRE**<br>**PRE** | | | apprendre (appris)<br>comprendre (compris)<br>entreprendre (entrepris)<br>(s')éprendre (épris)<br>(se) méprendre (mépris)<br>prendre (pris)<br>surprendre (surpris) | attendre (attendu)<br>condescendre (condescendu)<br>confondre (confondu)<br>correspondre (correspondu)<br>corrompre (corrompu)<br>défendre (défendu)<br>dépendre (dépendu)<br>descendre (descendu)<br>démordre (démordu)<br>détendre (détendu) |
| **TTRE** | | | admettre (admis)<br>commettre (commis)<br>compromettre (compromis)<br>démettre (démis)<br>mettre (mis)<br>promettre (promis)<br>soumettre (soumis) | abattre (abattu)<br>battre (battu)<br>combattre (combattu)<br>débattre (débattu)<br>(s')ébattre (ébattu)<br>rabattre (rabattu) |

| U | | U | T |
|---|---|---|---|
| discourir (discouru)<br>encourir (encouru)<br>entretenir (entretenu)<br>intervenir (intervenu)<br>maintenir (maintenu)<br>obtenir (obtenu)<br>parcourir (parcouru)<br>parvenir (parvenu)<br>prévenir (prévenu)<br>provenir (provenu)<br>recourir (recouru)<br>retenir (retenu)<br>revenir (revenu)<br>revêtir (revêtu)<br>secourir (secouru)<br>soutenir (soutenu) (se)<br>souvenir (souvenu)<br>subvenir (subvenu)<br>survenir (survenu)<br>tenir (tenu)<br>venir (venu)<br>vêtir (vêtu) | OIR | choir (chu)<br>déchoir (déchu)<br>échoir (échu)<br>équivaloir (équivalu)<br>falloir (fallu)<br>pourvoir (pourvu)<br>prévaloir (prévalu)<br>prévoir (prévu)<br>valoir (valu)<br>voir (vu)<br>vouloir (voulu) | |
| | EVOIR | apercevoir (aperçu)<br>concevoir (conçu)<br>décevoir (déçu)<br>devoir (dû)<br>entrapercevoir (entraperçu)<br>percevoir (perçu)<br>préconcevoir (préconçu)<br>recevoir (reçu) | |
| | AVOIR | savoir (su) | |
| | OUVOIR | émouvoir (ému)<br>mouvoir (mu)<br>promouvoir (promu)<br>pouvoir (pu) | |
| | EUVOIR | pleuvoir (plu) | |
| | OIRE | boire (bu)<br>croire (cru) | |
| | AIRE | complaire (complu)<br>déplaire (déplu)<br>plaire (plu)<br>taire (tu) | abstraire (abstrait)<br>distraire (distrait)<br>extraire (extrait)<br>faire (fait)<br>soustraire (soustrait)<br>traire (trait) |
| US<br>inclure (inclus) | | | |
| | | | |
| distendre (distendu)<br>distordre (distordu)<br>entendre (entendu)<br>épandre (épandu)<br>fendre (fendu)<br>fondre (fondu)<br>interrompre (interrompu)<br>mordre (mordu)<br>(se) morfondre (morfondu)<br>pendre (pendu)<br>perdre (perdu)<br>pondre (pondu)<br>pourfendre (pourfendu)<br>prétendre (prétendu)<br>rendre (rendu)<br>répandre (répandu)<br>répondre (répondu)<br>revendre (revendu)<br>rompre (rompu)<br>soustendre (soustendu)<br>suspendre (suspendu)<br>tendre (tendu)<br>tondre (tondu)<br>tordre (tordu)<br>vendre (vendu) | AINDRE<br>EINDRE<br>OINDRE | | astreindre (astreint)<br>atteindre (atteint)<br>ceindre (ceint)<br>déteindre (déteint)<br>enfreindre (enfreint)<br>éteindre (éteint)<br>étreindre (étreint)<br>feindre (feint)<br>geindre (geint)<br>peindre (peint)<br>restreindre (restreint)<br>teindre (teint)<br>contraindre (contraint)<br>craindre (craint)<br>plaindre (plaint)<br>adjoindre (adjoint)<br>disjoindre (disjoint)<br>enjoindre (enjoint)<br>poindre (point)<br>rejoindre (rejoint) |
| | AINCRE | convaincre (convaincu)<br>vaincre (vaincu) | |
| | OUDRE | coudre (cousu)<br>moudre (moulu)<br>résoudre (résolu) | absoudre (absout)<br>dissoudre (dissout) |
| | OITRE | accroître (accru)<br>apparaître (apparu) | |
| | AITRE | comparaître (comparu)<br>connaître (connu)<br>croître (crû)<br>décroître (décru)<br>disparaître (disparu)<br>méconnaître (méconnu)<br>paître (inusité)<br>paraître (paru)<br>reconnaître (reconnu)<br>repaître (repu)<br>transparaître (transparu) | |

# 3 LE PASSIF

Il existe une forme verbale appelée *passif* ou *voix passive* qui permet de mettre l'accent sur l'un des acteurs d'une action.

Cette forme s'obtient par une transformation de la forme active en utilisant toujours le verbe *être + participe passé*.

> Acteur 1          Acteur 2
> Le directeur a appelé Pierre
>
> → Pierre **a été appelé par** le directeur
>    Acteur 1                Acteur 2
>
> En ce moment la police encercle l'aéroport.
> → L'aéroport **est encerclé par** la police.

Pour obtenir le passif, vous allez transformer la phrase initiale : l'acteur 1 devient l'acteur 2 et il est toujours introduit par la préposition *PAR*.

Il n'est pas toujours utile de mentionner l'acteur 2 lorsque vous utilisez le passif :

— soit parce que dans un récit, on sait de qui il s'agit :

> Les malfaiteurs sont arrivés au Crédit Agricole à 16 heures ; ils ont menacé les employés de la banque et deux clients qui étaient à l'intérieur. Un employé a réussi à donner l'alarme, la police est arrivée immédiatement ; cinq minutes plus tard, **les malfaiteurs étaient arrêtés**.

Dans ce cas, il s'agit obligatoirement de la police. L'information qui est importante, c'est l'arrestation des malfaiteurs.

— soit parce que tout le monde sait qui est l'acteur 1 :

> Le **premier ministre** vient d'**être nommé**.

Les personnes à qui cette information est destinée savent que le premier ministre en France est nommé par le Président de la République. Ce qui est important dans ce cas, c'est la décision.

L'accent est mis sur une action qui a eu lieu, l'acteur ou les acteurs de cette action/décision ne sont pas importants ou connus ; l'événement lui-même est souligné par la forme passive :

> La loi sur la nationalité **a été votée** cette nuit au Parlement.

Lorsque vous utilisez le passif, vous choisissez de présenter l'information d'une certaine façon et souvent vous jouez sur un effet de surprise en introduisant l'acteur 2 :

> Un malfaiteur a été mis en fuite par une vieille dame.
>     Information banale          Information inattendue

Dans la situation suivante, il s'agit d'un match de tennis : le favori est Yannick Noah ; son adversaire, Carlos Sanchez est peu connu.

S'il gagne, vous direz :

> Noah a battu Sanchez.

S'il perd, vous pouvez dire :
> Noah a été battu par un joueur presque inconnu, Carlos Sanchez.

Enfin, cette forme vous permet d'éviter parfois une forme impersonnelle :
> On a assassiné le Président. → Le Président a été assassiné.

Dans cet exemple, on ne sais pas par qui, mais vous pouvez utiliser le passif car il y a obligatoirement un acteur 2.

# L'IMPARFAIT

## 1 *Les terminaisons*

Ce sont toujours les mêmes, quels que soient les verbes que vous utiliserez à l'imparfait :

| | |
|---|---|
| je | **ais** |
| tu | **ais** |
| il | **ait** |
| nous | **ions** |
| vous | **iez** |
| ils | **aient** |

*AIS* (je, tu), *AIT* (il), *AIENT* (ils) sont différents à l'écrit mais se prononcent de la même façon à l'oral.

## 2 *Le radical*

Il est unique. Il n'existe aucun verbe qui se conjugue à l'imparfait sur deux radicaux.

REMARQUE :
Lorsque le radical d'un verbe se termine par « i » *(CRIons)*, vous devrez écrire *nous criions, vous criiez*.
À l'oral vous devrez marquer la présence de deux « i » afin de différencier :
le présent *(nous crions)*
et l'imparfait *(nous criions)*.

## 3 *Formation*

L'imparfait peut être déduit des formes utilisées au présent avec *nous* et *vous*.

### Finir

| Présent | | Imparfait | | |
|---|---|---|---|---|
| je | finis | je | **finiss** | ais |
| tu | finis | tu | **finiss** | ais |
| il | finit | il | **finiss** | ait |
| nous | **finiss** ons | nous | **finiss** | ions |
| vous | **finiss** ez | vous | **finiss** | iez |
| ils | finissent | ils | **finiss** | aient |

| Boire | | | | Apercevoir | | | |
|---|---|---|---|---|---|---|---|
| **Présent** | | **Imparfait** | | **Présent** | | **Imparfait** | |
| je | bois | je | **buv** ais | j' | aperçois | j' | **apercev** ais |
| tu | bois | tu | **buv** ais | tu | aperçois | tu | **apercev** ais |
| il | boit | il | **buv** ait | il | aperçoit | il | **apercev** ait |
| nous **buv** ons | | nous **buv** ions | | nous **apercev** ons | | nous **apercev** ions | |
| vous **buv** ez | | vous **buv** iez | | vous **apercev** ez | | vous **apercev** iez | |
| ils | boivent | ils | **buv** aient | ils | aperçoivent | ils | **apercev** aient |

Vous pouvez appliquer cette règle à la totalité des verbes français, à l'exception des 3 verbes : *dire, faire* et *être.*

Pour *dire* et *faire*, c'est le radical utilisé avec *nous* qui sert à former l'imparfait :

| Dire | | | | Faire | | | |
|---|---|---|---|---|---|---|---|
| **Présent** | | **Imparfait** | | **Présent** | | **Imparfait** | |
| | | je | **dis** ais | | | je | **fais** ais |
| | | tu | **dis** ais | | | tu | **fais** ais |
| | | il | **dis** ait | | | il | **fais** ait |
| nous **dis** ons | | nous **dis** ions | | nous **fais** ons | | nous **fais** ions | |
| | | vous **dis** iez | | | | vous **fais** iez | |
| | | ils | **dis** aient | | | ils | **fais** aient |

Pour *être*, c'est une forme proche du radical utilisé avec *vous* qui sert à former l'imparfait :

| **Présent** | | **Imparfait** | |
|---|---|---|---|
| | | j' | **ét** ais |
| | | tu | **ét** ais |
| | | il | **ét** ait |
| | | nous **ét** ions | |
| vous **êtes** | | vous **ét** iez | |
| | | ils | **ét** aient |

*Avoir* et *aller* ont un imparfait formé de façon tout à fait régulière :

| **Présent** | | **Imparfait** | | **Présent** | | **Imparfait** | |
|---|---|---|---|---|---|---|---|
| nous **av** ons | | j' | **av** ais | nous **all** ons | | j' | **all** ais |
| vous **av** ez | | tu | **av** ais | vous **all** ez | | tu | **all** ais |
| | | ... | | | | ... | |

# 5 LE FUTUR

## 1 *Les terminaisons*

Ce sont toujours les mêmes, quels que soient les verbes que vous utiliserez au futur :

| je . . . . . . **ai** | nous . . . **rons** |
|---|---|
| tu . . . . . . **ras** | vous . . . **rez** |
| il . . . . . . . **ra** | ils . . . . . **ront** |

## 2 *Le radical*

Il est unique. Il n'existe aucun verbe qui se conjugue au futur sur deux radicaux. En géné-ral, le radical du futur est issu de l'infinitif (d'où la présence d'un R dans la conjugaison au futur de tous les verbes français).

## 3 *Formation*

**1.** Verbes en *er* (sauf *aller* et *envoyer*)

Pour tous ces verbes (plus de 9 000), la formation du futur est simple :
verbe au présent avec *je* + *rai, ras, ra, rons, rez, ront*

| | | | | | | |
|---|---|---|---|---|---|---|
| je | parle+**rai** | je | jette **rai** | j' | essuie **rai** |
| tu | parle **ras** | tu | jette **ras** | tu | essuie **ras** |
| il | parle **ra** | il | jette **ra** | il | essuie **ra** |
| nous | parle **rons** | nous | jette **rons** | nous | essuie **rons** |
| vous | parle **rez** | vous | jette **rez** | vous | essuie **rez** |
| ils | parle **ront** | ils | jette **ront** | ils | essuie **ront** |

Un seul verbe s'écarte de ce schéma, le verbe *envoyer* qui fait :

| | |
|---|---|
| j' | enver rai |
| tu | enver ras |
| il | enver ra |
| nous | enver rons |
| vous | enver rez |
| ils | enver ront |

REMARQUE : Il est fréquent que les Français commettent une erreur sur ce verbe et disent *j'envoierai, tu envoieras,* etc.

Le verbe *ALLER*

| | |
|---|---|
| j' | **i** rai |
| tu | **i** ras |
| il | **i** ra |
| nous | **i** rons |
| vous | **i** rez |
| ils | **i** ront |

**2.** Verbes en *ir*

■ Verbes en « ir » qui se conjuguent sur le modèle des verbes en « er ».
À l'exception des verbes *cueillir, accueillir, recueillir*, tous font leur futur en *rai, ras, ra,* etc.

| Offrir | | Ouvrir | |
|---|---|---|---|
| j' | offri **rai** | j' | ouvri **rai** |
| tu | offri **ras** | tu | ouvri **ras** |
| il | offri **ra** | il | ouvri **ra** |
| nous | offri **rons** | nous | ouvri **rons** |
| vous | offri **rez** | vous | ouvri **rez** |
| ils | offri **ront** | ils | ouvri **ront** |

*CUEILLIR*

Ce verbe et ses dérivés font leur futur en *erai*. Il n'est pas rare que les Français conju-guent ce verbe en *irai, iras, ira,* etc.

| | |
|---|---|
| je | cueill **erai** |
| tu | cueill **eras** |
| il | cueill **era** |
| nous | cueill **erons** |
| vous | cueill **erez** |
| ils | cueill **eront** |

■ Autres verbes en « ir »

En dehors de quelques exceptions que nous signalons, la formation du futur des autres verbes en « ir » est : *Infinitif + ai, as, a, ons, ez, ont.*

| Finir | | Mentir | |
|---|---|---|---|
| je | finir **ai** | je | mentir **ai** |
| tu | finir **as** | tu | mentir **as** |
| il | finir **a** | il | mentir **a** |
| nous | finir **ons** | nous | mentir **ons** |
| vous | finir **ez** | vous | mentir **ez** |
| ils | finir **ont** | ils | mentir **ont** |

EXCEPTIONS : *cueillir* (voir ci-dessus)
                    *courir :* je courrai, tu courras, il courra, etc.
                    *mourir :* je mourrai, tu mourras, il mourra, etc.
                    *acquérir :* j'acquerrai, tu acquerras, il acquerra, etc.
                    *venir :* je viendrai, tu viendras, il viendra, etc.
                    *tenir :* je tiendrai, tu tiendras, il tiendra, etc.
                    et tous les verbes dérivés de *courir, acquérir, venir* et *tenir.*

## 3. Infinitif en *re*

Tous les verbes de cette catégorie font leur futur de la façon suivante :
*Infinitif−e + ai, as, a, ons, ez, ent*

| Prendre | | Mettre | | Rire | |
|---|---|---|---|---|---|
| je | prendr **ai** | je | mettr **ai** | je | rir **ai** |
| tu | prendr **as** | tu | mettr **as** | tu | rir **as** |
| il | prendr **a** | il | mettr **a** | il | rir **a** |
| nous | prendr **ons** | nous | mettr **ons** | nous | rir **ons** |
| vous | prendr **ez** | vous | mettr **ez** | vous | rir **ez** |
| ils | prendr **ont** | ils | mettr **ont** | ils | rir **ont** |

## 4. Infinitif en *oir*

C'est un petit peu plus compliqué pour les quelques verbes en « oir » du vocabulaire français ainsi que leurs dérivés.

| Recevoir | Devoir | Mouvoir | |
|---|---|---|---|
| je recev **rai**<br>tu recev **ras**<br>il recev **ra** | je dev **rai**<br>tu dev **ras**<br>il dev **ra** | je mouv **rai**<br>tu mouv **ras**<br>il mouv **ra** | |
| Vouloir | Valoir | Savoir | |
| je voud **rai**<br>tu voud **ras** | je va **udrai**<br>tu va **udras** | je sa **urai**<br>tu sa **uras** | |
| Pouvoir | Voir | Prévoir | Choir |
| je **pourrai**<br>tu **pourras** | je **verrai**<br>tu **verras**<br><br>et<br>entrevoir<br>revoir | je **prévoierai**<br>tu **prévoieras**<br><br>et<br>pourvoir<br>dépourvoir | je **choirai**<br>tu **choiras**<br><br>et<br>échoir<br>déchoir |
| Asseoir | | | |
| j'ass**oirai**    ou j'ass**iérai**<br>tu ass**oiras**   ou tu ass**iéras** | | | |

**5.**

| Être | Avoir | Faire | |
|---|---|---|---|
| je **ser** ai | j' **aur** ai | je **fer** ai | |
| tu **ser** as | tu **aur** as | tu **fer** as | |
| il **ser** a | il **aur** a | il **fer** a | etc. |

# LE CONDITIONNEL

## 1 Les terminaisons

je . . . . . . . . . . . . **ais**
tu . . . . . . . . . . . . **ais**
il . . . . . . . . . . . . **ait**
nous . . . . . . . . . . **ions**
vous . . . . . . . . . . **iez**
ils . . . . . . . . . . . . **aient**

Ces terminaisons sont les mêmes que celles de l'imparfait.

## 2 Le radical

| | Vouloir | | | Aimer |
|---|---|---|---|---|
| je | voudr ais | | j' | aimer ais |
| tu | voudr ais | | tu | aimer ais |
| il | voudr ait | | il | aimer ait |
| nous | voudr ions | | nous | aimer ions |
| vous | voudr iez | | vous | aimer iez |
| ils | voudr aient | | ils | aimer aient |

Le radical du verbe ne change pas pendant toute la conjugaison. Le radical utilisé est le même que pour le futur (pour tous les verbes).

## 3 Formation

Pour conjuguer un verbe au conditionnel, il faut connaître le futur de ce verbe et utiliser les terminaisons de l'imparfait.

| | Futur | | Conditionnel |
|---|---|---|---|
| je | . . . rai | je | . . . r ais |
| tu | . . . ras | tu | . . . r ais |
| il | . . . . ra | il | . . . . r ait |
| nous | . rons | nous | . r ions |
| vous | . rez | vous | . r iez |
| ils | . . . ront | ils | . . . r aient |

| | Futur | | Imparfait | | Conditionnel |
|---|---|---|---|---|---|
| j' | **aimer** ai | j' | aim **ais** | | aimer ais |
| tu | **aimer** as | tu | aim **ais** | | aimer ais |
| il | **aimer** a | il | aim **ait** | | aimer ait |
| nous | **aimer** ons | nous | aim **ions** | | aimer ions |
| vous | **aimer** ez | vous | aim **iez** | | aimer iez |
| ils | **aimer** ont | ils | aim **aient** | | aimer aient |

# 7 LE SUBJONCTIF

## 1 Les terminaisons

### chanter

| Présent | | Subjonctif | | | Imparfait | |
|---|---|---|---|---|---|---|
| je | chant **e** | que je | chant **e** | | je | chant ais |
| tu | chant **es** | que tu | chant **es** | | tu | chant ais |
| il | chant **e** | qu' il | chant **e** | | il | chant ait |
| nous chant ons | | que nous chant **ions** | | | nous | chant **ions** |
| vous chant ez | | que vous chant **iez** | | | vous | chant **iez** |
| ils | chant **ent** | qu' ils | chant **ent** | | . ils | chant aient |

À l'exception de 2 verbes (*être* et *avoir*) les terminaisons du subjonctif sont une combinaison des terminaisons du présent des verbes en ER avec *je, tu, il, ils* et des terminaisons de l'imparfait avec *nous* et *vous*.

| *être* | | *avoir* | |
|---|---|---|---|
| que je | soi s | que j' | ai e |
| que tu | soi s | que tu | ai es |
| qu' il | soi t | qu' il | ai t |
| que nous soy ons | | que nous ay ons | |
| que vous soy ez | | que vous ay ez | |
| qu' ils | soi ent | qu' ils | ai ent |

## 2 Le radical

Pour former le subjonctif, il faut connaître le radical utilisé au présent de l'indicatif (voir Conjugaisons, le présent, p. 00).

**1.** Verbes conjugués au présent avec un seul radical, c'est le radical qui est utilisé :

| *parler* | | | | *perdre* | | | |
|---|---|---|---|---|---|---|---|
| Présent | | Subjonctif | | Présent | | Subjonctif | |
| je | **parl** e | que je | **parl** e | je | **perd** s | que je | **perd** e |
| tu | **parl** es | que tu | **parl** es | tu | **perd** s | que tu | **perd** es |
| il | **parl** e | qu' il | **parl** e | il | **perd** | qu' il | **perd** e |
| nous **parl** ons | | que nous **parl** ions | | nous **perd** ons | | que nous **perd** ions | |
| vous **parl** ez | | que vous **parl** iez | | vous **perd** ez | | que vous **perd** iez | |
| ils | **parl** ent | qu' ils | **parl** ent | ils | **perd** ent | qu' ils | **perd** ent |

**2.** Verbes conjugués au présent avec deux radicaux, c'est le radical du pluriel qui est utilisé :

| *finit* | | | | *dormir* | | | |
|---|---|---|---|---|---|---|---|
| Présent | | Subjonctif | | Présent | | Subjonctif | |
| je | fini s | que je | **finiss** e | je | dor s | que je | **dorm** e |
| tu | fini s | que tu | **finiss** es | tu | dor s | que tu | **dorm** es |
| il | fini t | qu' il | **finiss** e | il | dor t | qu' il | **dorm** e |
| nous **finiss** ons | | que nous **finiss** ions | | nous **dorm** ons | | que nous **dorm** ions | |
| vous **finiss** ez | | que vous **finiss** iez | | vous **dorm** ez | | que vous **dorm** iez | |
| ils | **finiss** ent | qu' ils | **finiss** ent | ils | **dorm** ent | qu' ils | **dorm** ent |

**3.** Verbes conjugués au présent avec trois radicaux :
— c'est la 3e personne du pluriel qui est utilisée pour *je, tu, il, ils*
— c'est la forme utilisée au présent avec *nous* et *vous* qui est utilisée pour former le subjonctif avec *nous* et *vous*. Cette forme est également celle de l'imparfait.

| | *tenir* | | | | | *devoir* | | |
|---|---|---|---|---|---|---|---|---|
| **Présent** | | **Subjonctif** | | | **Présent** | | **Subjonctif** | |
| je | tien s | que je | **tienn** e | | je | doi s | que je | **doiv** e |
| tu | tien s | que tu | **tienn** es | | tu | doi s | que tu | **doiv** es |
| il | tien t | qu' il | **tienn** e | | il | doi t | qu' il | **doiv** e |
| nous | **ten** ons | que nous | **ten** ions | | nous | **dev** ons | que nous | **dev** ions |
| vous | **ten** ez | que vous | **ten** iez | | vous | **dev** ez | que vous | **dev** iez |
| ils | **tienn** ent | qu' ils | **tienn** ent | | ils | **doiv** ent | qu' ils | **doiv** ent |

**4.** Quelques verbes utilisent une forme tout à fait originale pour former leur subjonctif :

| *aller* | | *vouloir* | | *valoir* | |
|---|---|---|---|---|---|
| que j' | aill e | que je | veuill e | que je | vaill e |
| que tu | aill es | que tu | veuill es | que tu | vaill es |
| qu' il | aill e | qu' il | veuill e | qu' il | vaill e |
| que nous | all ions | que nous | voul ions | que nous | val ions |
| que vous | all iez | que vous | voul iez | que vous | val iez |
| qu' ils | aill ent | qu' ils | veuill ent | qu' ils | vaill ent |

| (imparfait : nous allions) | (imparfait : nous voulions) | (imparfait : que nous valions) |
|---|---|---|
| (imparfait : vous alliez) | (imparfait : vous vouliez) | (imparfait : que vous valiez) |

| *pouvoir* | | *savoir* | | *faire* | |
|---|---|---|---|---|---|
| que je | puiss e | que je | sach e | que je | fass e |
| que tu | puiss es | que tu | sach es | que tu | fass es |
| qu' il | puiss e | qu' il | sach e | qu' il | fass e |
| que nous | puiss ions | que nous | sach ions | que nous | fass ions |
| que vous | puiss iez | que vous | sach iez | que vous | fass iez |
| qu' ils | puissent | qu' ils | sach ent | qu' ils | fass ent |

# 8 LES FORMES COMPOSÉES

Plus-que-parfait, Futur antérieur, Subjonctif passé, Conditionnel passé

Pour toutes ces formes, il suffit de conjuguer le verbe *avoir* (ou le verbe *être*) :
— à l'imparfait pour le plus-que-parfait
— au futur pour le futur antérieur
— au subjonctif pour le subjonctif passé
— au conditionnel pour le conditionnel passé
et d'ajouter le participe passé du verbe que vous voulez conjuguer.

## 1 Plus-que-parfait

| | avec *être* | | | | avec *avoir* | |
|---|---|---|---|---|---|---|
| j' | étais | sorti | | j' | avais | parlé |
| tu | étais | parti | | tu | avais | compris |
| il | était | venu | | il | avait | bu |
| nous | étions | arrivés | | nous | avions | cru |
| vous | étiez | monté(s) | | vous | aviez | fini |
| ils | étaient | entrés | | ils | avaient | ouvert |

REMARQUE : Avec *être*, vous devrez accorder (comme un adjectif) le participe passé (masculin, féminin, singulier, pluriel) :

| | | |
|---|---|---|
| j' | étais | entré (ou entrée) |
| tu | étais | entré (ou entrée) |
| il | était | entré, elle était entrée |
| nous | étions | entrés (ou entrées) |
| vous | étiez | entré, entrée (entrés ou entrées) |
| ils | étaient | entrés, elles étaient entrées |

## 2 Futur antérieur

| | avec *être* | | | | avec *avoir* | |
|---|---|---|---|---|---|---|
| je | serai | sorti | | j' | aurai | parlé |
| tu | seras | parti | | tu | auras | compris |
| il | sera | venu | | il | aura | bu |
| nous | serons | arrivés | | nous | aurons | cru |
| vous | serez | monté | | vous | aurez | fini |
| ils | seront | entrés | | ils | auront | ouvert |

## 3 Subjonctif passé

| | avec *être* | | | | avec *avoir* | |
|---|---|---|---|---|---|---|
| je | sois | sorti | | j' | aie | parlé |
| tu | sois | parti | | tu | aies | compris |
| il | soit | venu | | il | ait | bu |
| nous | soyons | arrivés | | nous | ayons | cru |
| vous | soyez | monté | | vous | ayez | fini |
| ils | soient | entrés | | ils | aient | ouvert |

## 4 Conditionnel passé

| | avec *être* | | | | avec *avoir* | |
|---|---|---|---|---|---|---|
| je | serais | sorti | | j' | aurais | parlé |
| tu | serais | parti | | tu | aurais | compris |
| il | serait | venu | | il | aurait | bu |
| nous | serions | arrivés | | nous | aurions | cru |
| vous | seriez | monté | | vous | auriez | fini |
| ils | seraient | entrés | | ils | auraient | ouvert |

# 9 L'IMPÉRATIF

L'impératif n'a que trois formes, qui correspondent au *tu*, au *nous* et au *vous* (de politesse ou pluriel) du présent.
Le point d'exclamation (!) remplace le point (.) à la fin de chaque phrase qui comporte un verbe à l'impératif.
À l'oral, l'impératif ne se distingue pas du présent, la seule différence est l'absence de pronom :

|  | Présent | Impératif |
|---|---|---|
| tu | **viens** | **viens** |
| nous | **venons** | **venons** |
| vous | **venez** | **venez** |

Par contre, à l'écrit pour la 2e personne du singulier, il y a plusieurs possibilités :

## 1. Utilisation du présent sans S

— pour les verbes dont l'infinitif est en *ER* :

| manger | tu **manges** | **mange** ! |
|---|---|---|
| parler | tu **parles** | **parle** ! |

— pour les verbes dont la conjugaison est similaire :

| offrir | tu **offres** | **offre** ! |
|---|---|---|
| ouvrir | tu **ouvres** | **ouvre** ! |
| cueillir | tu **cueilles** | **cueille** ! |

— et pour le verbe *aller*

| | tu **vas** | **va** ! |
|---|---|---|
| | | sauf s'il est suivi de « y » |
| | | **vas-y** ! |

## 2. Utilisation du présent avec S

pour tous les autres verbes

| choisir | tu **choisis** | **choisis** ! |
|---|---|---|
| attendre | tu **attends** | **attends** ! |
| partir | tu **pars** | **pars** ! |

Exceptions : C'est le subjonctif qui est utilisé pour les verbes *être* et *avoir* :

| que tu **sois** | **sois** ! | que tu **aies** | **aie** ! |
|---|---|---|---|
| que nous **soyons** | **soyons** ! | que nous **ayons** | **ayons** ! |
| que vous **soyez** | **soyez** ! | que vous **ayez** | **ayez** ! |

et une forme dérivée du subjonctif pour les verbes *vouloir* et *savoir* :

| que tu veuilles | inusité | que tu **saches** | **sache** que... ! |
|---|---|---|---|
| que nous voulions | inusité | que nous **sachions** | **sachons** que... ! |
| que vous vouliez | **veuillez** entrer ! | que vous **sachiez** | **sachez** que... ! |

# 10 LE PASSÉ SIMPLE

C'est un temps qui n'est pas utilisé à l'oral. Il est donc suffisant de savoir le reconnaître à l'écrit.

Le *passé simple* est utilisé surtout dans des textes littéraires. C'est un temps qui sert à formuler un récit. Vous le rencontrerez donc dans des romans, des nouvelles, des contes.

| | | |
|------|--------|------|
| je | demand | **ai** |
| tu | demand | **as** |
| il | demand | **a** |
| nous | demand | **âmes** |
| vous | demand | **âtes** |
| ils | demand | **èrent** |

Le *passé simple* utilisé avec *tu* et *vous* est très rare. C'est logique : *tu* et *vous* sont des pronoms qui correspondent à des situations de dialogue en face à face.

Lorsqu'un dialogue est inséré dans un récit, les temps utilisés sont généralement ceux que l'on utiliserait si ce dialogue avait lieu dans la réalité (imparfait, passé composé).

## 1 Verbes en er

Passé simple en *ai, as, a, âmes, âtes, èrent*

| | | |
|----------|--------------|-----|
| acheter | j'achet | ai |
| aller | j'all | ai |
| appeler | j'appel | ai |
| céder | je céd | ai |
| commencer | je commenç | ai |
| envoyer | j'envoy | ai |
| jeter | je jet | ai |
| manger | je mange | ai |
| noyer | je noy | ai |
| parler | je parl | ai |
| payer | je pay | ai |
| peler | je pel | ai |
| semer | je sem | ai |

## 2 Verbes en ir, ire, uire, dre, tre, cre

Passé simple en *is, is, it, îmes, îtes, irent*

| | | |
|------|-----|------|
| | Finir | |
| je | fin | is |
| tu | fin | is |
| il | fin | it |
| nous | fin | îmes |
| vous | fin | îtes |
| ils | fin | irent |

sauf *mourir (je mourus)*, *venir* et *tenir (je vins, je tins)*, *résoudre*, *absoudre* (n'existe pas), *moudre (je moulus)*, *lire (je lis)*.

| | | | | | | | | | |
|---|---|---|---|---|---|---|---|---|---|
| acquérir | j'acqu | is | | dire | je d | is | | coudre | je cous | is |
| cueillir | je cueill | is | | écrire | j'écriv | is | | joindre | je joign | is |
| dormir | je dorm | is | | interdire | j'interd | is | | peindre | je peign | is |
| fuir | je fu | is | | rire | je r | is | | | |
| offrir | j'offr | is | | | | | | perdre | je perd | is |
| ouvrir | j'ouvr | is | | cuire | je cuis | is | | | |
| sortir | je sort | is | | suivre | je suiv | is | | plaindre | je plaign | is |
| vêtir | je vêt | is | | | | | | | |
| | | | | vaincre | je vainqu | is | | battre | je batt | is |
| | | | | | | | | mettre | je m | is |

## 3 *Verbes en oir, oire, aître, oître, aire et ure*

Passé simple en *us, us, ut, ûmes, ûtes, urent*

Courir

| je | cour | us |
|---|---|---|
| tu | cour | us |
| il | cour | ut |
| nous | cour | ûmes |
| vous | cour | ûtes |
| ils | cour | urent |

| | | | | | | | | | |
|---|---|---|---|---|---|---|---|---|---|
| apercevoir | j'aperç | us | | conclure | je concl | us | | plaire | je pl | us |
| devoir | je d | us | | | | | | taire | je t | us |
| mouvoir | je m | us | | vivre | je véc | us | | | |
| pouvoir | je p | us | | boire | je b | us | | avoir | j'eus, |
| prévaloir | je préval | us | | croire | je cr | us | | | nous eûmes, ils eurent |
| savoir | je s | us | | | | | | être | je f us |
| valoir | je val | us | | connaître | je conn | us | | | |
| vouloir | je voul | us | | croître | je cr | us | | | |

sauf : *voir* et *asseoir (je vis, assis), faire (je fis), naître (je naquis)*

# LE PARTICIPE PRÉSENT

La quasi totalité des verbes forme son participe présent à partir des formes utilisées au présent avec *nous* et *vous* :

| nous part ons | nous dis ons | nous ven ons | nous fais ons | nous finiss ons |
|---|---|---|---|---|
| part **ant** | dis **ant** | ven **ant** | fais **ant** | finiss **ant** |

Trois verbes échappent à cette règle :

*savoir :*

nous **sav** ons : **sach** ant

REMARQUE : Le subjonctif de *savoir* est également formé de cette manière : que je sache, que nous sachions, etc.

*être :*      nous **sommes** : **étant**

*avoir :*      nous **avons** : **ayant**

# 12 TABLEAU RÉCAPITULATIF DES DIFFÉRENTES CONJUGAISONS

| PRÉSENT | FUTUR | IMPARFAIT | SUBJONCTIF | CONDITIONNEL | AUTRES |
|---|---|---|---|---|---|
| **parl er** | **parl** | **parl** | **parl** | **parl** | P. PASSÉ : |
| je parl e | parl erai | parl ais | parl e | parl erais | parl é |
| tu parl es | parl eras | parl ais | parl es | parl erais | P. PRÉSENT : |
| il parl e | parl era | parl ait | parl e | parl erait | parl ant |
| nous parl ons | parl erons | parl ions | parl ions | parl erions | P. SIMPLE : |
| vous parl ez | parl erez | parl iez | parl iez | parl eriez | je parl ai |
| ils parl ent | parl eront | parl aient | parl ent | parl eraient | |

Sont traités dans ce tableau :
— les verbes en *ER* qui représentent une petite particularité dans leur conjugaison.
— les verbes dont l'infinitif n'est pas en *ER* et qui constituent un modèle. Vous trouverez, pchacun de ces modèles, la liste des verbes qui fonctionnent de la même façon.

| | PRÉSENT | FUTUR | IMPARFAIT | SUBJONCTIF | CONDITIONNEL | AUTRES |
|---|---|---|---|---|---|---|
| **Verbes en ER** | **mang er/mange** | **mang** | **mang/mange** | **mang** | **mang** | P. PASSÉ : |
| | je mang e | mang erai | mange ais | mang e | mang erais | mang é |
| | tu mang es | mang eras | mange ais | mang es | mang erais | P. PRÉSENT : |
| | il mang e | mang era | mange ait | mang e | mang erait | mange ant |
| | nous mangeons | mang erons | mang ions | mang ions | mang erions | P. SIMPLE : |
| | vous mang ez | mang erez | mang iez | mang iez | mang eriez | je mange ai |
| | ils mang ent | mang eront | mange aient | mang ent | mang eraient | |
| | **plac er/plaç** | **plac** | **plac/plaç** | **plac** | **plac** | P. PASSÉ : |
| | je plac e | plac erai | plaç ais | plac e | plac erais | plac é |
| | tu plac es | plac eras | plaç ais | plac es | plac erais | P. PRÉSENT : |
| | il plac e | plac era | plaç ait | plac e | plac erait | plaç ant |
| | nous plaç ons | plac erons | plac ions | plac ions | plac erions | P. SIMPLE : |
| | vous plac ez | plac erez | plac iez | plac iez | plac eriez | je plaç ai |
| | ils plac ent | plac eront | plaç aient | plac ent | plac eraient | |
| | **appel er/appell** | **appell** | **appel** | **appel/appell** | **appell** | P. PASSÉ : |
| | j' appell e | appell erai | appel ais | appell e | appell erais | appel é |
| | tu appell es | appell eras | appel ais | appell es | appell erais | P. PRÉSENT : |
| | il appell e | appell era | appel ait | appell e | appell erait | appel ant |
| | nous appel ons | appell erons | appel ions | appel ions | appell erions | P. SIMPLE : |
| | vous appel ez | appell erez | appel iez | appel iez | appell eriez | j'appel ai |
| | ils appell ent | appell eront | appel aient | appell ent | appell eraient | |
| | **pel er/pèl** | **pèl** | **pel** | **pel/pèl** | **pèl** | P. PASSÉ : |
| | je pèl e | pèl erai | pel ais | pèl e | pèl erais | pel é |
| | tu pèl es | pèl eras | pel ais | pèl es | pèl erais | P. PRÉSENT : |
| | il pèl e | pèl era | pel ait | pèl e | pèl erait | pel ant |
| | nous pel ons | pèl erons | pel ions | pel ions | pèl erions | P. SIMPLE : |
| | vous pel ez | pèl erez | pel iez | pel iez | pèl eriez | je pel ai |
| | ils pèl ent | pèl eront | pel aient | pèl ent | pèl eraient | |

et...
tous les verbes en ER, sauf ALLER, soit plus de 8 000 verbes. Pour les verbes en GER, CER, ELER, ETER, YER, e ou è + consonne + ER, voir ci-dessous

•et... tous les verbes en GER

et... tous les verbes en CER

et... 33 verbes en ELER :

| | | | | | |
|---|---|---|---|---|---|
| amonceler | chanceler | déniveler | étinceler | niveler | ruisseler |
| atteler | craqueler | denteler | ficeler | panteler | ATTENTION à : |
| bateler | décerveler | dépuceler | fuseler | rappeler | interpeller : |
| bosseler | décheveler | dételer | grommeler | râteler | j'interpelle |
| bourreler | déficeler | ensorceler | morceler | renouveler | nous interpellons |
| carreler | démuseler | épeler | museler | ressemeler | |

et... 17 verbes en ELER

| | | |
|---|---|---|
| celer | dégeler | receler |
| ciseler | démanteler | recongeler |
| congeler | écarteler | regeler |
| correler | marteler | remodeler |
| déceler | modeler | surgeler |
| décongeler | peler | |

| PRÉSENT | FUTUR | IMPARFAIT | SUBJONCTIF | CONDITIONNEL | AUTRES |
|---|---|---|---|---|---|
| **jet er/jett**<br>je jett e<br>tu jett es<br>il jett e<br>nous jet ons<br>vous jet ez<br>ils jett ent | **jett**<br>jett erai<br>jett eras<br>jett era<br>jett erons<br>jett erez<br>jett eront | **jet**<br>jet ais<br>jet ais<br>jet ait<br>jet ions<br>jet iez<br>jet aient | **jet/jett**<br>jett e<br>jett es<br>jett e<br>jet ions<br>jet iez<br>jett ent | **jett**<br>jett erais<br>jett erais<br>jett erait<br>jett erions<br>jett eriez<br>jett eraient | P. PASSÉ :<br>jet é<br>P. PRÉSENT :<br>jet ant<br>P. SIMPLE :<br>je jet ai |
| **achet er/achèt**<br>j' achèt e<br>tu achèt es<br>il achèt e<br>nous achet ons<br>vous achet ez<br>ils achèt ent | **achèt**<br>achèt erai<br>achèt eras<br>achèt era<br>achèt erons<br>achèt erez<br>achèt eront | **achet**<br>achet ais<br>achet ais<br>achet ait<br>achet ions<br>achet iez<br>achet aient | **achet/achèt**<br>achèt e<br>achèt es<br>achèt e<br>achet ions<br>achet iez<br>achèt ent | **achèt**<br>achèt erais<br>achèt erais<br>achèt erait<br>achèt erions<br>achèt eriez<br>achèt eraient | P. PASSÉ :<br>achet é<br>P. PRÉSENT :<br>achet ant<br>P. SIMPLE :<br>j'achet ai |
| **céd er/cèd**<br>je cèd e<br>tu cèd es<br>il cèd e<br>nous céd ons<br>vous céd ez<br>ils cèd ent | **céd**<br>céd erai<br>céd eras<br>céd era<br>céd erons<br>céd erez<br>céd eront | **céd**<br>céd ais<br>céd ais<br>céd ait<br>céd ions<br>céd iez<br>céd aient | **céd/cèd**<br>cèd e<br>cèd es<br>cèd e<br>céd ions<br>céd iez<br>cèd ent | **céd**<br>céd erais<br>céd erais<br>céd erait<br>céd erions<br>céd eriez<br>céd eraient | P. PASSÉ :<br>céd é<br>P. PRÉSENT :<br>céd ant<br>P. SIMPLE :<br>je céd ai |
| **sem er/sèm**<br>je sèm e<br>tu sèm es<br>il sèm e<br>nous sem ons<br>vous sem ez<br>ils sèm ent | **sèm**<br>sèm erai<br>sèm eras<br>sèm era<br>sèm erons<br>sèm erez<br>sèm eront | **sem**<br>sem ais<br>sem ais<br>sem ait<br>sem ions<br>sem iez<br>sem aient | **sem/sèm**<br>sèm e<br>sèm es<br>sèm e<br>sem ions<br>sem iez<br>sèm ent | **sèm**<br>sèm erais<br>sèm erais<br>sèm erait<br>sèm erions<br>sèm eriez<br>sèm eraient | P. PASSÉ :<br>sem é<br>P. PRÉSENT :<br>sem ant<br>P. SIMPLE :<br>je sem ai |
| **noy er/noi**<br>je noi e<br>tu noi es<br>il noi e<br>nous noy ons<br>vous noy ez<br>ils noi ent | **noi**<br>noi erai<br>noi eras<br>noi era<br>noi erons<br>noi erez<br>noi eront | **noy**<br>noy ais<br>noy ais<br>noy ait<br>noy ions<br>noy iez<br>noy aient | **noy/noi**<br>noi e<br>noi es<br>noi e<br>noy ions<br>noy iez<br>noi ent | **noi**<br>noi erais<br>noi erais<br>noi erait<br>noi erions<br>noi eriez<br>noi eraient | P. PASSÉ :<br>noy é<br>P. PRÉSENT :<br>noy ant<br>P. SIMPLE :<br>je noy ai |
| **envoy er/envoi**<br>j' envoi e<br>tu envoi es<br>il envoi e<br>nous envoy ons<br>vous envoy ez<br>ils envoi ent | **enver**<br>enver rai<br>enver ras<br>enver ra<br>enver rons<br>enver rez<br>enver ront | **envoy**<br>envoy ais<br>envoy ais<br>envoy ait<br>envoy ions<br>envoy iez<br>envoy aient | **envoy/envoi**<br>envoi e<br>envoi es<br>envoi e<br>envoy ions<br>envoy iez<br>envoi ent | **enver**<br>enver rais<br>enver rais<br>enver rait<br>enver rions<br>enver riez<br>enver raient | P. PASSÉ :<br>envoy é<br>P. PRÉSENT :<br>envoy ant<br>P. SIMPLE :<br>j'envoy ai |
| **pay er**<br>je pay e<br>tu pay es<br>il pay e<br>nous pay ons<br>vous pay ez<br>ils pay ent | **pay**<br>pay erai<br>pay eras<br>pay era<br>pay erons<br>pay erez<br>pay eront | **pay**<br>pay ais<br>pay ais<br>pay ait<br>pay ions<br>pay iez<br>pay aient | **pay**<br>pay e<br>pay es<br>pay e<br>pay ions<br>pay iez<br>pay ent | **pay**<br>pay erais<br>pay erais<br>pay erait<br>pay erions<br>pay eriez<br>pay eraient | P. PASSÉ :<br>pay é<br>P. PRÉSENT :<br>pay ant<br>P. SIMPLE :<br>je pay ai |

Verbes en ER

| et... 24 verbes en ETER | | | |
|---|---|---|---|
| becqueter | décacheter | feuilleter | rejeter |
| breveter | déchiqueter | hoqueter | souffleter |
| cacheter | dépaqueter | pailleter | tacheter |
| caqueter | empaqueter | piqueter | trompeter |
| claqueter | épousseter | pocheter | voleter |
| cliqueter | étiqueter | projeter | |

et... 4 verbes en ETER
crocheter
fileter
fureter
racheter

et... tous les verbes en é + consonne + ER

et...
tous les verbes en e + consonne + ER

et... tous les verbes en YER, sauf envoyer (futur : enverrai)
Le verbe PAYER peut se conjuguer comme NOYER (je paie/nous payons) ou régulièrement (je paye, nous payons) : voir ci-dessous

et... renvoyer

PAYER peut se conjuguer régulièrement ou sur le modèle de NOYER

| | PRÉSENT | FUTUR | IMPARFAIT | SUBJONCTIF | CONDITIONNEL | AUTRES |
|---|---|---|---|---|---|---|
| **Verbes en ER** | **all er/vai/va/vont**<br>je vais<br>tu vas<br>il va<br>nous all ons<br>vous all ez<br>ils vont | **ir**<br>ir ai<br>ir as<br>ir a<br>ir ons<br>ir ez<br>ir ont | **all**<br>all ais<br>all ais<br>all ait<br>all ions<br>all iez<br>all aient | **aill/all**<br>aill e<br>aill es<br>aill e<br>all ions<br>all iez<br>aill ent | **ir**<br>ir ais<br>ir ais<br>ir ait<br>ir ions<br>ir iez<br>ir aient | P. PASSÉ :<br>all é<br>P. PRÉSENT :<br>all ant<br>P. SIMPLE :<br>j'all ai |
| **Verbes en IR** | **cueill ir**<br>je cueill e<br>tu cueill es<br>il cueill e<br>nous cueill ons<br>vous cueill ez<br>ils cueill ent | **cueill**<br>cueill erai<br>cueill eras<br>cueill era<br>cueill erons<br>cueill erez<br>cueill eront | **cueill**<br>cueill ais<br>cueill ais<br>cueill ait<br>cueill ions<br>cueill iez<br>cueill aient | **cueill**<br>cueill e<br>cueill es<br>cueill e<br>cueill ions<br>cueill iez<br>cueill ent | **cueill**<br>cueill erais<br>cueill erais<br>cueill erait<br>cueill erions<br>cueill eriez<br>cueill eraient | P. PASSÉ :<br>cueill i<br>P. PRÉSENT :<br>cueill ant<br>P. SIMPLE :<br>je cueill is |
| | **assaill ir**<br>j' assaill e<br>tu assaill es<br>il assaill e<br>nous assaill ons<br>vous assaill ez<br>ils assaill ent | **assaill**<br>assaill irai<br>assaill iras<br>assaill ira<br>assaill irons<br>assaill irez<br>assaill iront | **assaill**<br>assaill ais<br>assaill ais<br>assaill ait<br>assaill ions<br>assaill iez<br>assaill aient | **assaill**<br>assaill e<br>assaill es<br>assaill e<br>assaill ions<br>assaill iez<br>assaill ent | **assaill**<br>assaill irais<br>assaill irais<br>assaill irait<br>assaill irions<br>assaill iriez<br>assaill iraient | P. PASSÉ :<br>assaill i<br>P. PRÉSENT :<br>assaill ant<br>P. SIMPLE :<br>j'assaill is |
| | **offr ir**<br>j' offr e<br>tu offr es<br>il offr e<br>nous offr ons<br>vous offr ez<br>ils offr ent | **offr**<br>offr irai<br>offr iras<br>offr ira<br>offr irons<br>offr irez<br>offr iront | **offr**<br>offr ais<br>offr ais<br>offr ait<br>offr ions<br>offr iez<br>offr aient | **offr**<br>offr e<br>offr es<br>offr e<br>offr ions<br>offr iez<br>offr ent | **offr**<br>offr irais<br>offr irais<br>offr irait<br>offr irions<br>offr iriez<br>offr iraient | P. PASSÉ :<br>off ert<br>P. PRÉSENT :<br>offr ant<br>P. SIMPLE :<br>j'offr is |
| | **cour ir**<br>je cour s<br>tu cour s<br>il cour t<br>nous cour ons<br>vous cour ez<br>ils cour ent | **cour**<br>cour rai<br>cour ras<br>cour ra<br>cour rons<br>cour rez<br>cour ront | **cour**<br>cour ais<br>cour ais<br>cour ait<br>cour ions<br>cour iez<br>cour aient | **cour**<br>cour e<br>cour es<br>cour e<br>cour ions<br>cour iez<br>cour ent | **cour**<br>cour rais<br>cour rais<br>cour rait<br>cour rions<br>cour riez<br>cour raient | P. PASSÉ :<br>cour u<br>P. PRÉSENT :<br>cour ant<br>P. SIMPLE :<br>je cour us |
| | **vêt ir**<br>je vêt s<br>tu vêt s<br>il vêt<br>nous vêt ons<br>vous vêt ez<br>ils vêt ent | **vêt**<br>vêt irai<br>vêt eras<br>vêt ira<br>vêt irons<br>vêt irez<br>vêt iront | **vêt**<br>vêt ais<br>vêt ais<br>vêt ait<br>vêt ions<br>vêt iez<br>vêt aient | **vêt**<br>vêt e<br>vêt es<br>vêt e<br>vêt ions<br>vêt iez<br>vêt aient | **vêt**<br>vêt irais<br>vêt irais<br>vêt irait<br>vêt irions<br>vêt iriez<br>vêt iraient | P. PASSÉ :<br>vêt u<br>P. PRÉSENT :<br>vêt ant<br>P. SIMPLE :<br>je vêt is |
| | **fui r/fuy**<br>je fui s<br>tu fui s<br>il fui t<br>nous fuy ons<br>vous fuy ez<br>ils fui ent | **fui**<br>fui rai<br>fui ras<br>fui ra<br>fui rons<br>fui rez<br>fui ront | **fuy**<br>fuy ais<br>fuy ais<br>fuy ait<br>fuy ions<br>fuy iez<br>fuy aient | **fui/fuy**<br>fui e<br>fui es<br>fui e<br>fuy ions<br>fuy iez<br>fui ent | **fui**<br>fui rais<br>fui rais<br>fui rait<br>fui rions<br>fui riez<br>fui raient | P. PASSÉ :<br>fui<br>P. PRÉSENT :<br>fuy ant<br>P. SIMPLE :<br>je fu is |

et c'est tout...
Comme les verbes ÊTRE et AVOIR, ALLER sert à former des temps verbaux (futur dit « proche » pour ALLER, passé composé, plus-que-parfait, futur antérieur etc. pour ÊTRE et AVOIR). Comme pour ÊTRE et AVOIR, la conjugaison du verbe ALLER est très irrégulière.

et... 2 dérivés de CUEILLIR qui se conjuguent sur le modèle des verbes en ER, sauf au participe passé (en I) et au passé simple (en IS)
accueillir
recueillir

et... défaillir et tressaillir qui ne se distinguent de cueillir qu'au futur et au conditionnel :

|  | CUEILLIR | ASSAILLIR |
|---|---|---|
| FUTUR | cueill ERAI | assaill IRAI |
| CONDITIONNEL | cueill ERAIS | assaill IRAIS |

et... 5 verbes qui se conjuguent sur le modèle des verbes en ER au présent.
Futur en IRAI pour ces verbes, mais participe passé en ERT
couvrir (couvert)
découvrir (découvert)
entrouvrir (entrouvert)
ouvrir (ouvert)
souffrir (souffert)

et... 7 dérivés de COURIR. Caractéristiques : conjugaison régulière, p. passé en U
accourir     secourir
concourir
discourir
encourir
parcourir
recourir

et... dévêtir, revêtir
Caractéristiques : conjugaison régulière, le « T » final ne se prononce qu'au pluriel, participe passé en U.

et...
s'enfuir

| | PRÉSENT | FUTUR | IMPARFAIT | SUBJONCTIF | CONDITIONNEL | AUTRES |
|---|---|---|---|---|---|---|
| Verbes en IR | **dorm ir/dor**<br>je dor s<br>tu dor s<br>il dor t<br>nous dorm ons<br>vous dorm ez<br>ils dorm ent | **dorm**<br>dorm irai<br>dorm iras<br>dorm ira<br>dorm irons<br>dorm irez<br>dorm iront | **dorm**<br>dorm ais<br>dorm ais<br>dorm ait<br>dorm ions<br>dorm iez<br>dorm aient | **dorm**<br>dorm e<br>dorm es<br>dorm e<br>dorm ions<br>dorm iez<br>dorm ent | **dorm**<br>dorm irais<br>dorm irais<br>dorm irait<br>dorm irions<br>dorm iriez<br>dorm iraient | P. PASSÉ :<br>dorm i<br>P. PRÉSENT :<br>dorm ant<br>P. SIMPLE :<br>je dorm is |
| | **fini r/finiss**<br>je fini s<br>tu fini s<br>il fini t<br>nous finiss ons<br>vous finiss ez<br>ils finiss ent | **fini**<br>fini rai<br>fini ras<br>fini ra<br>fini rons<br>fini rez<br>fini ront | **finiss**<br>finiss ais<br>finiss ais<br>finiss ait<br>finiss ions<br>finiss iez<br>finiss aient | **finiss**<br>finiss e<br>finiss es<br>finiss e<br>finiss ions<br>finiss iez<br>finiss ent | **fini**<br>fini rais<br>fini rais<br>fini rait<br>fini rions<br>fini riez<br>fini raient | P. PASSÉ :<br>fini<br>P. PRÉSENT :<br>finiss ant<br>P. SIMPLE :<br>je fin is |
| | **ven ir/vien/vienn**<br>je vien s<br>tu vien s<br>il vien t<br>nous ven ons<br>vous ven ez<br>ils vienn ent | **viend**<br>viend rai<br>viend ras<br>viend ra<br>viend rons<br>viend rez<br>viend ront | **ven**<br>ven ais<br>ven ais<br>ven ait<br>ven ions<br>ven iez<br>ven aient | **vienn/ven**<br>vienn e<br>vienn es<br>vienn e<br>ven ` ions<br>ven iez<br>vienn ent | **viendr**<br>viendr ais<br>viendr ais<br>viendr ait<br>viendr ions<br>viendr iez<br>viendr aient | P. PASSÉ :<br>ven u<br>P. PRÉSENT :<br>ven ant<br>P. SIMPLE :<br>je vins |
| | **acquér ir/acquier**<br>j' acquier s<br>tu acquier s<br>il acquier t<br>nous acquér ons<br>vous acquér ez<br>ils acquièr ent | **acquer**<br>acquer rai<br>acquer ras<br>acquer ra<br>acquer rons<br>acquer rez<br>acquer ront | **acquér**<br>acquér ais<br>acquér ais<br>acquér ait<br>acquér ions<br>acquér iez<br>acquér aient | **acquièr/acquér**<br>acquièr e<br>acquièr es<br>acquièr e<br>acquér ions<br>acquér iez<br>acquièr ent | **acquer**<br>acquer rais<br>acquer rais<br>acquer rait<br>acquer rions<br>acquer riez<br>acquer raient | P. PASSÉ :<br>acqu is<br>P. PRÉSENT :<br>acquér ant<br>P. SIMPLE :<br>j'acqu is |
| | **mour ir/meur**<br>je meur s<br>tu meur s<br>il meur t<br>nous mour ons<br>vous mour ez<br>ils meur ent | **mour**<br>mour rai<br>mour ras<br>mour ra<br>mour rons<br>mour rez<br>mour ront | **mour**<br>mour ais<br>mour ais<br>mour ait<br>mour ions<br>mour iez<br>mour aient | **meur/mour**<br>meur e<br>meur es<br>meur e<br>mour ions<br>mour iez<br>meur ent | **mour**<br>mour rais<br>mour rais<br>mour rait<br>mour rions<br>mour riez<br>mour raient | P. PASSÉ :<br>mort<br>P. PRÉSENT :<br>mour ant<br>P. SIMPLE :<br>je mour us |
| | **bouill ir/bou**<br>je bou s<br>tu bou s<br>il bou t<br>nous bouill ons<br>vous bouill ez<br>ils bouill ent | **bouill**<br>bouill irai<br>bouill iras<br>bouill ira<br>bouill irons<br>bouill irez<br>bouill iront | **bouill**<br>bouill ais<br>bouill ais<br>bouill ait<br>bouill ions<br>bouill iez<br>bouill aient | **bouill**<br>bouill e<br>bouill es<br>bouill e<br>bouill ions<br>bouill iez<br>bouill ent | **bouill**<br>bouill irais<br>bouill irais<br>bouill irait<br>bouill irions<br>bouill iriez<br>bouill iraient | P. PASSÉ :<br>bouill i<br>P. PRÉSENT :<br>bouill ant<br>P. SIMPLE :<br>je bouill is |
| Verbes en IRE | **ri re**<br>je ri s<br>tu ri s<br>il ri t<br>nous ri ons<br>vous ri ez<br>ils ri ent | **ri**<br>ri rai<br>ri ras<br>ri ra<br>ri rons<br>ri rez<br>ri ront | **ri**<br>ri ais<br>ri ais<br>ri ait<br>ri ions<br>ri iez<br>ri aient | **ri**<br>ri e<br>ri es<br>ri e<br>ri ions<br>ri iez<br>ri ent | **ri**<br>ri rais<br>ri rais<br>ri rait<br>ri rions<br>ri riez<br>ri raient | P. PASSÉ :<br>ri<br>P. PRÉSENT :<br>ri ant<br>P. SIMPLE :<br>je ris |

et... 14 verbes en IR qui utilisent un radical différent au singulier et au pluriel :
JE, TU, IL :          DOR (mir)      consen(t)ir        par(t)ir            ressor(t)ir
NOUS, VOUS, ILS : DORM (ir)      démen(t)ir        pressen(t)ir      sen(t)ir
                               desser(v)ir        repar(t)ir        ser(v)ir
                               endor(m)ir        (se) repen(t)ir   sor(t)ir
                               men(t)ir          ressen(t)ir

et... environ 250 verbes [+ une centaine de verbes rares, inconnus de la plupart des Français (voir liste page...)]

et... tous les dérivés de TENIR et de VENIR, soit 20 verbes

| | | | | |
|---|---|---|---|---|
| advenir | intervenir | (se) souvenir | appartenir | retenir |
| circonvenir | parvenir | subvenir | contenir | soutenir |
| contrevenir | prévenir | survenir | détenir | |
| convenir | provenir | | entretenir | |
| devenir | revenir | | maintenir | |
| disconvenir | redevenir | | obtenir | |

et... tous les verbes en QUÉRIR (3 verbes)
conquérir
(s')enquérir
requérir

et... c'est tout ! (on ne meurt qu'une fois...)

et... c'est tout !
(les Français ne sont pas très à l'aise pour conjuguer ce verbe)

et... sourire
Ces deux verbes font partie des 4 verbes en IRE (avec luire et nuire) qui font leur participe passé en « i » (ri, souri), la majorité des verbes en IRE le font en « it » (sauf circoncire : circoncIS, lire et élire : lU, élU)

| | PRÉSENT | FUTUR | IMPARFAIT | SUBJONCTIF | CONDITIONNEL | AUTRES |
|---|---|---|---|---|---|---|
| **Verbes en IRE** | **nui re/nuis**<br>je nui s<br>tu nui s<br>il nui t<br>nous nuis ons<br>vous nuis ez<br>ils nuis ent | **nui**<br>nui rai<br>nui ras<br>nui ra<br>nui rons<br>nui rez<br>nui ront | **nuis**<br>nuis ais<br>nuis ais<br>nuis ait<br>nuis ions<br>nuis iez<br>nuis aient | **nuis**<br>nuis e<br>nuis es<br>nuis e<br>nuis ions<br>nuis iez<br>nuis ent | **nui**<br>nui rais<br>nui rais<br>nui rait<br>nui rions<br>nui riez<br>nui raient | P. PASSÉ :<br>nui<br>P. PRÉSENT :<br>nuis ant<br>P. SIMPLE :<br>je nuis is |
| | **condui re/conduis**<br>je condui s<br>tu condui s<br>il condui t<br>nous conduis ons<br>vous conduis ez<br>ils conduis ent | **condui**<br>condui rai<br>condui ras<br>condui ra<br>condui rons<br>condui rez<br>condui ront | **conduis**<br>conduis ais<br>conduis ais<br>conduis ait<br>conduis ions<br>conduis iez<br>conduis aient | **conduis**<br>conduis e<br>conduis es<br>conduis e<br>conduis ions<br>conduis iez<br>conduis ent | **condui**<br>condui rais<br>condui rais<br>condui rait<br>condui rions<br>condui riez<br>condui raient | P. PASSÉ :<br>condui t<br>P. PRÉSENT :<br>conduis ant<br>P. SIMPLE :<br>je conduis is |
| | **di re/dis/dit**<br>je di s<br>tu di s<br>il di t<br>nous dis ons<br>vous dit es<br>ils dis ent | **di**<br>di rai<br>di ras<br>di ra<br>di rons<br>di rez<br>di ront | **dis**<br>dis ais<br>dis ais<br>dis ait<br>dis ions<br>dis iez<br>dis aient | **dis**<br>dis e<br>dis es<br>dis e<br>dis ions<br>dis iez<br>dis ent | **di**<br>di rais<br>di rais<br>di rait<br>di rions<br>di riez<br>di raient | P. PASSÉ :<br>di t<br>P. PRÉSENT :<br>dis ant<br>P. SIMPLE :<br>je dis |
| | **li re/lis**<br>je li s<br>tu li s<br>il li t<br>nous lis ons<br>vous lis ez<br>ils lis ent | **li**<br>li rai<br>li ras<br>li ra<br>li rons<br>li rez<br>li ront | **lis**<br>lis ais<br>lis ais<br>lis ait<br>lis ions<br>lis iez<br>lis aient | **lis**<br>lis e<br>lis es<br>lis e<br>lis ions<br>lis iez<br>lis ent | **li**<br>li rais<br>li rais<br>li rait<br>li rions<br>li riez<br>li raient | P. PASSÉ :<br>lu<br>P. PRÉSENT :<br>lis ant<br>P. SIMPLE :<br>je lus |
| | **maudi re/maudiss**<br>je maudi s<br>tu maudi s<br>il maudi t<br>nous maudiss ons<br>vous maudiss ez<br>ils maudiss ent | **maudi**<br>maudi rai<br>maudi ras<br>maudi ra<br>maudi rons<br>maudi rez<br>maudi ront | **maudiss**<br>maudiss ais<br>maudiss ais<br>maudiss ait<br>maudiss ions<br>maudiss iez<br>maudiss aient | **maudiss**<br>maudiss e<br>maudiss es<br>maudiss e<br>maudiss ions<br>maudiss iez<br>maudiss ent | **maudi**<br>maudi rais<br>maudi rais<br>maudi rait<br>maudi rions<br>maudi riez<br>maudi raient | P. PASSÉ :<br>maudi t<br>P. PRÉSENT :<br>maudiss ant<br>P. SIMPLE :<br>je maud is |
| | **écri re/évriv**<br>j' écri s<br>tu écri s<br>il écri t<br>nous écriv ons<br>vous écriv ez<br>ils écriv ent | **écri**<br>écri rai<br>écri ras<br>écri ra<br>écri rons<br>écri rez<br>écri ront | **écriv**<br>écriv ais<br>écriv ais<br>écriv ait<br>écriv ions<br>écriv iez<br>écriv aient | **écriv**<br>écriv e<br>écriv es<br>écriv e<br>écriv ions<br>écriv iez<br>écriv ent | **écri**<br>écri rais<br>écri rais<br>écri rait<br>écri rions<br>écri riez<br>écri raient | P. PASSÉ :<br>écri t<br>P. PRÉSENT :<br>écriv ant<br>P. SIMPLE :<br>j'écriv is |
| **Verbes en URE** | **conclu re/conclu**<br>je conclu s<br>tu conclu s<br>il conclu t<br>nous conclu ons<br>vous conclu ez<br>ils conclu ent | **conclu**<br>conclu rai<br>conclu ras<br>conclu ra<br>conclu rons<br>conclu rez<br>conclu ront | **conclu**<br>conclu ais<br>conclu ais<br>conclu ait<br>conclu ions<br>conclu iez<br>conclu aient | **conclu**<br>conclu e<br>conclu es<br>conclu e<br>conclu ions<br>conclu iez<br>conclu ent | **conclu**<br>conclu rais<br>conclu rais<br>conclu rait<br>conclu rions<br>conclu riez<br>conclu raient | P. PASSÉ :<br>conclu<br>P. PRÉSENT :<br>conclu ant<br>P. SIMPLE :<br>je concl us |

et... luire (participe passé : lui, présent : luiSons, imparfait : luiSais, subjonctif : luiSe)

---

et... 18 verbes qui ajoutent un S au radical (au présent avec NOUS, VOUS, ILS), à l'imparfait et au subjonctif (participe passé en IT). P. SIMPLE en ISIS pour les verbes en UIRE, et en IS pour les verbes en IRE : je confis, contredis, interdis, etc.

IRE :                                    UIRE :

| | | | | |
|---|---|---|---|---|
| confire | prédire | cuire | induire | reconduire | traduire |
| contredire | suffire | déduire | introduire | réduire | |
| interdire | | éconduire | (se) méconduire | reproduire | |
| médire | | enduire | produire | séduire | |

---

et... c'est tout !

Les dérivés de DIRE (interdire, contredire, médire, prédire) font leur pluriel avec VOUS en ISEZ (vous interd**isez**, préd**isez**) contrairement à DIRE (vous d**ites**)

---

et... élire

Même conjugaison que CONDUIRE, sauf au participe passé, en U pour LIRE et ÉLIRE (lu, élu), en IT pour interdire, confire, suffire, etc.

---

et... peut-être bruire, rarement utilisé autrement qu'à l'infinitif.

MAUDIRE est le seul verbe en IRE qui se conjugue sur le modèle de finir :

je      finis           je      maudis

nous finiSSons       nous maudiSSons

Seule différence : le participe passé en I pour les verbes du type FINIR, en IT pour MAUDIRE (j'ai fini / j'ai maud**it**)

---

et... tous les verbes en CRIRE

circonscrire       transcrire

décrire

inscrire

prescrire

proscrire

souscrire

---

et... exclure

| | PRÉSENT | FUTUR | IMPARFAIT | SUBJONCTIF | CONDITIONNEL | AUTRES |
|---|---|---|---|---|---|---|
| **Verbes en URE** | **inclu re/inclu**<br>j'    inclu s<br>tu   inclu s<br>il    inclu t<br>nous inclu ons<br>vous inclu ez<br>ils   inclu ent | **inclu**<br>inclu rai<br>inclu ras<br>inclu ra<br>inclu rons<br>inclu rez<br>inclu ront | **inclu**<br>inclu ais<br>inclu ais<br>inclu ait<br>inclu ions<br>inclu iez<br>inclu aient | **inclu**<br>inclu e<br>inclu es<br>inclu e<br>inclu ions<br>inclu iez<br>inclu ent | **inclu**<br>inclu rais<br>inclu rais<br>inclu rait<br>inclu rions<br>inclu riez<br>inclu raient | P. PASSÉ :<br>inclus<br>P. PRÉSENT :<br>inclu ant<br>P. SIMPLE :<br>j'inclus |
| **Verbes en OIR** | **voi r/voy**<br>je   voi s<br>tu   voi s<br>il    voi t<br>nous voy ons<br>vous voy ez<br>ils   voi ent | **ver**<br>ver rai<br>ver ras<br>ver ra<br>ver rons<br>ver rez<br>ver ront | **voy**<br>voy ais<br>voy ais<br>voy ait<br>voy ions<br>voy iez<br>voy aient | **voi/voy**<br>voi e<br>voi es<br>voi e<br>voy ions<br>voy iez<br>voi ent | **ver**<br>ver rais<br>ver rais<br>ver rait<br>ver rions<br>ver riez<br>ver raient | P. PASSÉ :<br>vu<br>P. PRÉSENT :<br>voy ant<br>P. SIMPLE :<br>je vis |
| | **prévoi r/prévoy**<br>je   prévoi s<br>tu   prévoi s<br>il    prévoi t<br>nous prévoy ons<br>vous prévoy ez<br>ils   prévoi ent | **prévoi**<br>prévoi rai<br>prévoi ras<br>prévoi ra<br>prévoi rons<br>prévoi rez<br>prévoi ront | **prévoy**<br>prévoy ais<br>prévoy ais<br>prévoy ait<br>prévoy ions<br>prévoy iez<br>prévoy aient | **prévoi/prévoy**<br>prévoi e<br>prévoi es<br>prévoi e<br>prévoy ions<br>prévoy iez<br>prévoi ent | **prévoi**<br>prévoi rais<br>prévoi rais<br>prévoi rait<br>prévoi rions<br>prévoi riez<br>prévoi raient | P. PASSÉ :<br>prév u<br>P. PRÉSENT :<br>prévoy ant<br>P. SIMPLE :<br>je prév is |
| | **pourvoi r/pourvoy**<br>je   pourvoi s<br>tu   pourvoi s<br>il    pourvoi t<br>nous pourvoy ons<br>vous pourvoy ez<br>ils   pourvoi ent | **pourvoi**<br>pourvoi rai<br>pourvoi ras<br>pourvoi ra<br>pourvoi rons<br>pourvoi rez<br>pourvoi ront | **pourvoy**<br>pourvoy ais<br>pourvoy ais<br>pourvoy ait<br>pourvoy ions<br>pourvoy iez<br>pourvoy aient | **pourvoi/pourvoy**<br>pourvoi e<br>pourvoi es<br>pourvoi e<br>pourvoy ions<br>pourvoy iez<br>pourvoi ent | **pourvoi**<br>pourvoi rais<br>pourvoi rais<br>pourvoi rait<br>pourvoi rions<br>pourvoi riez<br>pourvoi raient | P. PASSÉ :<br>pourv u<br>P. PRÉSENT :<br>pourvoy ant<br>P. SIMPLE :<br>je pourv us |
| | **asseoi r/assoy**<br>j'    assoi s<br>tu   assoi s<br>il    assoi t<br>nous assoy ons<br>vous assoy ez<br>ils   assoi ent | **assoi**<br>assoi rai<br>assoi ras<br>assoi rons<br>assoi rez<br>assoi ront | **assoy**<br>assoy ais<br>assoy ais<br>assoy ait<br>assoy ions<br>assoy iez<br>assoy aient | **assoi/assoy**<br>assoi e<br>assoi es<br>assoi e<br>assoy ions<br>assoy iez<br>assoi ent | **assoi**<br>assoi rais<br>assoi rais<br>assoi rait<br>assoi rions<br>assoi riez<br>assoi raient | P. PASSÉ :<br>ass is<br>P. PRÉSENT :<br>assoy ant<br>P. SIMPLE :<br>j'ass is |
| | **assied/assey**<br>j'    assied s<br>tu   assied s<br>il    assied<br>nous assey ons<br>vous assey ez<br>ils   assey ent | **assié**<br>assié rai<br>assié ras<br>assié ra<br>assié rons<br>assié rez<br>assié ront | **assey**<br>assey ais<br>assey ais<br>assey ait<br>assey ions<br>assey iez<br>assey aient | **assey**<br>assey e<br>assey es<br>assey e<br>assey ions<br>assey iez<br>assey ent | **assié**<br>assié rais<br>assié rais<br>assié rait<br>assié rions<br>assié riez<br>assié raient | P. PASSÉ :<br>ass is<br>P. PRÉSENT :<br>assey ant<br>P. SIMPLE :<br>j'ass is |
| | **val oir/vau**<br>je   vau x<br>tu   vau x<br>il    vau t<br>nous val ons<br>vous val ez<br>ils   val ent | **vaud**<br>vaud rai<br>vaud ras<br>vaud ra<br>vaud rons<br>vaud rez<br>vaud ront | **val**<br>val ais<br>val ais<br>val ait<br>val ions<br>val iez<br>val aient | **vaill**<br>vaill e<br>vaill es<br>vaill e<br>val ions<br>val iez<br>vaill ent | **vaud**<br>vaud rais<br>vaud rais<br>vaud rait<br>vaud rions<br>vaud riez<br>vaud raient | P. PASSÉ :<br>val u<br>P. PRÉSENT :<br>val ant<br>P. SIMPLE :<br>je val us |

et... c'est tout
Seule différence avec conclure et exclure : le participe passé en US

et... revoir
qui se distinguent des dérivés de voir au futur et au conditionnel :
futur en ERRAI pour voir et revoir, en OIRAI pour pourvoir et prévoir

et... c'est tout !
Différence avec voir et revoir : le futur (je **ver**rai, re**ver**rai/je pré**voir**ai)
Différence avec pourvoir : le passé simple (je pré**vis**, je pour**vus**)

et... c'est tout !
Différence avec voir et revoir : le futur (je **ver**rai, re**ver**rai/je pour**voir**ai)
Différence avec prévoir : le passé simple (je pour**vus**, je pré**vis**)

et... c'est tout sauf un verbe rare, SURSEOIR qui se conjugue comme asseoir, sauf au futur (je surs**eoir**ai, j'ass**oir**ai)

et... c'est tout !
Sauf peut-être le verbe seoir, très rare.
Il s'agit là de la deuxième possibilité de conjugaison du verbe asseoir. Les Français mélangent souvent les 2 conjugaisons du verbe asseoir.

et... c'est tout !
Valoir se distingue au subjonctif de ses dérivés prévaloir et équivaloir
que je vaille / que j'équivale

**Verbes en OIR**

| PRÉSENT | FUTUR | IMPARFAIT | SUBJONCTIF | CONDITIONNEL | AUTRES |
|---|---|---|---|---|---|
| **préval oir/prévau** | **prévaud** | **préval** | **préval** | **prévaud** | P. PASSÉ : |
| je   prévau x | prévaud rai | préval ais | préval e | prévaud rais | préval u |
| tu   prévau x | prévaud ras | préval ais | préval es | prévaud rais | P. PRÉSENT : |
| il   prévau t | prévaud ra | préval ait | préval e | prévaud rait | préval ant |
| nous préval ons | prévaud rons | préval ions | préval ions | prévaud rions | P. SIMPLE : |
| vous préval ez | prévaud rez | préval iez | préval iez | prévaud riez | je préval us |
| ils  préval ent | prévaud ront | préval aient | préval ent | prévaud raient | |
| **av oir/ai** | **au** | **av** | **ai** | **au** | P. PASSÉ : |
| j'   ai | au rai | av ais | ai e | au rais | eu |
| tu   as | au ras | av ais | ai es | au rais | P. PRÉSENT : |
| il   a | au ra | av ait | ai t | au rait | ay ant |
| nous av ons | au rons | av ions | ay ons | au rions | P. SIMPLE : |
| vous av ez | au rez | av iez | ay ez | au riez | j'eus |
| ils  ont | au ront | av aient | ai ent | au raient | |
| **sav oir/sai** | **sau** | **sav** | **sach** | **sau** | P. PASSÉ : |
| je   sai s | sau rai | sav ais | sach e | sau rais | su |
| tu   sai s | sau ras | sav ais | sach es | sau rais | P. PRÉSENT : |
| il   sai t | sau ra | sav ait | sach e | sau rait | sach ant |
| nous sav ons | sau rons | sav ions | sach ions | sau rions | P. SIMPLE : |
| vous sav ez | sau rez | sav iez | sach iez | sau riez | je sus |
| ils  sav ent | sau ront | sav aient | sach ent | sau raient | |
| **dev oir/doi/doiv** | **dev** | **dev** | **doiv** | **dev** | P. PASSÉ : |
| je   doi s | dev rai | dev ais | doiv e | dev rais | dû |
| tu   doi s | dev ras | dev ais | doiv es | dev rais | P. PRÉSENT : |
| il   doi t | dev ra | dev ait | doiv e | dev rait | dev ant |
| nous dev ons | dèv rons | dev ions | dev ions | dev rions | P. SIMPLE : |
| vous dev ez | dev rez | dev iez | dev iez | dev riez | je dus |
| ils  doiv ent | dev ront | dev aient | doiv ent | dev raient | |
| **voul oir/veu/veul** | **voud** | **voul** | **veuill** | **voud** | P. PASSÉ : |
| je   veu x | voud rai | voul ais | veuill e | voud rais | voul u |
| tu   veu x | voud ras | voul ais | veuill es | voud rais | P. PRÉSENT : |
| il   veu t | voud ra | voul ait | veuill e | voud rait | voul ant |
| nous voul ons | voud rons | voul ions | voul ions | voud rions | P. SIMPLE : |
| vous voul ez | voud rez | voul iez | voul iez | voud riez | je voul us |
| ils  veul ent | voud ront | voul aient | veuill ent | voud raient | |
| **pouv oir/peu/peuv** | **pour** | **pouv** | **puiss** | **pour** | P. PASSÉ : |
| je   peu x | pour rai | pouv ais | puiss e | pour rais | p u |
| tu   peu x | pour ras | pouv ais | puiss es | pour rais | P. PRÉSENT : |
| il   peu t | pour ra | pouv ait | puiss e | pour rait | pouv ant |
| nous pouv ons | pour rons | pouv ions | puiss ions | pour rions | P. SIMPLE : |
| vous pouv ez | pour rez | pouv iez | puiss iez | pour riez | je pus |
| ils  peuv ent | pour ront | pouv aient | puiss ent | pour raient | |
| **mou voir/meu/meuv** | **mouv** | **mouv** | **meuv/mouv** | **mouv** | P. PASSÉ : |
| je   meu s | mouv rai | mouv ais | meuv e | mouv rais | m u |
| tu   meu s | mouv ras | mouv ais | meuv es | mouv rais | P. PRÉSENT : |
| il   meu t | mouv ra | mouv ait | meuv e | mouv rait | mouv ant |
| nous mouv ons | mouv rons | mouv ions | mouv ions | mouv rions | P. SIMPLE : |
| vous mouv ez | mouv rez | mouv iez | mouv iez | mouv riez | je mus |
| ils  meuv ent | mouv ront | mouv aient | meuv ent | mouv raient | |

et... équivaloir (pour VALOIR, voir ci-dessus)

et... c'est tout !
ÊTRE, AVOIR, ALLER ont des conjugaisons très irrégulières. Ils ont en commun de permettre la formation de temps composés (passé composé, plus-que-parfait, futur dit « proche », etc.)
Les grammaires les appellent verbes « auxiliaires »

et... c'est tout !

et... tous les verbes en EVOIR (6 en tout)
percevoir, apercevoir, entrapercevoir (j'aperçois, j'apercevais, que j'aperçoive, j'ai aperçu)
concevoir, préconcevoir (je conçois, je concevais, que je conçoive, j'ai conçu)
décevoir (je déçois, je décevais, que je déçoive, j'ai déçu)

et... c'est tout !

et... c'est tout !

et... émouvoir, promouvoir

| | PRÉSENT | FUTUR | IMPARFAIT | SUBJONCTIF | CONDITIONNEL | AUTRES |
|---|---|---|---|---|---|---|
| **Verbes en OIRE** | **boi re/buv/boiv**<br>je    boi s<br>tu    boi s<br>il     boi t<br>nous buv ons<br>vous buv ez<br>ils    boiv ent | **boi**<br>boi rai<br>boi ras<br>boi ra<br>boi rons<br>boi rez<br>boi ront | **buv**<br>buv ais<br>buv ais<br>buv ait<br>buv ions<br>buv iez<br>buv aient | **boiv**<br>boiv e<br>boiv es<br>boiv e<br>buv ions<br>buv iez<br>boiv ent | **boi**<br>boi rais<br>boi rais<br>boi rait<br>boi rions<br>boi riez<br>boi raient | P. PASSÉ :<br>b u<br>P. PRÉSENT :<br>buv ant<br>P. SIMPLE :<br>je b us |
| | **croi re/croy**<br>je    croi s<br>tu    croi s<br>il     croi t<br>nous croy ons<br>vous croy ez<br>ils    croi ent | **croi**<br>croi rai<br>croi ras<br>croi ra<br>croi rons<br>croi rez<br>croi ront | **croy**<br>croy ais<br>croy ais<br>croy ait<br>croy ions<br>croy iez<br>croy aient | **croi**<br>croi e<br>croi es<br>croi e<br>croy ions<br>croy iez<br>croi ent | **croi**<br>croi rais<br>croi rais<br>croi rait<br>croi rions<br>croi riez<br>croi raient | P. PASSÉ :<br>cr u<br>P. PRÉSENT :<br>croy ant<br>P. SIMPLE :<br>je cr us |
| **Verbes en AIRE** | **plai re/plais**<br>je    plai s<br>tu    plai s<br>il     plai t<br>nous plais ons<br>vous plais ez<br>ils    plais ent | **plai**<br>plai rai<br>plai ras<br>plai ra<br>plai rons<br>plai rez<br>plai ront | **plais**<br>plais ais<br>plais ais<br>plais ait<br>plais ions<br>plais iez<br>plais aient | **plais**<br>plais e<br>plais es<br>plais e<br>plais ions<br>plais iez<br>plais ent | **plai**<br>plai rais<br>plai rais<br>plai rait<br>plai rions<br>plai riez<br>plai raient | P. PASSÉ :<br>pl u<br>P. PRÉSENT :<br>plais ant<br>P. SIMPLE :<br>je pl us |
| | **distrai re/distray**<br>je    distrai s<br>tu    distrai s<br>il     distrai t<br>nous distray ons<br>vous distray ez<br>ils    distrai ent | **distrai**<br>distrai rai<br>distrai ras<br>distrai ra<br>distrai rons<br>distrai rez<br>distrai ront | **distray**<br>distray ais<br>distray ais<br>distray ait<br>distray ions<br>distray iez<br>distray aient | **distrai/distray**<br>distrai e<br>distrai es<br>distrai e<br>distray ions<br>distray iez<br>distrai ent | **distrai**<br>distrai rais<br>distrai rais<br>distrai rait<br>distrai rions<br>distrai riez<br>distrai raient | P. PASSÉ :<br>distrai t<br>P. PRÉSENT :<br>distray ant<br>P. SIMPLE :<br>inusité |
| | **faire**<br>je    fai s<br>tu    fai s<br>il     fai t<br>nous fais ons<br>vous faites<br>ils    font | **fe**<br>fe rai<br>fe ras<br>fe ra<br>fe rons<br>fe rez<br>fe ront | **fais**<br>fais ais<br>fais ais<br>fais ait<br>fais ions<br>fais iez<br>fais aient | **fass**<br>fass e<br>fass es<br>fass e<br>fass ions<br>fass iez<br>fass ent | **fe**<br>fe rais<br>fe rais<br>fe rait<br>fe rions<br>fe riez<br>fe raient | P. PASSÉ :<br>fait<br>P. PRÉSENT :<br>fais ant<br>P. SIMPLE :<br>je fis |
| **Verbes en CRE** | **vainc re/vainqu**<br>je    vainc s<br>tu    vainc s<br>il     vainc<br>nous vainqu ons<br>vous vainqu ez<br>ils    vainqu ent | **vainc**<br>vainc rai<br>vainc ras<br>vainc ra<br>vainc rons<br>vainc rez<br>vainc ront | **vainqu**<br>vainqu ais<br>vainqu ais<br>vainqu ait<br>vainqu ions<br>vainqu iez<br>vainqu aient | **vainqu**<br>vainqu e<br>vainqu es<br>vainqu e<br>vainqu ions<br>vainqu iez<br>vainqu ent | **vainc**<br>vainc rais<br>vainc rais<br>vainc rait<br>vainc rions<br>vainc riez<br>vainc raient | P. PASSÉ :<br>vainc u<br>P. PRÉSENT :<br>vainqu ant<br>P. SIMPLE :<br>je vainqu is |
| **Verbes en DRE** | **perd re**<br>je    perd s<br>tu    perd s<br>il     perd<br>nous perd ons<br>vous perd ez<br>ils    perd ent | **perd**<br>perd rai<br>perd ras<br>perd ra<br>perd rons<br>perd rez<br>perd ront | **perd**<br>perd ais<br>perd ais<br>perd ait<br>perd ions<br>perd iez<br>perd aient | **perd**<br>perd e<br>perd es<br>perd e<br>perd ions<br>perd iez<br>perd ent | **perd**<br>perd rais<br>perd rais<br>perd rait<br>perd rions<br>perd riez<br>perd raient | P. PASSÉ :<br>perd u<br>P. PRÉSENT :<br>perd ant<br>P. SIMPLE :<br>je perd is |

et... c'est tout !

et... c'est tout !

et... 3 verbes en AIRE :
complaire (complu)
déplaire (déplu)
taire (tu)
Ces 3 verbes font leur participe passé en U, les autres verbes en AIRE le font en AIT (j'ai distrait, abstrait, extrait, soustrait, trait, fait)

et... 4 verbes en AIRE :
abstraire
extraire
soustraire
traire

et c'est tout ! ou presque : refaire et défaire se conjuguent comme faire

et... convaincre

et... 31 verbes en DRE

| | | | | | |
|---|---|---|---|---|---|
| attendre | descendre | épandre | pondre | revendre | vendre |
| condescendre | démordre | fendre | pourfendre | soustendre | |
| confondre | détendre | fondre | prétendre | suspendre | |
| correspondre | distordre | mordre | rendre | tendre | |
| défendre | distendre | (se) morfondre | répandre | tondre | |
| dépendre | entendre | prendre | répondre | tordre | |

| | | PRÉSENT | FUTUR | IMPARFAIT | SUBJONCTIF | CONDITIONNEL | AUTRES |
|---|---|---|---|---|---|---|---|
| **Verbes en PRE** | **romp re**<br>je romp s<br>tu romp s<br>il romp t<br>nous romp ons<br>vous romp ez<br>ils romp ent | **romp**<br>romp rai<br>romp ras<br>romp ra<br>romp rons<br>romp rez<br>romp ront | **romp**<br>romp ais<br>romp ais<br>romp ait<br>romp ions<br>romp iez<br>romp aient | **romp**<br>romp e<br>romp es<br>romp e<br>romp ions<br>romp iez<br>romp ent | **romp**<br>romp rais<br>romp rais<br>romp rait<br>romp rions<br>romp riez<br>romp raient | P. PASSÉ :<br>romp u<br>P. PRÉSENT :<br>romp ant<br>P. SIMPLE :<br>je romp is |
| **Verbes en DRE** | **prend re/pren/prenn**<br>je prend s<br>tu prend s<br>il prend<br>nous pren ons<br>vous pren ez<br>ils prenn ent | **prend**<br>prend rai<br>prend ras<br>prend ra<br>prend rons<br>prend rez<br>prend ront | **pren**<br>pren ais<br>pren ais<br>pren ait<br>pren ions<br>pren iez<br>pren aient | **prenn**<br>prenn e<br>prenn es<br>prenn e<br>pren ions<br>pren iez<br>prenn ent | **prend**<br>prend rais<br>prend rais<br>prend rait<br>prend rions<br>prend riez<br>prend raient | P. PASSÉ :<br>pr is<br>P. PRÉSENT :<br>pren ant<br>P. SIMPLE :<br>je pr is |
| | **plain dre/plaign**<br>je plain s<br>tu plain s<br>il plain t<br>nous plaign ons<br>vous plaign ez<br>ils plaign ent | **plaind**<br>plaind rai<br>plaind ras<br>plaind ra<br>plaind rons<br>plaind rez<br>plaind ront | **plaign**<br>plaign ais<br>plaign ais<br>plaign ait<br>plaign ions<br>plaign iez<br>plaign aient | **plaign**<br>plaign e<br>plaign es<br>plaign e<br>plaign ions<br>plaign iez<br>plaign ent | **plaind**<br>plaind rais<br>plaind rais<br>plaind rait<br>plaind rions<br>plaind riez<br>plaind raient | P. PASSÉ :<br>plain t<br>P. PRÉSENT :<br>plaign ant<br>P. SIMPLE :<br>je plaign is |
| | **pein dre/peign**<br>je pein s<br>tu pein s<br>il pein t<br>nous peign ons<br>vous peign ez<br>ils peign ent | **peind**<br>peind rai<br>peind ras<br>peind ra<br>peind rons<br>peind rez<br>peind ront | **peign**<br>peign ais<br>peign ais<br>peign ait<br>peign ions<br>peign iez<br>peign aient | **peign**<br>peign e<br>peign es<br>peign e<br>peign ions<br>peign iez<br>peign ent | **peind**<br>peind rais<br>peind rais<br>peind rait<br>peind rions<br>peind riez<br>peind raient | P. PASSÉ :<br>pein t<br>P. PRÉSENT :<br>peign ant<br>P. SIMPLE :<br>je peign is |
| | **join dre/joign**<br>je join s<br>tu join s<br>il join t<br>nous joign ons<br>vous joign ez<br>ils joign ent | **joind**<br>joind rai<br>joind ras<br>joind ra<br>joind rons<br>joind rez<br>joind ront | **joign**<br>joign ais<br>joign ais<br>joign ait<br>joign ions<br>joign iez<br>joign aient | **joign**<br>joign e<br>joign es<br>joign e<br>joign ions<br>joign iez<br>joign ent | **joind**<br>joind rais<br>joind rais<br>joind rait<br>joind rions<br>joind riez<br>joind raient | P. PASSÉ :<br>join t<br>P. PRÉSENT :<br>joign ant<br>P. SIMPLE :<br>je joign is |
| | **coud re/cous**<br>je coud s<br>tu coud s<br>il coud<br>nous cous ons<br>vous cous ez<br>ils cous ent | **coud**<br>coud rai<br>coud ras<br>coud ra<br>coud rons<br>coud rez<br>coud ront | **cous**<br>cous ais<br>cous ais<br>cous ait<br>cous ions<br>cous iez<br>cous aient | **cous**<br>cous e<br>cous es<br>cous e<br>cous ions<br>cous iez<br>cous ent | **coud**<br>coud rais<br>coud rais<br>coud rait<br>coud rions<br>coud riez<br>coud raient | P. PASSÉ :<br>cous u<br>P. PRÉSENT :<br>cous ant<br>P. SIMPLE :<br>je cous is |
| | **moud re/moul**<br>je moud s<br>tu moud s<br>il moud<br>nous moul ons<br>vous moul ez<br>ils moul ent | **moud**<br>moud rai<br>moud ras<br>moud ra<br>moud rons<br>moud rez<br>moud ront | **moul**<br>moul ais<br>moul ais<br>moul ait<br>moul ions<br>moul iez<br>moul aient | **moul**<br>moul e<br>moul es<br>moul e<br>moul ions<br>moul iez<br>moul ent | **moud**<br>moud rais<br>moud rais<br>moud rait<br>moud rions<br>moud riez<br>moud raient | P. PASSÉ :<br>moul u<br>P. PRÉSENT :<br>moul ant<br>P. SIMPLE :<br>je moul us |

et... 2 dérivés de rompre :
corrompre
interrompre

et... 6 dérivés de prendre
apprendre
comprendre
entreprendre
(s')éprendre
(se) méprendre
surprendre

et... 2 verbes en AINDRE :
contraindre
craindre

et... 12 verbes en EINDRE :

| | |
|---|---|
| astreindre | étreindre |
| atteindre | feindre |
| ceindre | geindre |
| déteindre | repeindre |
| enfreindre | restreindre |
| éteindre | teindre |

et... 5 verbes en OINDRE :
adjoindre
disjoindre
enjoindre
poindre
rejoindre

et... c'est tout (avec recoudre et découdre)

et... c'est tout !

| | PRÉSENT | FUTUR | IMPARFAIT | SUBJONCTIF | CONDITIONNEL | AUTRES |
|---|---|---|---|---|---|---|
| **Verbes en DRE** | **absou dre/absolv**<br>j' absou s<br>tu absou s<br>il absou t<br>nous absolv ons<br>vous absolv ez<br>ils absolv ent | absoud<br>absoud rai<br>absoud ras<br>absoud ra<br>absoud rons<br>absoud rez<br>absoud ront | absolv<br>absolv ais<br>absolv ais<br>absolv ait<br>absolv ions<br>absolv iez<br>absolv aient | absolv<br>absolv e<br>absolv es<br>absolv e<br>absolv ions<br>absolv iez<br>absolv ent | absoud<br>absoud rais<br>absoud rais<br>absoud rait<br>absoud rions<br>absoud riez<br>absoud raient | P. PASSÉ :<br>absou s<br>P. PRÉSENT :<br>absolv ant<br>P. SIMPLE :<br>j'absol us |
| | **résou dre/résolv**<br>je résou s<br>tu résou s<br>il résou t<br>nous résolv ons<br>vous résolv ez<br>ils résolv ent | résoud<br>résoud rai<br>résoud ras<br>résoud ra<br>résoud rons<br>résoud rez<br>résoud ront | résolv<br>résolv ais<br>résolv ais<br>résolv ait<br>résolv ions<br>résolv iez<br>résolv aient | résolv<br>résolv e<br>résolv es<br>résolv e<br>résolv ions<br>résolv iez<br>résolv ent | résoud<br>résoud rais<br>résoud rais<br>résoud rait<br>résoud rions<br>résoud riez<br>résoud raient | P. PASSÉ :<br>résol u<br>P. PRÉSENT :<br>résolv ant<br>P. SIMPLE :<br>je résol us |
| **Verbes en VRE** | **sui vre/suiv**<br>je sui s<br>tu sui s<br>il sui t<br>nous suiv ons<br>vous suiv ez<br>ils suiv ent | suiv<br>suiv rai<br>suiv ras<br>suiv ra<br>suiv rons<br>suiv rez<br>suiv ront | suiv<br>suiv ais<br>suiv ais<br>suiv ait<br>suiv ions<br>suiv iez<br>suiv aient | suiv<br>suiv e<br>suiv es<br>suiv e<br>suiv ions<br>suiv iez<br>suiv ent | suiv<br>suiv rais<br>suiv rais<br>suiv rait<br>suiv rions<br>suiv riez<br>suiv raient | P. PASSÉ :<br>suiv i<br>P. PRÉSENT :<br>suiv ant<br>P. SIMPLE :<br>je suiv is |
| | **vi vre/viv**<br>je vi s<br>tu vi s<br>il vi t<br>nous viv ons<br>vous viv ez<br>ils viv ent | viv<br>viv rai<br>viv ras<br>viv ra<br>viv rons<br>viv rez<br>viv ront | viv<br>viv ais<br>viv ais<br>viv ait<br>viv ions<br>viv iez<br>viv aient | viv<br>viv e<br>viv es<br>viv e<br>viv ions<br>viv iez<br>viv ent | viv<br>viv rais<br>viv rais<br>viv rait<br>viv rions<br>viv riez<br>viv raient | P. PASSÉ :<br>véc u<br>P. PRÉSENT :<br>viv ant<br>P. SIMPLE :<br>je véc us |
| **Verbes en TRE** | **batt re/bat**<br>je bat s<br>tu bat s<br>il bat<br>nous batt ons<br>vous batt ez<br>ils batt ent | batt<br>batt rai<br>batt ras<br>batt ra<br>batt rons<br>batt rez<br>batt ront | batt<br>batt ais<br>batt ais<br>batt ait<br>batt ions<br>batt iez<br>batt aient | batt<br>batt e<br>batt es<br>batt e<br>batt ions<br>batt iez<br>batt ent | batt<br>batt rais<br>batt rais<br>batt rait<br>batt rions<br>batt riez<br>batt raient | P. PASSÉ :<br>batt u<br>P. PRÉSENT :<br>batt ant<br>P. SIMPLE :<br>je batt is |
| | **mett re/met**<br>je met s<br>tu met s<br>il met<br>nous mett ons<br>vous mett ez<br>ils mett ent | mett<br>mett rai<br>mett ras<br>mett ra<br>mett rons<br>mett rez<br>mett ront | mett<br>mett ais<br>mett ais<br>mett ait<br>mett ions<br>mett iez<br>mett aient | mett<br>mett e<br>mett es<br>mett e<br>mett ions<br>mett iez<br>mett ent | mett<br>mett rais<br>mett rais<br>mett rait<br>mett rions<br>mett riez<br>mett raient | P. PASSÉ :<br>mis<br>P. PRÉSENT :<br>mett ant<br>P. SIMPLE :<br>je mis |
| | **paraî tre/paraiss**<br>je parai s<br>tu parai s<br>il parai t<br>nous paraiss ons<br>vous paraiss ez<br>ils paraiss ent | paraît<br>paraît rai<br>paraît ras<br>paraît ra<br>paraît rons<br>paraît rez<br>paraît ront | paraiss<br>paraiss ais<br>paraiss ais<br>paraiss ait<br>paraiss ions<br>paraiss iez<br>paraiss aient | paraiss<br>paraiss e<br>paraiss es<br>paraiss e<br>paraiss ions<br>paraiss iez<br>paraiss ent | paraît<br>paraît rais<br>paraît rais<br>paraît rait<br>paraît rions<br>paraît riez<br>paraît raient | P. PASSÉ :<br>par u<br>P. PRÉSENT :<br>paraiss ant<br>P. SIMPLE :<br>je par us |

et... dissoudre (participe passé : absous, te, dissous, te)

et... c'est tout ! (participe passé en U : résolu)

et... 2 dérivés de suivre :
s'ensuivre
poursuivre

et... survivre

et... 5 dérivés de battre :
abattre
combattre
débattre
(s')ébattre
rabattre

et... 6 dérivés de mettre :
admettre
commettre
compromettre
démettre
promettre
soumettre

et... 9 verbes en AÎTRE :

| | |
|---|---|
| apparaître | reconnaître |
| comparaître | (se) repaître |
| connaître | transparaître |
| disparaître | |
| méconnaître | |
| paître | |

| | PRÉSENT | FUTUR | IMPARFAIT | SUBJONCTIF | CONDITIONNEL | AUTRES |
|---|---|---|---|---|---|---|
| Verbes en TRE | **naî tre/naiss**<br>je nai s<br>tu nai s<br>il nai t<br>nous naiss ons<br>vous naiss ez<br>ils naiss ent | **naît**<br>naît rai<br>naît ras<br>naît ra<br>naît rons<br>naît rez<br>naît ront | **naiss**<br>naiss ais<br>naiss ais<br>naiss ait<br>naiss ions<br>naiss iez<br>naiss aient | **naiss**<br>naiss e<br>naiss es<br>naiss e<br>naiss ions<br>naiss iez<br>naiss ent | **naît**<br>naît rais<br>naît rais<br>naît rait<br>naît rions<br>naît riez<br>naît raient | P. PASSÉ :<br>né<br>P. PRÉSENT :<br>naiss ant<br>P. SIMPLE :<br>je naqu is |
| | **croî tre/croiss**<br>je croî s<br>tu croî s<br>il croî t<br>nous croiss ons<br>vous croiss ez<br>ils croiss ent | **croît**<br>croît rai<br>croît ras<br>croît ra<br>croît rons<br>croît rez<br>croît ront | **croiss**<br>croiss ais<br>croiss ais<br>croiss ait<br>croiss ions<br>croiss iez<br>croiss aient | **croiss**<br>croiss e<br>croiss es<br>croiss e<br>croiss ions<br>croiss iez<br>croiss ent | **croît**<br>croît rais<br>croît rais<br>croît rait<br>croît rions<br>croît riez<br>croît raient | P. PASSÉ :<br>cr û<br>P. PRÉSENT :<br>croiss ant<br>P. SIMPLE :<br>je crûs |
| | **être**<br>je suis<br>tu es<br>il est<br>nous sommes<br>vous êtes<br>ils sont | **ser**<br>ser ai<br>ser as<br>ser a<br>ser ons<br>ser ez<br>ser ont | **ét**<br>ét ais<br>ét ais<br>ét ait<br>ét ions<br>ét iez<br>ét aient | **soi/soy**<br>soi s<br>soi s<br>soi t<br>soy ons<br>soy ez<br>soi ent | **ser**<br>ser ais<br>ser ais<br>ser ait<br>ser ions<br>ser iez<br>ser aient | P. PASSÉ :<br>été<br>P. PRÉSENT :<br>étant<br>P. SIMPLE :<br>je fus |

et... c'est tout ! C'est le seul verbe dont l'infinitif n'est pas en ER, mais qui fait son participe passé en é (je suis né)

et... 2 dérivés de croître :
accroître
décroître

et... c'est tout ! comme avoir et aller, le verbe être se conjugue très irrégulièrement.

## Liste des principaux verbes en *IR* du type *FINIS, FINISSONS, FINISSENT*

| | | | |
|---|---|---|---|
| abasourdir | bondir | faiblir | rafraîchir |
| abolir | bouffir | farcir | ragaillardir |
| aboutir | brandir | finir | raidir |
| abrutir | brunir | fléchir | rajeunir |
| accomplir | chérir | flétrir | ralentir |
| s'accroupir | choisir | fleurir | ramollir |
| adoucir | compatir | fourbir | ravir |
| affadir | convertir | fournir | réagir |
| affaiblir | crépir | fraîchir | rebondir |
| affermir | croupir | franchir | reconvertir |
| affranchir | définir | frémir | redéfinir |
| agir | défraîchir | garantir | réfléchir |
| agonir | dégarnir | garnir | refleurir |
| agrandir | dégauchir | gémir | refroidir |
| aguerrir | déglutir | glapir | regarnir |
| ahurir | dégourdir | grandir | régir |
| alanguir | dégrossir | gravir | réinvestir |
| alourdir | déguerpir | grossir | rejaillir |
| alunir | démolir | guérir | réjouir |
| amaigrir | démunir | honnir | rembrunir |
| amerrir | dépérir | impartir | remplir |
| ameublir | dépolir | infléchir | renchérir |
| amincir | désemplir | intervertir | repartir |
| amoindrir | désobéir | invertir | resplendir |
| amortir | dessaisir | investir | ressaisir |
| anéantir | dessertir | jaillir | ressurgir |
| anoblir | désunir | jaunir | rétablir |
| aplanir | divertir | jouir | retentir |
| aplatir | durcir | languir | rétrécir |
| appauvrir | ébahir | lotir | réunir |
| appesantir | éblouir | maigrir | réussir |
| applaudir | éclaircir | meurtrir | rosir |
| approfondir | élargir | mincir | rôtir |
| arrondir | embellir | moisir | rougir |
| assagir | emboutir | mollir | roussir |
| assainir | emplir | mugir | rugir |
| asservir | enchérir | munir | saisir |
| assombrir | endolorir | mûrir | salir |
| assortir | endurcir | nantir | sertir |
| assoupir | enfouir | noircir | sévir |
| assourdir | engloutir | nourrir | subir |
| assouvir | engourdir | obéir | subvertir |
| assujettir | enhardir | obscurcir | surenchérir |
| attendrir | enlaidir | ourdir | surgir |
| atterrir | ennoblir | pâlir | tapir |
| attiédir | enorgueillir | pâtir | tarir |
| avachir | enrichir | périr | ternir |
| avertir | ensevelir | pervertir | tiédir |
| avilir | envahir | pétrir | trahir |
| bannir | épaissir | polir | travestir |
| barrir | épanouir | pourrir | unir |
| bâtir | équarrir | prémunir | vagir |
| bénir | estourbir | punir | verdir |
| blanchir | établir | raccourcir | vernir |
| blêmir | étourdir | racornir | vieillir |
| bleuir | étrécir | radoucir | vomir |
| blottir | s'évanouir | raffermir | vrombir |

## Liste des verbes en *IR* qui ne se conjuguent pas comme *FINIR*

### 1. Participe passé en « I »

| | | | |
|---|---|---|---|
| accueillir | démentir | mentir | ressortir |
| assaillir | desservir | partir | sentir |
| bouillir | dormir | pressentir | servir |
| consentir | (s') endormir | recueillir | sortir |
| cueillir | (s') enfuir | (se) repentir | tressaillir |
| défaillir | fuir | ressentir | |

### 2. Participe passé en « U »

| | | | |
|---|---|---|---|
| accourir | disconvenir | prévenir | (se) souvenir |
| advenir | discourir | provenir | subvenir |
| appartenir | dévêtir | recourir | survenir |
| circonvenir | encourir | redevenir | tenir |
| concourir | entretenir | retenir | venir |
| contenir | intervenir | revenir | vêtir |
| contrevenir | maintenir | revêtir | |
| convenir | obtenir | secourir | |
| courir | parcourir | soutenir | |
| détenir | parvenir | | |
| devenir | | | |

### 3. Participe passé en « RT »

| | | | |
|---|---|---|---|
| couvrir | entrouvrir | offrir | souffrir |
| découvrir | mourir | ouvrir | |

### 4. Participe passé en « IS »

| | | | |
|---|---|---|---|
| acquérir | conquérir | requérir | s'enquérir |

Achevé d'imprimer en France par Pollina, 85400 Luçon - n° 11184
Dépôt légal n° 8173 - avril 1989